무역계약연구

김석철 지음

A STUDY ON TRADE CONTRACTS

책연
CHAEK
YEARN

예술 분야에 있어서 영화를 포괄적인 종합 예술이라고 한다면 무역 분야에 있어서 계약은 종합 무역의 영역이라고 말할 수 있을 것입니다. 이러한 이유에 대해서는 국가 간의 무역이라는 것은 전통적인 무역관습뿐만 아니라, 무역협상, 국제조약, 무역영어 및 무역과 관련한 모든 법률 및 규칙을 포함한 종합적인 지식이 요구되기 때문이며, 특히 본서가 제시하는 무역계약은 이러한 모든 것이 통합된 무역 당사자 간의 약속이기 때문입니다.

국제무역이 단순했던 과거에는 무역의 주된 대상이 대부분 유형화된 물품이었기 때문에 무역계약이라는 분야는 '국제물품매매계약'이라는 협의의 의미로 통칭되었으나, 최근 기술, 상표, 금융, 보험, 운송과 같이 물품 이상의 서비스 상품으로의 의미까지 확대/포괄되면서 '국제'나 '물품'이라는 한정적 단어는 적합하지 못 할뿐 아니라, 배우는 학생의 입장에서 단순하게 실무적 차원을 넘어 이론적인 부분이 좀 더 부각되었으면 하는 바람으로 본서의 제목도 그간 우리들에게 널리 인식되어 있는 무역계약론보다는 무역계약연구가 보편적으로 타당한 것이 아닌가 하는 결론에 도달하였습니다.

저자가 본서를 구상하게 된 것은 이미 30년이 지난 수출 진흥업무 및 무역계약 업무를 담당했던 시절로 거슬러 올라갑니다. 대학에서 무역학을 전공하고도 무역 일선에서 오퍼 한 장 자신 있게 작성할 수 없던 개인적 경험에 비롯하여 현업에서 발생하는 엄청난 양의 무역클레임 관련 자료를 수집하기 시작하였습니다. 대다수의 무역업자는 바쁜 현장에서 적절한 계약서를 작성한다는 것이 쉽지 않았으며 특히 계약 담당자가 무역실무와 무역영어 그리고 각종 법률적인 지식까지 모두 겸비한다는 것은 사실상 불가능하기 때문에 계약 초기 단계에서부터 여러 미비한 계약이 발생하거나 경험이 많은 국제 무역 거래 상대방의 함정에 빠져 분쟁이 발생하고 손해를 입게 되는 경우가 빈번하였고 이를 직접 목격하였기에 더욱 과거의 실무 사례를 수집하는데 집중하였으며 이는 본서를 출간하는 기초가 되었습니다.

본서의 주요 내용은 다음과 같습니다. 제1장에서는 무역계약의 주요 개념 및 기초지식, 즉 무역학의 학문적 체계, 무역의 개념, 무역계약의 성격과 대상 및 계약일반론에 대하여 살펴보았습니다. 제2장은 무역계약의 성립에 대하여 다루었으며 제3장은 무역제약조건인 품질, 수량, 가격 등 여러 조건에 대하여 구체적으로 정리하였습니다. 제4장에서는 국제간의 물품매매에 관한 UN협약과 정형무역조건에 대하여 분석, 정리하였습니다. 마지막으로 제5장에서 무역계약서 작성을 위한 기본적인 사항을 설명하고 여러 형태의 국제 및 국내 무역계약서 작성 요령을 제시하였습니다.

이상과 같이 본서는 학생들로 하여금 대학에서의 학문적 이론과 현장의 주요 무역계약서 작성 실무를 동시에 충족할 수 있도록 하였습니다. 더불어, 무역계약을 공부하는 학생들의 부담을 경감시켜 주기 위하여 내용을 대폭 수정, 삭제하여 최근 학생들이 선호하는 취향에 맞추어 새롭게 본서를 출간하게 되었습니다.

저자의 젊은 시절 집필한 무역계약론을 각색, 편집하여 이제 고희의 나이에 이르러 새롭게 '무역계약연구'로 출간하게 됨은 그간 저자의 강의를 들은 수많은 제자들의 덕분으로, 본서를 빌어 진심으로 수많은 졸업생들에게 감사의 말씀을 드리며, 부족한 원고나마 새롭게 출간하게 허락해주신 도서출판 '책연'의 정태욱 대표에게도 감사의 말씀을 드립니다. 더불어, 본서를 도움삼아 향후 무역 관련 연구에 매진하는 학생들과 실무자들의 무궁한 발전을 진심으로 기원합니다. 마지막으로 사랑하는 손녀들 연수, 예지, 지수와 오랜 시간 묵묵하게 옆을 지켜준 아내, 그리고 사회의 일원으로 훌륭하게 자란 아들, 딸에게 이 책을 바칩니다.

2020. 8.
저자 김석철

CONTENTS

제1장 무역계약의 기초지식

A STUDY ON TRADE CONTRACTS

01

제1절 무역의 경제적 특성과 학문적 체계

1 무역의 경제적 특성

무역은 기후, 풍토 등의 자연적 조건과 제도, 관습 등의 사회적 조건이 각기 다른 국가간의 물품 및 용역을 거래하는 것으로서 각 국가의 국민경제에 그 기초를 두고 있다. 그리고 각 국가의 국민경제는 기업경제가 기반이다. 기업은 무역을 담당하며 세계경제시장에서 활동하고 있다. 따라서 무역은 기업경제의 성격, 국민경제의 성격, 세계경제의 성격 등 3가지 성격이 병존하고 있으며, 일본의 우에사카 유키죠 교수는 무역의 특성을 다음과 같이 국민경제를 중심으로 2가지 관점에서 고찰하였다.[1]

첫째, 무역은 국민경제와 기업경제가 복합된 성격을 가지고 있다.

무역의 초기에 경제학자들은 계약의 자유, 통상의 자유, 결제의 자유 등 개별기업의 자유로운 물품매매활동이 국민후생을 증대한다고 주창하면서 국가의 간섭이 배제된 기업경제적 성격을 강조하였다. 그러나 실제 각국은 주관적인 관점에서 외국무역(foreign trade)이라고 하는 단어 자체가 의미하는 것처럼 자국과 그 상대가 되는 외국과의 교역으로 일국의 국민경제가 중심이 된 외국과의 무역이었으며, 객관적인 관점에서도 국제무역(international trade)이라는 단어의 의미처럼 국가가 중심이 되어 상호간에 상품거래를 하는 각기 다른 사회유기조직간의 교역이었다. 그러므로, 결국 국가는 무역을 무역업체의 개인적 영리만 지배하는 기업경제적 성격으로만 인정할 수 없는 국가적 차원의 국민경제적 성격이 복합되어 있다.

국민경제적 차원에서는 국가간의 무역마찰을 피하기 위해서나 무역수지의 균형유지정책도 필요하기 때문에 국가는 최소한의 통제와 지원·육성을 할 필요가 있기 때문이다.

그리고 유치산업의 보호육성등이 국민경제와 기업경제를 독립적으로 분리하는 것은 현실적으로 어렵다. 무역은 수출입의 적절한 조정으로 국가의 생산력과 공급력을 보충하고 확충하는 국민경제적 역할을 하며 이러한 무역을 담당하는 주된 주체가 개별기업이기 때문이다. 국가가 만약 무역의 주체가 된다면 무역마찰이 끊임이 없을 것 이며 국가간의 정치문제로 비화될 수도 있다. 따라서 모든 국가는 기업경제적인 측면을 중요시하여 각국의 무역효과를 높이고 있다. 영국의 동서무역정책과 일본의 정경분리정책은 국가의 정치논리는 최소화하고 기업의 자유경쟁에 맡긴 무역정책이라 할 수 있다.

---

1) 上坂酉三, 「貿易契約論」, 東洋經濟新報社, pp.8~11.

둘째, 무역은 국민경제와 세계경제가 복합된 특성을 가지고 있다.

국민경제간의 상호 접촉으로 무역이 이루어지며, 무역은 세계경제의 무대에서 치열한 경쟁과 무역협정 등에 의해서 실현되는 특성을 가지고 있다. 즉, 완전자급경제 국가는 없다.

영국이 세계경제를 주도했던 시대에 유럽 제국이 불황에 처하자 영국의 파운드화가 하락되어 영국경제가 어렵게 되었으며 최근의 한국과 인도네시아 등 아시아 국가의 금융위기가 유럽을 비롯한 세계경제에 영향을 미쳤다. 국민경제간의 상호의존성이 심화되어 각국의 국민경제는 세계경제로부터 고립되어서는 존립할 수 없다.

그러나 오늘날의 무역의 경제적 특성은 우에사카 유키죠 교수가 주장한 일국의 국민경제 중심시대에서 기업경제와 가계경제가 지구촌이라는 하나의 시장에서 직접거래가 이루어지는 글로벌경제시대로 바뀌어 가고 있다. 즉, 지금까지는 단일국가 단위시장의 국민경제 중심에서 무역이 이루어 졌다면, 앞으로는 전세계가 하나의 시장인 세계시장에서 개별 기업과 소비자가 주체가 되어 거래가 행해지는 기업경제와 가계경제가 복합된 세계경제시대가 전개 될것이다. 특히 WTO와 전자상거래의 출현은 국가간에 무역장벽이 없는 글로벌경제사회 시대를 더욱 가속화시킬 것이다.

2 | 무역학의 학문적 체계

무역학의 체계는 학자에 따라 차이가 있겠으나 현재 한국에서는 국제경제, 무역정책, 국제경영, 국제상학이 복합된 학문이라는 것이 일반적인 통설이다. 그리고 일본 와세다 대학의 우에사카 유키죠 교수는 대상과 관점에 따라 다음 4가지로 분류하면서 동시에 상호보완적인 관계를 수반하고 있다고 주장하였다. 이를 기초로 할 때 오늘날 무역은 국제교역의 원리와 학설에 대한 무역이론 연구, 이론에 기초를 둔 한 국가의 대외통상을 연구하는 무역정책 연구, 개별경제 입장에서의 무역경영 연구 그리고 무역을 이행하기 위한 국제매매계약에 대한 이론관습이행 등에 대한 무역 상학적인 연구로 분류하고 있다.[2]

무역이론 연구의 기초가 되는 국제경제이론은 국가와 국가간에 행해지는 교역의 근본원리, 발생원인, 그리고 국민경제에 미치는 효과를 연구하는 것이다. 경제학은 영국에서 체계화되었으며 주요한 일부문인 무역이론은 국제분업과 국제교환이 가져오는 이익을 설명하고 자유무역(free trade)을 목표로 발전시켜 왔다. 리카도는 노동가치설을 기초로 하여 비교생산비설을 창안했으며 이어서 케인즈는 화폐이론과 결합시켰다. 이들 고전학파의 이론가들인 애덤 스미스(Adam Smith), 리카도(David Ricardo), 밀(J. S. Mill), 케인즈(J. M. Keynes), 니콜슨 등은 자

---

2) 上坂酉三, 前揭書, pp.11~16.

유무역의 장점을 강하게 주장하였다. 리카도의 「비교생산비설」과 밀의 「국제가치론」은 고전학파의 대표이론으로 현재도 재음미의 대상이 되고 있다.

그 후 영국에서는 마샬(Alfred Marshall)이 밀의 2국 2상품의 상호수요설로 발전시켜 모든 상품을 한 묶음의 공동상품으로 본 주관적 가치론에 근거를 둔 균형무역론을 구축함으로써 근대이론의 길을 열었으며, 이어서 미국의 타우시그(F. W. Taussig)는 정밀한 실증적 방법으로 신고전파 무역론을 전개하였다. 마샬까지는 상품수량이나 생산비용으로 교역을 설명하였지만 타우시그는 생산요소로서 화폐생산비용과 자본비용을 포함한 실질비용(real cost)개념의 생산비설을 설명 하였다. 양자는 자본주의 성숙기의 이론가로서 고전파 학자가 취했던 단순한 가정에서 만족하지 못하고 풍부한 분석소재를 이용하여 구체적인 현실문제에 접근하였다.[3]

오린(Ohlin)과 하벌러(G. Haberler)는 근대무역론을 체계화하였으며, 해로드(R. F. Harrod), 로빈슨(John Robinson) 등의 케인즈학파는 소득분석이론을 무역이론에 적용시킨 무역승수론으로 무역이론을 크게 변화시켰으며 그 후 지속적인 발전을 계속하고 있다.

무역정책 연구는 각국의 국민경제가 현재 채택하고 있는 대외무역에 대한 정책으로 종전만 해도 자유정책론과 보호정책론으로 나누어져 관세, 수출입관리, 수출입검사, 수입품표시 등의 관리와 관련하여 대립적 논쟁이 전개되어 왔다. 특히 2차세계대전 후에는 복잡한 국제정세로 무역정책이 경제이론이나 학계의 논리보다도 시대감각적인 저널리즘의 논리로서 채택되는 경우도 많았다. 그러나 무역정책은 학문적 바탕 못지 않게 현장상황의 중요성이 강조되고 있다.

무역경영 연구는 수출입활동의 연구가 주된 분야이며 수출과 수입에 대한 실질적이고 기술적(practices and techniques)인 연구로서 경영자의 전략적 선택이다.

무역상학연구는 무역실무로서는 개별기업의 무역이행행위로써 상사매매론과 계약법리론을 체계화한 「국제매매론」이 중심이 된다. 세계 시장에서 인정되고 있는 무역관습과 매매이론을 종합한 연구로서 무역을 뒷받침하는 법학적 성격의 외국매매에 관한 법규의 조문연구, 무역관습, 무역계약의 연구 등이다.

각 학문 분야는 상호간에 깊은 관련이 있다. 무역이론은 무역정책의 기초가 되며, 무역정책의 실태와 효과는 무역경영에서 대외활동상의 지침이 된다. 또한 개인의 무역경영의 실행을 위해서는 국제매매의 계약이론과 상관습에 관한 상·법학적 연구가 필요하기 때문이다.

따라서 이상을 종합할 때 무역학의 학문적 체계는 경제학·정책학·경영학·상학·법학에서 그 기초를 구할 수 있으며, 그 위에서 세계경제·국민경제·기업경제의 범주에까지 걸친 이론과 실무를 종합한 연구로서 무역이론·무역정책·무역경영·무역상학이 복합된 학문이라 할 수 있다.

---

3) 박병호, 「국제무역론」, 박영사, 제2편 국제무역의 순수이론 참조.

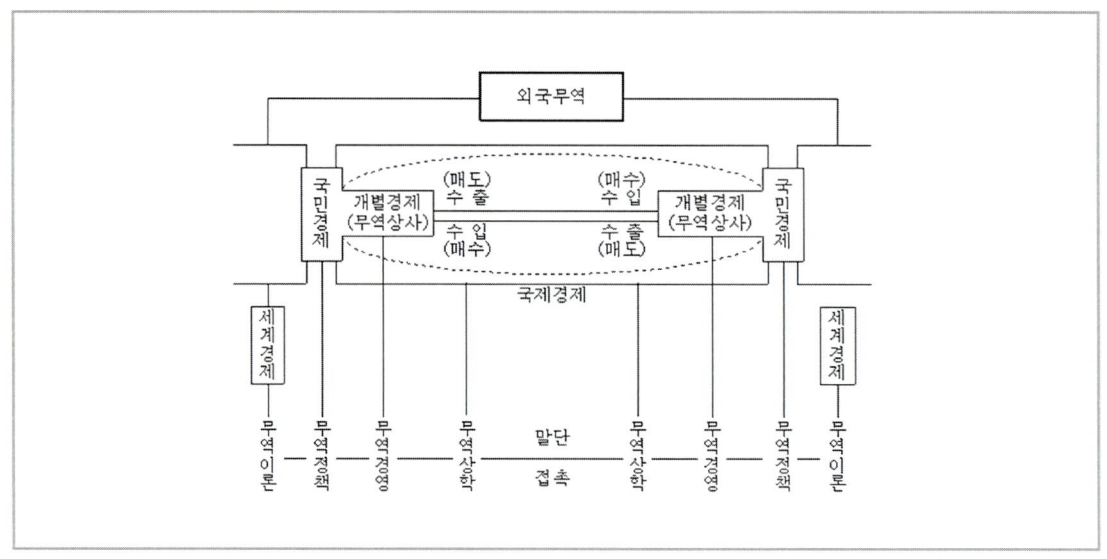

네 가지 분야에 대한 지금까지의 연구는 무역이론이 압도적으로 많으며 무역정책, 무역경영 및 국제매매의 관습과 계약에 관한 상학의 연구는 그에 미치지 못하고 있다. 무역계약에 대한 유용성과 한국에서의 현실적 요구는 무역의 의존도가 높고 한국경제의 구조적 특성상 매우 높다. 또한 중요성의 목소리도 높다. 그러나 실제 학교교육에서는 가장 미흡한 이유는 한국의 현실적 요구보다는 우리와 특성이 다른 맹목적 미국중심의 학제선호로 인하여 수출입절차중 심의 기존의 무역실무분야에 대한 학문적 천대와 무역계약중심의 연구가 부족한 것이 가장 주된 이유이며 또한 국제정치와 외교사정에 의한 무역환경의 급속한 변화에 부응하는 연구가 부족한 것이 또 하나의 이유다.

3 무역계약의 학문영역

무역계약에 관한 연구는 국제상거래를 위한 계약으로 기초적법이론, 상관습, 계약조건 등 이 종합된 학문이다. 무역이 국가간의 매매계약에 의거 이루어지고 있기 때문에 무역은 계약 이라 등식도 성립하는 중요한 영역이다.

무역을 하기 위해서는 우선 외국인을 상대로 견본, 설명서, 카탈로그 등으로 품질을 결정하 고 전신으로 가석·수량·인노·셜세 등의 거래소선을 협상한 후 서면계약서로 매매계약을 체결 한다. 매도인과 매수인은 계약서조건대로 이행해야하며 계약서는 거래의 기준이다. 매도인은 약정품을 인도하고 매수인은 대금을 결제한다. 이러한 과정에서 당사자가 무역실무에 대한 지식과 계약관련법에 대한 지식이 미숙할 경우에는 무역의 성사가 어렵거나 성사가 된다 하더라도 상사분쟁이 발생할 수 있다. 서로가 외국이기 때문에 해결도 쉽지 않으며, 무역 분쟁은 국가뿐만 아니라 개개의 기업에도 유·무형의 막대한 손실을 초래한다.

특히, 한국은 부존자원이 빈약하고 국내시장이 규모가 적어 대외의존도가 매우 높을 수밖에 없으며, 국내 산업의 발전과 국민경제발전을 위해서는 무역은 꼭 필요하며 또한 계약이 전제가 되기 때문에 각국의 법과 무역관습에 정통해야 한다.

이를 충족하기 위한 무역계약의 연구는 법학과 상학을 포괄하는 종합적인 영역이다. 그러나 법학자와 상학자는 무역관행과 계약법리에 각각 취약점을 가지고 있다. 이러한 애로를 타개하기 위해서는 법학자는 상학자의 무역조건등의 관행연구를 이용하고, 상학자는 법학자의 법리연구를 이용하는 상호간의 보완·노력이 필요하다. 그러나 이보다 더욱 바람직한 것은 실무와 법리를 모두 이해한 바탕위에서 무역계약연구가 이루어질 수 있는 학문적 기반의 조성이다.

제2절 무역의 개념

초기 무역에서는 국제거래의 주된 대상이었던 물품매매 측면만을 다루어온 경향이 있다. 그러나 요즘은 국제거래의 대상이 물품 이외에도 특허·의장·저작권·상표·기술 등의 무형재와 채권·주식 등의 형식재, 토지·건물 등의 부동재, 그리고 보험·운송·여행·노동·금융 등의 서비스 분야에까지 다양하다. 이것은 서구선진국이 중심되어서 그 개념이 확대되기 시작하여 오늘날은 국제상거래의 개념으로 확대되었다. 따라서 오늘날 무역의 개념은 물품을 대상으로 하는 국제매매와 물품과 각종서비스 등의 거래 행위의 각 단계를 대상으로 하는 국제상거래의 개념으로 나누어 파악하고자 한다.

1 물품매매의 개념

물품매매에 대한 사회적 통념은 상법상의 물품매매에서 찾아 볼 수 있다. 상법상의 물품매매는 물품과 화폐와의 유상교환, 그리고 대금에 대한 물품소유권의 이전이라는 두가지 측면에서 파악할 수 있다.

첫째, 물품과 화폐와의 유상교환이다.

물품매매(sale of goods)는 물품과 화폐와의 유상교환으로서 판매행위(selling)와 구매행위(buying)를 포함하며, 영리나 수요 욕구를 위해 매도인과 매수인이 물품매매라고 하는 법적 형식으로 실현하고 있다.

유상교환이라 하더라도 일방의 물품제공에 대해 상대방도 물품으로 제공하는물물교환(barter of goods)은 화폐와의 유상교환이 아니기 때문에 물품매매는 아니다. 그러나 국제간의 구상무역은 단지 통화의 국제이동을 생략한 결제편법으로서 본질적으로는 계약을 통한 물품의 매매에 해당된다.

물품매매에 대해 미국의 통일매매법(제9조 제2항)에서는 "매매대금은 동산으로 변제하는 것이 가능하다"라고 규정하고 있으며 동법은 또한 영국 물품매매법의 "매매는 물품에 대해 반대급부의 통화를 가지는 것"을 근본적 흐름으로 하고 있어 세계경제를 주도하고 있는 양국 모두 물품매매는 일방이 물품을 인도하면 타방은 대금을 지불하는 화폐와의 유상교환의 개념으로 정의하고 있다.

둘째, 대금지급에 대한 물품소유권의 이전이다.

물품매매를 법률적으로 볼 때 물품 매수인의 대금지급에 대해 매도인으로부터 매수인에게 물품소유권을 이전하는 것이다. 오늘날 국제적으로 널리 채택되고 있는 영국 물품매매법에서는 "매매계약은 대금이라는 화폐를 취하는 반대급부로 매도인으로부터 매수인에게 물품의 소유권을 양도하는 계약이다" 라고 규정하고 있으며, 미국의 통일매매법에서도 매매는 매도인이 매수인에게 물품의 소유권을 양도하는 것을 합의하는 것으로 규정하고 있다. 우리 민법에서는 "당사자의 일방이 재산권을 상대방에 이전할 것을 약정하고 상대방은 대금을 지불하는 것을 약정한 때는 그 효력이 발생한다"고 하고 있어 법률적 의미의 물품매매는 "대금에 대한 물품소유권의 이전"이라는 영국과 같은 개념을 채택하고 있다.

2 영국매매법상의 개념

1) 계약·매각·인도(bargain·sale·delivery)의 성격

영국 매매법에서의 매매에 대한 개념은 영국의 속령은 물론 캐나다, 오스트레일리아, 뉴질랜드, 남아프리카 연방 자매국의 대부분이 채택하고 있으며, 미국 매매법도 영국법을 원류로 하고 있어 영향권이 매우 넓다. 동법 제61조 1항의 용어해석에 의하면 매매를 의미하는 sale이라는 단어는 "a bargain and sale(계약 및 매각)"과 "a sale and delivery (매각 및 인도)"를 합한 것으로 정의하고 있어 매매의 약속과 결과로서의 인도까지도 포함한 매매행위의 전반을 의미하고 있다.[4] 미국매매법도 또한 그 제76조에서 "sale includes a bargain and sale as well as a sale and delivery"로 규정하고 그 해석을 동일하게 하고 있다[5].

2) 현장(Spot Sale)매매의 성격

이러한 의미의 매매는 점포의 현장매매에서 일상 체험하고 있는 것처럼 매매의 합의와 물권의 이전이 동시에 일어나기 때문에 결제조건에 다른 특약이 없는 한 물품의 인도가 소유의 이전이 되어 매수인의 소유가 된다. 이 경우 당사자간에는 매매의 합의와 이행이 동시 교환적으로 일어나므로 이행을 수반한 매매계약(executed contract of sale)이라고 표현하며 이것을 간단히 sale(매매)이라고 부른다.

---

4) 제61조 제1항 Sale includes a bargain and sale as well as a sale and delivery.
5) 영국 매매법과 동일한 내용

3) 계약매매(Contract Sale)의 성격

그러나 매매의 합의는 우리 민법의 채권계약매매로서 물품의 소유이전과 채무이행을 차후에 남긴 채 성립된 계약이다. 매매의 이행에 시간적, 공간적인 간격이 있는 무역계약의 주된 형태이다. 무역매매의 합의는 통상 전화나 다른 통신방법으로 성립되나 이행은 훗날에 이루어진다. 이와 같은 매매방식에서는 소유권이 훗날 이행으로 이전되는 것이므로 이행미제의 매매계약(executory contract of sale)이라는 표현을 사용하고 있다. 목적물의 소유이전 조건이 성취되었거나 또는 소정의 기일이 도래하였을 때에는 이를 이행된 매매(executed sale)라고 한다. 이러한 해석에 의할 때 매도인은 합의와 동시에 물품을 인도하고 매수인이 훗날 대금지급을 약정하는 경우는 물권계약과 채권계약을 병용한 것으로서 반이행미제의 매매(semi-executory sale)라고도 부른다.

이행된 매매에서는 매수인이 지급의무를 불이행할 때 매도인은 대금청구권이 있고 매도인의 인도의무를 불이행한 때에는 매수인은 부당이득의 소권이 있으나, 이행미제 매매에서 아직 이행기가 도래하지 않아 이행조건이 성취되지 않는 경우는 이러한 소권이 발생하지 않는다.

4) 국제매매의 성격

무역에서의 매매가 일반매매와 다른 점은 매매 당사자 일방이 외국인이라는 점이며 국제운송으로 수출자와 수입자의 상거래가 이행된다. 무역이 외국매매(foreign sale)로 인식하는 것은 국민경제가 주가 된 주관적 입장에서 본 것이며, 국제매매(international sale) 또는 국제무역으로 파악하는 것은 개별경제 주체인 무역기업이 주가 된 객관적인 입장에서 본 것으로 본질적 내용은 동일하다. 이러한 특징 외에는 일반론적인 물품매매의 개념과 동일하며 영국의 개념에서 볼 때 주로 이행미제 매매계약(executory contract of sale)에 해당된다.

3 | 국제상거래의 개념

무역에서 물품의 소유이전은 매매로 이행되어 왔으며 주된 매매대상이 물품이었기 때문에 국제간에 교환되는 물품을 거래대상으로 하는 국제물품매매로서 파악하여 왔으나 거래 대상이 확대되고 각 단계가 전문화되면서 대상과 내용이 확대된 상거래 개념으로 파악할 필요가 있게 되었다.

상거래의 본질과 범위에 대한 사회통념과 학설은 계속 변화해 왔다. 초기에는 단순한 물물교환이었으나 화폐가 사용되면서 무역업자의 영리추구를 위한 국제간의 물품매매로 보게 되었다. 또한, 제조가공 등의 생산은 기술적 생산으로 보고 이러한 생산물품을 국가간의 유통이라는 행위를 통해서 그 가치를 증대시키는 국제간의 행외를 무역의 본질을 보게 되었다. 기술 생산경제와 유통생산경제로 구별하는 이유가 여기에 있다.

기술생산경제는 물(物)의 성질변화(transmutation)와 현상변화(transformation)로서 물의 가치를 증대시키는 개념이며 유통생산경제는 이러한 기술적 생산물의 장소의 변화(transposition)로 가치를 증대시키는 생산행위로서 물(物)의 장소적 유통(운송)에 시기적 유통(보관)을 결합시켜 종합한 것을 의미한다. 이러한 관점에서 광의의 생산경제는 기술생산경제와 유통경제를 포함한 개념으로서 소비경제에 대립되는 것이라는 견해도 성립된다[6].

이상에서 살펴본 바와 같이 초기의 무역은 국제매매의 개념으로 파악되었으나 국제간의 각종 운송수단과 거래형태가 발전하고 거래의 대상 또한 물품에서 자본, 노동, 용역 등의 분야로 확대되면서 국제 상거래 개념으로 발전하게 되었다. 한국에서도 1970년대까지는 물품거래가 주종이었기 때문에 국제행위매매로 파악하여 왔으나 1980년대에 들어오면서 매매행위 뿐만 아니라 운송, 보관 등 다양한 분야가 복합된 국제상거래로 확대되었다.

---

6) 上坂酉三, 「貿易契約」, pp.19~20.

제3절 무역계약의 법률적 성격과 대상

1 무역계약의 법률적 성격

1) 채권계약의 성격

매매계약에 대한 법리해석은 매우 복잡하기 때문에 국제매매의 입장으로 단순화하여 "채권계약 매매"로 보는 견해에서 법리를 개관해 보고자 한다. 스에카와 히로시(末川博) 교수는 계약(contract)을 "일정한 채권관계발생을 목적으로 복수 당사자간의 상호대립하는 의사표시의 합의로 성립되는 법률행위"라고 정의하고 다음과 3가지로 나누어 정리하였다[7].

첫째, 계약은 상호 대립 의사표시의 합치이다.

매매에서 매도인은 가지고 있는 재산권을 매수인에게 양도하고 그 대가를 얻으려 하고 매수인은 그 재산권을 획득하고 대가를 지급하려 한다. 그 결과는 매수인의 물품의 인수와 매도인의 대금의 수수가 되며 채권의 취득과 채무의 부담이 된다. 그러나 이를 객관적으로 보면 양자 모두가 매매라는 동일의 법률효과 발생을 위하여 노력하는 것이므로 계약내용의 합의가 된다. 나와 상대방의 의사표시에 대해 공동의 통일적 법률효과를 발생시킬 것을 합의한 경우에 계약이 성립한다.

둘째, 계약은 복수당사자의 합의로 성립하는 법률행위이다.

계약은 2 이상의 당사자가 그들이 하고자 하는 것에 따르는 법률관계를 정하는 수단이므로 계약의 성립을 위해서는 대립하는 복수의 당사자 개개의 의사표시가 필요하다. 여기에 2인 이상으로 말하지 않고 2 이상으로 말한 이유는 우리 민법에 채무의 이행에서 당사자의 일방이 상대방의 대리인이 되어 발생한 자기계약과 또 당사자 쌍방의 대리인을 겸해 발생한 쌍방대리가 인정되기 때문이다.[8] 예를 들어 갑(甲)무역회사의 부산지점이 을(乙)해상보험회사의 보험대리점을 겸하는 경우, 갑과 을이 선적화물의 보험계약을 결부시키면 그 계약 당사자는 갑 사지점장이라는 동일 자연인이다. 하지만 그 보험계약은 대립하는 2 당사자의 의사의 합치이므로 합의가 성립된다. 그러나 일반적으로는 각기 다른 법인체이므로 2인 이상이라는 표현을 쓰고 있다.

---

7) 末川博, 「契約總論」, pp.15~12.
8) 민법, 제124조(자기계약쌍방계약) 대리인은 본인의 허락이 없으면 본인을 위하여 자기와 법률행위를 하거나 동일한 법률행위에 관하여 당사자 쌍방을 대리하지 못한다. 그러나 채무의 이행은 할 수 있다.

셋째, 계약은 채권 성립을 목적으로 하는 법률행위이다.

법률상에 계약은 넓은 의미와 좁은 의미가 있다. 광의의 계약은 합의(agreement)의 의미로 당사자 쌍방의 합의를 통하여 둘 사이에 법률상의 의무를 부과하는 행위를 총칭하며 채권적인지 물권적인지를 묻지 않는다. 친자간과 부부간의 의무관계와 같은 친족법과 상속법상의 신분행위의 계약도 여기에 포함된다. 그러나 일반적으로 계약이라 함은 채권관계 발생을 목적으로 하는 채권계약이라는 협의의 의미이며 당사자간에 채권채무를 발생시키고 규정하는 법률행위로서 합의한대로 당사자 쌍방은 이행을 해야한다.

2) 물품매매계약의 성격

계약 중에 명칭을 가지고 있는 유명계약(무명계약의 대칭)은 우리 민법에서는 증여, 고용, 등 14가지이며 매매계약도 그 하나이다[9]. 매매계약은 매도인은 동산을 인도할 것을 약정하고 매수인은 이것을 받아 그 대금을 지급할 것을 약정하는 것이므로, 매매계약의 성격은 낙성계약이며, 쌍무계약이고, 유상계약이라는 법적 성격을 가지고 있다. 본서에서 말하는 무역계약은 "무역상품의 매매계약"의 약칭이며, 외국에 있는 자를 상대방으로 하기 때문에 매매물품은 국경을 초월하여 이동한다. 물품 매매계약의 세가지 법적 성격을 파악해 보기로 한다.[10]

첫째, 낙성계약이다.

낙성계약(consensual contract)은 일방의 청약에 대해서 상대방의 승인으로 성립하는 계약을 말한다. 그러므로 당사자의 합의가 있으면 계약으로 성립되고 인정되며 물품의 점유이전이나 소유이전이 계약의 성립요건이 아니며, 또 특별한 문서의 작성과 교부가 성립요건이 되는 것도 아닌 미이행의 상태 그대로 계약이 성립하는 것이 특징이다. 다만 미이행이라도 훗날의 이행을 원활하게 하기 위하여 문서를 통해 계약내용을 확인·확정하는 관습으로 행해지는 것이 일반적이다. 무역계약은 매도인과 매수인이 외국에 떨어져 있어 실무상으로 "통신에 의한 합의"로 성립하고 그리고 "문서에 의한 확인"으로 완성하는 특수성을 가지고 있다.

둘째, 쌍무계약이다.

쌍무계약(bilateral contract)은 계약의 성립에 의해 당사자 쌍방이 상호간에 채무를 서로 부담하는 계약을 말한다. 즉, 상대방은 계약품 제공을 약속하고 자신은 그 대가로서 물품대금지급이라는 반대급부를 약정하는 경우 그 예에 해당된다. 교환, 매매, 고용, 화해 등은 쌍무계약이며 이에 반해 증여는 일방적 의무부담이기 때문에 편무계약이다.

셋째, 유상계약(contract for consideration)이다.

유상계약은 각 당사자가 대가적 관계의 급부를 목적으로 하는 계약을 말한다. 물품 매매계약은 먼저 쌍방의 채무를 발생시키고 반대급부를 대가로 하기 때문에 쌍무유상계약에 해당한다.

---

9) 민법, 제564~589조 참조
10) 인형무, 「계약요론」, 삼성, pp.12~14.

3) 국제상거래계약의 성격

물건을 사고 파는 것은 이론적으로는 물품의 소유권의 양도와 취득, 즉, 매수인이 목적물품에 대한 완전한 지배권(general property)을 얻는 것을 의미한다. 매매계약은 물품의 소유권이 무조건 이전하는 sale과 조건부로 이전하는 agreement to sell이 있으며, 양자의 관계는 계약의 이행이 훗날에 남게 되는 후자는 그 조건이 성취되거나 완료될 때에 전자와 동일하게 된다고 말할 수 있다.

단순매매는 대체로 매도인과 매수인이 매장에서 쌍방이 직접 매매를 합의하고 계약품을 이전하는 점포매매로서 소매상의 매매형태이다. 그리고 계약매매는 계약의 성립과 이행이 분리되며 이행 일자와 조건이 훗날에 남긴 채로 계약이 성립되는 성약거래로서 국제매매계약의 전형적인 형태이다. 실례인 무역계약의 성립과 이행의 요건은 다음과 같다.

첫째, 무역계약이 성립되기 위해서는 먼저 목적물품에 대해 우선 품질·수량·가격 등에 대한 청약이 있어야 하며 선적·보험·대금결제·기타 조건이 부대된다. 이것에 대해 상대방이 승낙(acceptance)하면 계약은 성립한다. 만약 상대방이 청약에 불만스러워 수정하여 청약한 경우에는 그 청약의 거절과 동시에 새로 청약한 것으로 보아 수정청약에 대해 승낙하여야 계약은 성립한다.

둘째, 무역계약을 이행하기 위해서는 먼저 매도인이 약정품을 인도하여야 한다. 특약이 없는 한 매도인의 인도에 의해 물품의 소유권과 위험부담은 매수인에게 이전되며 매수인의 지급의무가 발생된다. 매도인이 매수인에게 계약품을 현실적으로 인도하거나 권리증권(document)에 의한 상징적 인도가 없는 한 매수인은 지급의무가 없기 때문이다. 무역물품의 인도는 관습상 선적주의가 원칙이며, 대금 결제는 수입지의 외환은행에서 수입상이 환어음을 인수하거나 지급하는 것이 상례이다.

2 무역계약의 대상

1) 물품무역

국제물품무역계약의 대상이 되는 물품은 물품의 특성에 따른 분류로서 이동가능한 실질적 유형재, 즉 유체동산을 가리키며 지역적으로 볼 때는 어느 일방이 외국에 있는 경우의 물품매매라고 할 수 있다. 우선, 물품의 특성상의 분류에 의한 해석에 대해 국제물품매매법과 영국법을 참조하여 고찰해 보면,

국제물품매매에 관한 UN협약 제2조에서는 개인용과 가사용의 물품매매, 경매, 주식(stock and shares), 유통성 유가증권(negotiable instruments) 및 통화의 매매는 포함되지 않는다. 또한 내수운행에 사용되는 등록된 선박(registered ships, vessels, used in inland navigation), 항공기 및 전력의 매매는 매매적격성을 갖추고 있어도 전환제공이 부자유스럽기 때문에 일반 동산

(ordinary chattel)과 동일하게 다루는 것이 곤란하여 제외하고 있다[11].

영국물품매매법에서는 소송물건과 금전 이외의 모든 동산(chattels persons)을 물품에 포함하고 있으며 스코틀랜드에서는 금전을 제외한 모든 유체동산(corporeal movables)을 포함한다고 정의하고 있다[12]. Chattels persons은 개인이 그 소재를 이동할 수 있는 재화를 의미하고 corporeal movables는 유형재로서 이동되는 재물을 의미하는 것이므로, "유체동산"이라고 할 수 있다. 이와 같이 영국법에서는 경작지의 수호물(emblements), 토지의 부착물(things attached to the land)도 매매 이전에 또는 매매계약 성립과 함께 토지와 분리한 경우에는 유체동산에 포함시키고 있다.

이와 같이 매매목적의 물품은 실질적 가치가 있는 유체동산이라고 정의 할 수 있다. 그렇다고 계약 당시 존재하고 있는 현물(existing goods)만에 한정되는 것은 아니며 계약의 성립 후에 매도인이 제조 또는 구매하여 인도할 때까지만 상품화하여 매매적격한 품질을 갖추면 된다.

물품이 계약성립 당시에 매도인의 소유가 아닌 아직 타인 소유라도 문제가 안된다. 계약이행 시에 매도인의 소유로서 매수인에게 이양할 수 있으면 되기 때문이다.

영국법에서는[13] 매도인의 취득 여부가 불명한 우연의 사유에 해당하는 물품까지도 매매의 목적물이 될 수 있다고 규정하고 있어 가령 조개를 판매하는 어부가 그 조개에서 발견될지도 모르는 진주를 타인에 파는 계약도 가능하다.

그리고 계약 당사자의 지역적 분류로서 매도인이나 매수인의 일방이 외국인일 경우에 국제거래라고 할 수 있기 때문에 수출을 위해 국내에 있는 제조회사에게 생산하청을 주는 경우는 엄격한 의미에서 국제거래라고 할 수 없겠으나 동품이 외국에 판매되는 것을 전제로 하고 있기 때문에 국제물품매매 행위라고도 볼 수 있을 것이며 국제물품매매 계약의 측면에서 연구되어야만 거래목적에 충실할 수 있을 것이다.

2) 기타무역

무역을 국제간의 상행위로 볼 때 무역의 대상은 물품과 같은 가시적인 유형재, 저작권·특허권과 같은 무형재, 채권과 어음 등의 형식재, 또 토지와 건물과 같은 부동재 등 매매가능(marketable)한 모든 상품이다. 특히 오늘날에는 보험과 운송과 같은 써비스도 상품으로 불리고 또 무역에서 brand수출과 기술도입 등에서 의장(design), 노하우(know how)가 단독 혹은 부대적인 무역계약의 대상이 된다. 무역 계약의 대상은 물품이라는 유체자산의 특성이 아닌 상행위의 대상이 되는가의 관점에서 파악해야 할 문제이다. 한국 상법 제46조에서 동산, 부동산, 유가증권, 금융, 운송, 보험, 제조 등 18종에 달하는 여러 가지 행위를 영업으로 하는 것을 지칭하고 있어 무역은 이들에 대한 국제간의 행위에 해당하므로 이 모두를 무역의 대상으로 볼 수 있다.

---

11) United Nations Convention on Contracts for the International Sale of Goods Article 2.
12) Sales of Goods Act(약칭 S.G.A) sec. 62
13) S. G. A. Sec. 4(2)

3) 상품학에서의 대상

상품학에서 상품을 너무 넓게 해석하면 본질과 구성이 이질적인 각종 상품을 동일과학의 범주에 편입시키는 결과가 되어 과학적인 연구가 어렵게 된다. 따라서 상품을 연구대상으로 하는 상품학에서는 일반적으로 생산·제조·가공되는 생산물에 한정하고 있으며 유가증권과 부동산은 제외하고 있다.

상품학에서 상품을 실질재이고, 가동재이면서 매매 적격한 유형재에 한정하고 있는 각각의 이유는 다음과 같다.

첫째, 상품학에서의 상품은 물품 그 자체가 실질적인 가치를 가지고 있는 실질재여야 한다.

실질 상품은 자연과학의 연구에 의해 그 진위와 우열을 식별·감정하는 것이 가능할 뿐만 아니라 물품 그 자체가 효용성을 가지고 있다. 그러나 주식 어음과 같은 유가증권은 사적 계약과 법률의 재산적 가치가 부여된 것으로 증권 그 자체는 재산적 가치가 아닌 한 장의 종이에 불과하므로 자연과학에 의한 가치의 구명이 거의 불가능하다. 이러한 본질적 차이에서 같은 상업의 객체이지만 유가증권은 증권학에서 다루고 있다.

둘째, 상품학에서 상품은 자유로운 이동성을 가진 가동재여야 한다.

상품은 거래물품으로서 운송기능에 의한 자유로운 이동성과 언제 어느 곳에나 저장과 보관이 가능한 보관성이 있어야 한다. 따라서 필요로 하는 토지·건물·철도·교량·부두와 같은 부동재와 특허권·의장권·상표권·저작권·상호전용권 등과 같은 무형재는 매매의 목적물임에도 불구하고 상품에 포함되지 않는다.

셋째, 상품학에서 상품은 매매적격한 현실의 상환경에 있어야 한다.

상품이 현실적으로 상품으로 인정받기 위해서는 매매가 가능한 유통단계에 있어야 하며 동시에 매매적격품이어야 한다. 공장이나 점포의 집기와 비품은 그 자체가 생산용이나 판매용의 시설로서 유통단계에 없을 뿐만 아니라 판매품이 아니기 때문에 상품이라 할 수 없으며, 공장 자체의 판매는 이와는 별도의 부동산의 거래에 해당된다.

또한 무역에서 상품학이라고 하는 경우는 이와는 다르며 국제적으로 통일된 상품분류방법을 제정하여 사용함으로써 수출입관리와 관세부과의 신속성 및 편리성을 도모할 목적으로 사용되고 있는 HS분류가 주된 내용이며 아울러 수출포장과 보관·유통에 대한 문제를 다루고 있다.

제4절 계약일반론

1 계약의 정의와 종류

1) 계약의 정의

한국 민법에서 계약은 넓은 의미와 좁은 의미로 정의되고 있다. 넓은 의미의 계약은 사법상의 일정한 법률효과 발생을 목적으로 2인 이상의 당사자가 서로 대립하는 의사 표시의 합치인 합의에 의하여 성립되는 법률행위 일체를 말한다. 이른바 물권계약, 준물권계약뿐 아니라 신분계약 등도 포함한다. 그러나 좁은 의미의 계약은 채권관계 발생을 목적으로 하는 채권계약이라고 정의하고 있으며 증여, 매매, 교환, 소비대차, 사용대차, 임대차, 고용, 도급, 등 14가지를 규정하고 있다.

영미법에서는 계약(contract)이라 함은 2인 이상의 당사자간에 어떤 행위를 하게 하거나 하고 있는 어떤 행위를 금지시키기 위한 강제성 있는 법률적 약인으로서의 합의(an agreement between competent persons, upon a legal consideration, to do or abstain from doing some act 혹은 an agreement enforceable at law)라고 정의하고 있다. 계약에 대한 넓은 의미의 정의는 한국법과 영미법간에 차이가 거의 없다고 할 수 있다.

미국의 Restatement of the law of contracts에서는 "A contract is a promise or a set of promises for the breach of which the law gives a remedy or the performance of which the law in some way recognizes as a duty"라고 규정하고 있다. 즉, 계약은

① 하나의 혹은 일련(복수)의 약속이며, ② 계약위반에 대해서는 보상을 하거나 혹은, ③ 계약을 이행할 것을 법적인 의무로 인정하고 있다.

2) 합의와의 관계

합의(agreement)는 어느 일방이 상대방에게 일정한 행위를 할 것과 하지 않는 것에 대한 의무부담 의사를 통지하는 청약(offer)을 하고, 상대방은 청약한 조건을 승낙(acceptance)한다는 의미이다.

정의에서 살펴본 바와 같이 계약이나 합의 모두 2인 이상의 의견이 합치되었다는 점에서는 동일하다. 그러나 합의의 위반에 대해 보상이나 합의이행을 법적으로 강제화할 수 있는

지에 대해서는 차이가 있다. 즉, 일반적으로 합의(agreement)라고 할 때 법적구속력이 있다거나 또는 없다거나 하는 의미를 구분하지 않고 있다. 그러나 계약은 법적인 구속력이 있는 것으로 정의되고 있다. 따라서 합의는 계약보다는 넓은 의미로 해석되고 있다.[14] 계약은 모두 합의가 되지만 합의가 모두 계약이 되는 것은 아니다. 법적으로 강제화 할수 없는 즉, 계약의 대상이 될수 없는 사안에 대하여 계약의 형식을 갖추었다고 하더라도 당사자간의 합의에는 해당되나 법적으로 강제화되거나 구제가 가능한 계약은 아니다.

3) 계약의 종류[15]

(1) 쌍무계약과 편무계약

쌍무계약(bilateral contract)은 청약자(offeror)의 청약을 상대방(offeree)이 승낙한 당사자 쌍방이 서로 약속을 교환한 계약이다. 쌍방이 서로 대가적 채무를 부담한다. 따라서 쌍방은 자기 약속의 약속자(promisor)인 동시에 상대약속의 수약자가 된다.

편무계약(unilateral contracts)은 일방이 상대방에게 채무를 약속하거나, 부담하는 계약이다. 타방의 동의를 계약의 성립요건으로 하지 않는 것이 쌍무계약과 차이가 있으며 증여·사용대차 등이 편무계약에 속한다.

(2) 유상계약과 무상계약

유상계약(onerous contracts, 有償契約)은 대가적 의미를 가지는 재산상의 출연을 하는 계약으로 매매가 해당하며, 무상계약(gratuitous contracts, 無償契約)은 대가적 채무를 부담하지 않는 계약으로 증여가 이에 속한다.

쌍무·편무의 구별이 채무자가 상호적이냐 아니냐의 것인데 비하여 유상·무상은 채무의 내용이 대가적이냐 아니냐에 따른 차이가 있다. 매매계약은 매도인의 물품인도와 매수인의 대금지급이 발생하는 것이기 때문에 유상쌍무계약이다. 하지만 은행대출은 이자부소비대차는 차주만이 원금반환과 이자지불채무를 부담하기 때문에 유상편무계약이다. 쌍무계약은 모두 유상계약이나 편무계약에는 유·무상계약이 각기 있다.

(3) 유효 및 무효계약, 취소가능 및 불가능 계약, 강행가능 및 불능계약

유효계약(valid contract, 有效契約)은 약속이 쌍방당사자를 구속하는 것이며 당사자 일방이 약속을 이행하지 못한 경우에는 법률에 의한 강행을 할 수 있는 계약이다. 유효계약의 요건은 ① 당사자 합의(mutual agreement), ② 당사자간의 계약능력(competment to contract), ③ 약인(consideration), ④ 목적의 적법, ⑤ 계약서 작성의 특별형식을 법률이 요구하는 계약의 경우는

---

14) 고범준, 「국제상사중재법해의」, 91, pp.54~55.
15) 中村巳喜人, 「貿易契約論」, 有朋堂 pp.11~16.

특별형식구비 등을 갖추어야 한다.

무효계약(void contracts, 無效契約)은 당사자간에 아무런 법상의 권리의무를 발생시키지 않는 계약으로 위법행위를 목적으로 하는 계약 등이다.

취소가능계약(voidable contracts, 取消可能契約)은 당사자 일방의 선택에 의하여 취소 가능한 계약을 말한다. 어느 일방이 사기적인 방법으로 계약을 체결하였을 경우는 타방은 본 계약을 유효한 것으로 할 것인지 무효한 것으로 할 것인지에 대한 선택권을 행사할 수 있다.

강제불능계약(unenforceable contract, 强制不能契約)은 유효한 계약이지만 소송에 의해 구제를 구하는 것이 불가능한 계약을 말한다. 예를들면 법률에 서면에 날인을 요구했는데도 구두로 계약한 경우는 계약으로는 유효하나 강제화 할 수가 없다. 그러나 이러한 계약이라 하더라도 근거해서 이미 지불한 지불은 회복할 수 없다.

(4) 명시계약과 묵시계약

명시계약(express contracts, 明示契約)은 계약체결시에 계약의 모든 조건을 구두 혹은 서면으로 명확히 표시한 계약을 말한다.

묵시계약(implied contracts, 黙示契約)은 당사자가 의사를 명확히 표시하지 않았지만 당사자의 행위 등으로 계약체결과 조건의 구속의사가 추정되는 계약이다. 가령 매수인이 판매인에게 물품표시가격을 지적했을 때 판매인이 고개를 끄덕였다면 판매인은 매수인에게 표시가격급으로 판매할 것을 계약한 것으로 간주할 수 있다. 이와 같은 경우를 묵시계약이라고 한다.

(5) 요식계약과 불요식계약

요식계약(formal contracts, 要式契約)은 법령이나 계약으로 일정요식을 요구하고 있는 계약이다. 서면으로 작성하여 계약자가 날인·서명하여 송달할 것을 요구하는 서면날인계약(contract underseal), 채권·해상보험계약 등의 유통증권(negotiable instrument), 재판소에서 정식기록해야만 하는 판결승인장 등의 기록계약(contracts of record) 등이 요식계약에 해당된다. 불요식계약(informal contracts, 不要式契約)은 일정요식이 필요없는 단순계약을 말한다.

(6) 미이행계약과 이행계약

미이행계약(executory contracts)은 계약당사자가 계약조건 모두를 아직 완전하게 이행하지 않은 계약이고, 이행계약(executed contracts)은 모든 계약조건을 당사자가 완전하게 이행한 계약을 말하며 국제무역계약은 미이행계약에 해당되며 점포매매계약은 이행계약의 전형적인 형태다.

2 | 약인(consideration)[16]

1) 약인의 정의

미국의 Restatement 정의에 의하면 약속에 대한 약인은 거래인 동시에 약속과의 교환으로 제공되는 것이며, 약속 이외의 작위, 부작위, 법률관계의 설정. 변경. 소멸, 혹은 반대 약속이다(Consideration for a promise is an act other than a promise, or a forbearance, or the creation, modification or destruction of a legal relation, or a return promise, bargained for and given in exchange for the promise ; R.L.C.Sec.75)라고 규정하고 있다. 즉, 물품을 받고 돈을 지불하는 등의 상호간에 거래를 하는 것이 약인이라고 정의하고 있다. 이러한 약인에 대해 영국은 초기에는 날인 증서에 의한 계약(written contracts under seal) 만이 양당사자를 구속하였으나 그 후 날인증서에 의하지 않아도 약인만 있으면 당사자를 구속하는 계약이 되는 것으로 발전하였다.

미국은 날인증서의 계약은 약인이 없어도 당사자를 구속한다는 것이 폐지되었고 미국 통일 상법전에서도 날인증서의 원칙을 인정하지 않고 있다. 날인증서의 원칙과는 다르게 오히려 약인이 없는 계약은 날인증서가 있더라도 구속력을 인정하지 않고 있다(U.C.C.2-203). 단순계약(simple contract)은 약인으로 유효하며 물품매매가 약인의 대표적인 경우이다.

2) 약인의 충분성과 상당성

약인은 법으로 인정할 만한 약인으로서의 충분성(sufficient)을 갖추어야 한다. 상당성(adequate)이 필요한 것은 아니다. 상당성이라 함은 약속에 대한 가치가 균형된 것(a quid proquo), 즉 약속자가 제공하는 것과 수익자가 지불해야 하는 가치가 균형되어야 한다는 것으로 상호 불이익의 차이 문제는 약인으로서 중요하지 않다.

> ▶ Bolton V. Madden(1873) 판례에서는

"약인의 상당성에 대해서는 약속 시점에 당사자가 생각해야 할 문제이지 재판소가 반드시 생각해야 할 문제는 아니다."라고 판시함으로써 가치의 균형문제는 당사자간의 문제이지 법적인 고려사항이 아님을 분명히 했다.

그러나

> ▶ SEHNELL V. Nell (1861)의 판례에서는

"재판소가 약인의 상당성에 대해 검토하지 않는다는 일반원칙은 금전상의 약인이다. 금전상의

---

16) 前揭書, pp.26~32.

약인(Pecuniary Consideration)은 상당성을 외관상 정확하게 확정하는 것이 가능하기 때문이다." 라고 하였다. 그러나, 약인이 현저하게 부당한 경우에는 사기·강압 등의 위법행위의 의문이 있을 때는 재판소에서 취급하는 경우가 있다.

3) 제3자의 약인과 과거의 약인

소송의 경우에 제3자가 제공한 약인은 소송을 유리하게 이끌기에는 충분하지 못하며 반드시 수약자가 약인을 직접 제공하여야 한다. 또한 과거의 약인(past consideration)도 충분한 약인이 아니다. 특정의 약인에 대해서 그 후에 일방에 의한 약속은 법적으로 강제화시킬수 없다.

▸ Rostcorla V. Thomas (1842)에서

말의 매매가 이미 완료된 후에 매도인은 매수인에게 그 말이 건강한 말이라고 약속했었다. 하지만 말이 건강하지 못하여 매수인이 매도인을 상대로 소송을 제기한 사건이다. 법원은 매수인의 약인시점(매입가격의 지불시점)이 매도인이 말이 건강하다고 약속한 시점보다 이전의 과거의 약인이기 때문에 법원은 인정하지 않았다.

4) 소송의 억제(forbearance to sue)

소송에서 승소의 확신이 있는 건에 대해서 제소하지 않기로 약속을 하였다면 충분한 약인이 된다. 예를 들면, 지불기한을 경과한 부채가 있는 경우 제소를 하지 않고 높은 이자율로 약속하였다면 약인이 된다.

5) 약속에 의한 금반언의 이론(promissory estoppel theory)

일반적으로 금반언(estopel)의 원칙이란 자기가 실제로 행한 행위 또는 날인증서에 반(反)하는 사실을 주장하는 것을 법률상 금지하는 것을 말한다. 약속은 일당사자의 행위로 상대의 동의를 필요로 하지 않기 때문에 법적인 구속력을 부여할수 없다. 그러나 약속을 신뢰하고 행동함으로써 불이익을 당했다면 이것을 보호받지 못한다는 것은 형평(equity)에 반한다는 것이 약속의 금반언이다.

금반언(禁反言)에는 기록에 의한 금반언(estopel by record), 날인 증서에 의한 금반언(estopel by deed), 행위에 의한 금반언(estopel by conduct), 표시에 의한 금반언(estopel by representation), 침묵에 의한 금반언(estopel by silence) 등이 있으며 영미법에서는 금반언 원리를 약속에도 확대적용하여 약속에 의한 금반언이 생겨났다.

표시에 의한 금반언은 A가 진실하지 못한 표시를 한 경우 B가 이를 신뢰하고 행동했다면 A는 B에게 불진실한 표시라는 이유로 책임을 면할 수 없다.

약속에 의한 금반언은 미국의 Restatement에서 구체화 하고 있다. 약속자가 수약자측에게 명

확하고 실질적인 성격의 작위 또는 부작위를 할 것을 당연히 기대하는 약속을 하고, 수약자가 그 같은 작위 또는 부작위를 하는 것이 그 약속을 강행함으로써 부정의(injustice)를 피할 수 있는 경우에는 구속력을 가진다 (A promise which the promisor should resonably expect to induce action or forbearance of a definite and substannntial character on the part of promisee and which does induce such action or forbearance is binding if injustice can be aboided only by enforcement of the promise. ; R. L. C. Sec. 90).

▶ 약속에 의한 금반언 관련 미국 판례로는,

형이 동생에게 자기의 농장으로 이주해 오면은 거주할 집을 주겠다는 약속을 하자 동생은 현재 살고 있는 집을 처분하고 형의 농장으로 이주하였다. 형은 동생에게 처음에는 살기에 충분한 큰집을 주었으나 후에 살기가 힘들 정도의 초라하고 조그만 집으로 이사를 요구했다. 동생이 형에게 처음 약속대로 이행하라고 청구한 재판에 대해 법원은 양자 간에 약인이 존재하지 않았기 때문에 (bargain theory) 형의 약속이행을 강제화 하는 것을 인정하지 않았다(Kirksey V. Kirksey 건임). 그러나 후에 유사한 W. B. Saunders Co. V. Galbraith 건에서 법원은 약속에 의한 금반언의 원칙에 따라 약속이행의 강행성을 인정했다. 약속에 의한 금반언의 원칙은, 미국에서 부모형제간, 자선단체 및 종교단체에의 기부금 등과 같은 경우에 한하여 채택하고 있으며 거래에까지 확대적용하는 경우는 많지 않다.

6) 약인원칙의 예외

계약에서 약인의 원칙이 적용되지 않는 예외는 다음 5가지가 있다.

① 날인증서로 작성된 약속

② 약속에 의한 금반언이 인정되는 약속

③ 확정청약에서 일정기간 철회하지 않는다는 약속 : 상인이 서명문서로 물품매매를 청약한 건에서 청약서의 조항으로 효력을 지속하는 보증이 있는 경우에는 약인이 없어도 일정기간 청약을 철회 할 수 없다.(U.C.C.Sec. 2-205).

④ U.C.C. Sec. 2-105에서 규정하는 물품은 매매계약에 국한하여 계약변경의 효력이 있다. : 판매당시 보증(warranty)을 하지 않은 거래는 후에 보증하여도 과거 약인원칙에 따라 새로운 약인이 제공되지 않는 한 보증은 효력이 없다. 그러나 당해품에 대한 매매품의 경우는 계약변경의 효력은 있다.

⑤ U.C.C. Sec. 1-107에 의한 의무위반으로 발생한 권리포기의 약속 : 손해를 받은 당사자의 서명이 있는 서면포기는 약인이 없어도 그 전부 또는 일부의 면제가 가능하다. 그러나 약인이라는 기술적 요청은 고집하지 않으나 신의 성실(good faith)이 없이는 안된다. 심지어 기술적 요청이 구비되어 있더라도 신의 성실(good faith)이 없으며 계약의 수정변경은 지지 받지 못한다.

3 | 착오, 부실표시, 부당위압, 강박계약의 법률효력[17]

1) 착오

착오(mistake)란 진의와 표시가 일치하지 않아 진의의 합의가 방해받는 것을 말한다. 계약이 무효가 되는 착오는 중대한 사실의 착오(mistake of fact)뿐이며 법률의 착오(mistake of law : 법률의 일반원칙의 오인 혹은 무지)는 계약을 무효화하지 않는다.

(1) 쌍방착오(mutual mistake)

외관상의 표시의사는 일치하지만 내심의 의사가 일치하지 않는 경우에 주로 발생한다.

① 목적물의 존재에 관한 착오(mistake as to existtence of subject matter) : 말의 매매에서 계약 전일 말이 죽은 것을 모르고 죽은 말에 대해서 계약을 체결한 경우는 계약 목적물이 존재하지 않았기 때문에 계약이행이 불가능하므로 무효다.

② 목적물의 동일성 관련 착오(mistake as to identity of subject matter) : 계약의 문언이 애매모호하여 상대방이 오도(mislead)하도록 하지 않았음에도 서로 다른 이해를 한 경우에는 어떤 이해라 하더라도 일방의 이해에 대하여 타방에게 자기의 이해를 우선 채택할 근거는 없다.

> ▸ Raffles V. Wichelhaus (1864)판례에서
>
> A는 B와 봄베이항에서 출발하는 Peerless호에 선적하는 조건의 면화수입계약을 체결하였다. 봄베이항 출발 Peerless호는 10월, 12월에 각기 1척씩 있었다. B는 12월 출항배에 선적하였으나 A는 10월 출항배로 선적하지 않았다는 이유로 재판을 청구하였다. A의 청구에 대해 법원은 청약과 승낙간에 문화가 다르고 선적월에 대한 합의가 없기 때문에 A의 청구를 기각하고 B에게 승소판결을 내렸다.

③ 목적물의 품질관련 착오(mistake as to quality of subject matter) : 품질이 일반적으로 신뢰할 수 있는 것과 본질적으로 다른 경우가 아니면 착오는 계약에 영향을 미치지 못한다. 그러나 실체(substance or essence)에 관한 착오는 무효다.

④ 계약조건관련 착오(mistake as to the terms of contract) : 거의 문제가 되지 않으면 계약은 유효하다.

---

17) 前揭書, pp.33~42.

> ▸ Wood V. Scarth (1858) 판결에서

A는 주점을 연 63파운드에 B로부터 서면계약 임차했다. 이 때 B는 A에게 권리금을 500파운드 요구했다. 그러나 A가 B에게 권리금 500파운드 지급을 거절하자 소송한 건이다. 법원은 계약서에 권리금 500파운드의 약정이 없으며 이를 입증할 증거가 없어 청구를 기각함으로서 B가 패소했다.

(2) 일방착오(unilateral mistake)

당사자 일방이 착오를 한 의사표시에 의해 계약을 한 경우에는 상대방이 착오를 알고 있었거나 상당한 주의를 기울임으로서 착오를 알 수 있는 때는 계약의 효력에는 영향을 미치지 않는다. 일방의 착오를 상대방이 알고 있으면서 이를 숨긴채 일방의 착오에 의해 상대방이 이익을 보았다면 계약의 무효가 가능하다. 다만
① 착오는 계약의 중요사항에 관계되는 것이어야 하며
② 중대착오의 입증책임은 주장자에게 있으며
③ 착오의 여부는 계약시 당사자의 현실적인 의사를 기준으로 주관적으로 판정한다.

2) 부실표시

부실표시(misrepresentation)란 진실이 아닌 사실을 표시하는 것을 말한다. 계약체결은 당사자간에 서로의 진술(statements)로 이루어지는 것이 보통이다. 이때 일방이 상대방에게 계약체결의사로 행하는 statements를 표시(representation)라 한다. 표시에는 계약조항이 되는 계약상의 표시(contractual representation)와 당사자 의사 결정에 영향만을 미치는 단순표시(mere representation)가 있다.

계약상의 표시인지 단순표시인지의 구별은 당사자가 결정할 문제이나 일반적으로 계약서 작성의 경우에 계약서에 기재되면 계약상의 표시이고, 구두로 표시한 것은 단순표시다.

계약상의 표시와 단순표시와의 가장 큰 차이점은 불진실(untruth)의 사실을 계약상에 표시한 때는 계약위반(breach of contract)이 되어 이것에 의해 손해를 입은 경우에는 사기(fraud)나 과실(negligence)이 아니라도 손해배상소송을 제기할 수 있다. 그러나 단순표시는 사기 또는 과실에 의한 경우에만 손해배상을 청구할 자격이 있다.

계약에서의 불진실한 표시가 보증(warranty)에 해당될 때는 손해배상청구권만이 발생하지만 계약조건(condition)이라면 계약취소(rescind), 추인(ratify), 손해배상소송(sue of damage)이 모두 가능하다.

계약표시가 아닌 단순표시에서의 부실표시는 ① 사기 또는 악의의 부실표시(fraud or fraudulent misrepresentation), ② 과실에 의한 부실표시(negligent misrepresentation), ③ 선의의 부실표시(innocent misrepresentation)로 나뉘어 진다.

사기 또는 기만적인 부실표시란 중대한 사실을 허위표시(false representation)하고 그것이 허위인줄 알고 있으면서 행함으로서 상대방에게 이러한 허위가 원인이 되어 손해를 입힌 경우에는 손해배상 소송을 할 수 있으며 입증의무는 원고에게 있다. 단, 부실표시가 사실에 관계되면 허위표시가 되나 법관련 진술의 잘못은 부실표시가 아니다.

과실에 의한 부실표시란 부실표시된 사실이 진실임을 믿을수 있는 충분한 이유가 있고 계약체결시까지 믿고 있었다는 것을 입증할 수 있으면 사기가 아닌 과실표시로서 취급된다. 이 경우 계약취소가 가능하며 진실임을 믿었다는 입증의무는 피고에게 있다.

선의에 의한 부실표시란 사기 혹은 과실 이외의 부실표시를 말한다. 단순표시인 경우에는 부실표시에 대한 구제책은 없으며 단순표시자에게는 법률적인 책임을 요구할 수 없다. 그러나 계약표시, 보증, 손해배상청구권이 조건인 경우에는 계약취소, 추인, 손해배상소송이 가능하다.

3) 강박. 부당위압

강박(duress) 또는 부당위압(undue influence)으로 체결된 계약은 강박 또는 위압 받은 자가 계약취소를 선택할 수 있다. 계약체결을 위한 동의가 자유롭게 제공된 것이 아니기 때문이다. 강박이라는 것은 본인 또는 친족의 생명·신체·자유·명예·재산에 대해 해(害)를 가하는 것을 고지하고 사람을 협박하는 것이다. 부당위압이라는 것은 당사자 일방이 상대방에 대해 지배적(dominating) 관계에 있거나 특수한 관계에 있다고 추정되는 경우에 그 지배관계 혹은 특수관계를 부당하게 이용하여 상대방의 자유로운 판단을 방해하여 불이익 계약을 체결하는 것을 말한다.

당사자간에 신뢰관계(fiduciary relationship; confidential relationship)가 있을 경우 강박 또는 부당위압이 행해지면 부당위압이 가능한 관계로 추정된다 (변호사와 의뢰인, 의사와 환자, 아버지와 아들, 남편과 부인의 관계 등). 이러한 신뢰 관계가 있는 당사가간에 계약이 체결된 때에는 신뢰받는 당사자 측에서 자기가 지위를 남용하지 않았다는 것과 그 계약에서 이익을 받은 것이 없다는 것을 증명하지 못하는 한 계약은 취소될 가능성이 있다.

강박·부당위압으로 계약취소가 가능한 경우는 ① 물리적 폭력 또는 감금(imprisonment)이 현실로 존재하고 혹은 위협받게 된 경우와 ② 형사소송을 강박 받은 경우이다. 협박을 받은 자는 실제 계약당사자일 뿐만 아니라 당사자의 배우자, 근친자라도 해당된다. 가령 남편이 범한 범죄를 고소한다고 위협하여 처에게 계약을 체결시키는 경우가 이에 해당한다. 협박이 묵시적 협박이라도 상관없다. 아들이 부친회사의 보증계약을 위조하였을 때 아들의 보증계약위조를 알고 있는 자가 계약을 체결하였다면 이는 아들이 고소당하는 것을 원치 않고 있는 아버지를 묵시적으로 협박하는 것이 되기 때문에 계약을 취소할 수 있다 (Mutual Finance. Ltd. V. John Wetton & Sons(1937)).

폭력은 신체상에 가해지는 것에만 국한되지 않는다. 시장의 소유자가 그곳에 점포를 내고 있는 소매상에게 자릿세(tolls)를 청구하였으나 소매상이 자릿세를 내지 않자 시장소유자가 소매상의 상품을 임의로 차압했을 경우 소매상은 그동안 1년 이상 자릿세를 내왔다고 하더라도 자릿세가 불법이라는 판결을 받았다면 이미 지불한 자릿세도 되돌려 받을 수 있으며 자릿세 계약을 취소할 수 있다.

4 위법계약의 효력[18]

계약의 내용이 적법(legal)한 것은 계약이 유효하기 위한 요건이며 위법(illegalty)한 계약은 효력이 없다. 적법한 계약이 아니라는 것은 계약내용 그 자체가 위법인 경우와 이행과정에서의 위법한 경우가 있다. 어떤 경우든 계약은 공공의 이익을 저해하거나 범죄, 위법행위의 추구, 선량한 풍속과 공익(public policy)에 반하는 것이어서는 아니된다.

1) 위법계약의 종류

위법계약은 제정법에 위배되는 경우와 선량한 도덕과 공익에 위배되는 경우에 해당되는 계약이 있다. 제정법에 의한 위법은 명시적으로나 묵시적으로 금지된 것을 계약한 것이며 선량한 도덕과 공익에 위배되는 경우는 다음 7가지로 요약할 수 있다.

① 범죄(crime), 불법행위(tort), 사기(fraud)계약
② 우호적 외교 관계에 해를 끼치는 계약
③ 국가 안전에 해를 끼치는 계약
④ 사법권에 간섭하는 계약
⑤ 공무원 생활을 부패시킨 계약
⑥ 탈세계약(contract to defraud the revenue)
⑦ 성적 부도덕(sexual immorality)을 조장하는 계약

2) 법률효력

계약의 내용이 위법인 경우와 단순 무효인 경우는 그 효력은 차이가 있다.
위법계약인 경우는 계약 전부가 무효가 되나 특정조항이 단순무효인 경우는 본 조항만 무효이고 나머지 부분은 유효하다.

---

18) 前揭書, pp.46~48.

제2장 무역계약의 성립

A STUDY ON TRADE CONTRACTS

02

제1절 해외시장조사와 계약성립요건

1 해외시장조사

해외시장조사는 무역절차의 최초단계로서 취급품목의 수출 또는 수입의 가능성을 조사하는 일체의 행위를 말한다.

주요조사내용은 조사 대상국가의 선정, 대상국에 대한 수출·입실적, 주요거래회사, 대상국의 내국공급량과 수요량, 수출입가격 및 대상국의 내국가격, 경쟁대상국, 소득수준과 구매력, 수출입규제내용, 외환사정, 유통과정, A/S와 상관습 등이다

조사방법은 각종 간행물조사, 해외공관을 통한 의뢰조사, 국내무역유관기관의 자료 및 의뢰조사, 자체출장이나 지사원을 통한 조사 등을 실시할 수 있다.

2 거래선 발굴 및 신용조사

해외시장조사를 통하여 특정품목의 수출입국가가 결정되면 거래선을 발굴해야 한다. 거래선은 수출·입의 성공을 좌우하는 첫 번째의 필수요건이며 회사의 운영마저 좌우되는 중요한 과제다.

거래선을 발굴하는 방법은 자체 홍보물인 카탈로그, 리프렛 등을 재외공관을 통하여 배포하거나 해외발행 무역관계매체에 광고 및 각종 사절단이나 박람회참여, 출장 등을 통하여 할 수 있다.

발굴된 거래선에 대한 신용조사도 중요하다. 회사의 재정상태, 대표이사의 능력과 자질, 동업자의 평판, 판매망이나 생산체제 등에서 능력과 신용이 있는 회사이어야 한다.

3 거래제의 및 상담

거래 후보자가 선정되면 특정품목에 대한 구체적인 거래조건을 제시하면서 상담을 개시한다. 품목, 수량, 단가, 선적일자, 결제조건 등에 대해 청약을 하고 청약에 대한 수정청약을 통

하여 승낙이 되면 양자간의 거래는 합의가 되고 계약을 체결한다. 상담은 주로 FAX로 진행되나 거래규모가 큰 경우는 방문을 통하여 제품이나 생산시설 판매망 등을 직접 확인하기도 한다.

4 무역계약의 성립요건[19)

무역당사자가 예비적인 교섭을 거쳐 상담이 끝날 단계가 되면 매도인이 「이 정도의 조건이면 팔아도 좋다」라고 하는 의사표시를 매수인에게 하던가, 혹은 매수인이 구매 제의를 매도인에게 하게 된다. 이것을 계약의 청약이라고 부른다.

전술한 바와 같이 모든 계약은 청약(offer)과 승낙(acceptance)에 의해 성립된다. 무역계약도 계약의 하나이므로 역시 청약과 승낙에 의해 성립된다.

청약은 무역을 하고 싶다는 일방의 의사표시이며 타방 당사자가 그 거래에 대해 동의를 할 때 성립한다. 청약을 하는 사람을 청약자(offeror), 청약을 받는 사람을 피청약자(offeree)가 되며 승낙은 청약을 수락하고 계약을 성립시키는 피청약자의 의사표시이다. 무역계약의 청약은 매도인이나 매수인중에서 개개의 구체적인 교섭상황에 따라 어느쪽도 할 수 있다. 매도인이 하는 청약을 매도청약(offer to sell)이라 하고, 매수인이 하는 청약을 매수청약(offer to buy)라고 한다. 간혹 매도인과 매수인이 동시적개념으로 청약을 하는 교차청약도 있다.

예를 들어, A가 B에게 「내 차를 $5,000에 팔고 싶다」고 청약하였을 때 B는 A의 청약을 모르는 체 A에게 「네 차를 $5,000에 사고 싶다」고 청약을 했다. 두 개의 청약이 우편으로 엇갈려 청약 두 개만 존재하고 승낙은 없다. 그러나 내용은 완전히 똑같고 당사자 의견은 합치되어 있다. 이러한 경우를 교차청약(cross offer)이라고 하며, 빈번한 거래를 하는 당사자간에는 발생할 가능성이 있으며, 계약의 성립에 논란이 있을 수 있다.

이 경우에는 청약만 있을 뿐이고 승낙은 존재하지 않아 계약이 성립하지 않았다고 할 수도 있다. 미국 계약법을 집대성한 「계약법의 Restatement 제2판」에도 원칙적으로 계약의 성립을 부정하고 있다. 그러나 두 개의 청약내용이 일치할 뿐만 아니라 양당사자는 같은 내용의 계약을 체결할 의사를 가지고 있으며 두 개의 의사표시가 객관적으로나 주관적으로 합치되어 있으므로 계약은 성립한다고 생각하는 학자가 최근에는 많다. 우리 민법도 교차청약의 경우 양청약이 상대방에게 도달한 때에 계약이 성립한다고 규정하고 있다(민법 제533조).

이처럼 교차청약에 의한 계약의 성립여부에 대해서는 나라마다 또 학자에 따라서 견해를 달리하므로 실무적으로 청약이 교차했다고 생각될 경우에는 애매한 채로 방치하지 말고 즉시 상대방의 청약을 승낙함과 동시에 이 쪽의 청약과 중복되어 있는 것을 상대방에게 연락해 두면은 후일 계약의 성립에 대한 분쟁발생을 피할 수 있다.

---

19) 新堀聰,「貿易取引入門」, 日本經濟新聞社, pp.3~4.

제2절 무역계약의 청약

1 청약의 효력발생

1) 약의 의의

A가 B에게 예비적인 상담을 하다가 어느 시점에서 A가 B에 대해 "I will sell my car to you for $5,000(나는 내 차를 너에게 $5,000에 팔겠다.)"라고 말했다고 하자. 이러한 제안에 A는 B에 대해 자동차를 $5,000에 팔겠다는 청약을 한 것이다.

A의 청약에 대해서 만약 B가 "I will buy your car for $5,000.(나는 네 차를 $5,000에 사겠다.)"라고 대답을 하면 승낙이 되고 계약이 성립된다.

A의 청약을 받은 B는 A의 청약을 받아들이기만 하면 계약이 성립된다. 이와 같이 일반적으로 청약이 행해지면 승낙으로 계약을 성립시키는 파워가 피청약자에게 부여된다. 이것을 승낙권(power of acceptance)이라고 부른다. 물론 피청약자는 청약을 승낙할 수도 거절할 수도 있지만 승낙하면 계약이 성립된다는 점이 중요하다.

한편 위에서의 A의 청약에는 "offer"라는 단어가 사용되지 않아도 청약이 된다. 청약은 계약을 체결하고 싶다는 뜻의 의사표시이므로 실질적으로 청약의 내용을 갖추고 있으면 반드시 "offer"라는 단어를 사용할 필요는 없다.

청약자가 피청약자에게 청약을 한 경우 청약이 피청약자에게 도착했을 때에 효력이 발생한다. 상대방에게 도착하지 않으면 승낙을 할 수 없기 때문이다.

국제물품매매계약법 제15조 제1항에서도 「청약은 피청약자에게 도착할 때 효력을 발생한다.」고 규정하고 있다.

통지의 도착의 시점에 대해서 미국 통일 상법전의 제1-201조 제27항에서는 「조직에 의해 수령된 통지는 당해거래의 담당자의 주의를 끈 때에 효력을 발생한다.」고 규정하고 있으며, 우편물 등의 접수과에서 통상의 속도로 담당과에 도착된 때가 「도착」으로 된다. 사내(社內)에서 뭔가의 실수가 있어서 담당자에게의 전달이 늦은 경우에는 상대방에게 대항할 수 없다.

국제물품매매계약에 법 제24조의 해석으로서는 우편과·전신과 등의 접수창구에 도착한 때 효력이 발생하는 것으로 되어있어 통일상법보다도 빠르다.

청약에 대한 유효기한, 즉 청약에 의해 피청약자에게 부여되는 승낙의 힘은 언제까지 효력이 지속되는 것인가의 문제다.

① 청약의 유효기간이 정해져 있는 경우는 그 기간이 지나면 청약은 그 효력을 상실한다. 유효기간이 정해져 있는 청약을 확정청약(確定請約, firm offer)이라고 한다. 계약법에서는 「청약자는 청약의 주인이다(The offeror is the master of the offer)」라고 하며 이것의 의미는 청약자는 자신의 의사에 의해 청약의 조건을 정할 수 있고 따라서 자신의 형편에 따라 정할 수 있다는 의미다.

반면에 피청약자는 그 기간 내에 청약을 전부 승낙하지 않으면 계약은 성립할 수 없다. 기간이 지난 승낙은 새로운 청약이 되며 처음의 청약자가 다시금 승낙하면 계약이 성립된다.

② 청약의 유효기간이 정해져 있지 않은 경우에는 청약은 합리적인 기간이 경과했을 때 실효된다.

합리적인 기간(reasonable time)은 거래의 습관, 청약이 행해진 환경 등에 의해 정하는 사실문제(事實問題, a question of fact)로서 무역담당자가 실수를 하지 않는 한 유효기간이 없는 청약은 있을 수 없으며 이러한 청약은 청약으로서의 효력이 없게 된다.

③ 청약은 피청약자가 거절하면 실효된다.

일반적으로 청약을 받은 피청약자가 청약을 받은 응답으로서 승낙하면 계약이 성립되고, 거절하면 청약이 실효되어 계약은 성립되지 않는다. 어느 쪽을 택할지는 피청약자의 재량이다.

④ 청약에 대해 반대청약(counter offer)을 해도 청약은 실효된다. 청약에 대한 승낙은 모든 조건의 완전 승낙이어야 하며 단 한 조건이라도 수정 제안하는 반대 청약을 하게되면 일단 청약 그 자체는 실효된다. 그러나 반대청약에 대해 승낙이 있을 경우에는 반대청약은 청약이 되며 승낙은 새로운 청약에 대한 승낙이 되므로 계약이 성립된다.

⑤ 청약의 철회가 허용될 경우에는 청약이 철회가 되면 실효된다.

청약의 철회에 대해서는 영미의 보통법의 사고방식과 대륙법의 사고방식이 정면 대립하고 있다. 그러나 국제물품매매조약 제정을 위한 협의시에도 오랜기간 타협점을 찾지못하다가 극적으로 양법계의 가치를 인정하는 선에서 타결되었다.

다음은 이상의 5가지 경우에 관해서 다시 한번 상술하겠다.

---

20) 前揭書, pp.12~31.

1) 효기간이 있는 청약

청약자는 청약의 유효기간을 당해 상품의 관습과 시세의 변동 등을 고려하여 적당한 기간을 설정한다. 이것은 예를 들면, "We offer until August 10th……." 라고 표현한다. 이 경우 당사자간에 시차가 있는 경우 어느 쪽 시간으로 8월 10일인지 확실치 않으므로 "Offering until August 10th Seoul time……."라고 기준시를 명확하게 해 두어야 한다.

청약은 유효기간이 있는 것이 보통이며 이것을 확정청약(firm offer)라고 말하며, 피청약자가 승낙만하면 계약이 성립되는 청약으로 청약이라고 하면 보통 확정청약을 의미한다.

최종확인조건부청약(最終確認條件附請約, sub-con offer)도 있다. 이것은 동일 상품을 복수의 상대에게 동시에 거래의 의향을 타진할 경우나 확정청약을 하기가 불안한 경우에 사용한다. 이 경우에는 승낙이 있어도 최종확인조건부청약자가 다시 최종확인을 하지 않으면 계약은 성립하지 않는다. 요컨대, 최종확인조건부청약은 법적으로는 예비적 교섭의 단계에 속하는 청약의 유인에 지나지 않으며 이것에 대한 승낙이 사실상 청약이 되고 최종 확인이 진짜 승낙이 된다.

"sub-con offer"는 "offer subject to final confirmation"의 약자(略字)이므로, 텔렉스에서 "Offering sub-con ……."라고 되어 있으면 "Offering subject final confirmation ……."의 의미이다.

청약을 받아들이는 측에서 보면 최종확인조건부청약은 승낙권의 힘을 가질 수 없으므로 확정청약에 비해서 가격이 일단 내리지만, 실무감각으로서는 단순한 가격표시(quotation or price indication)보다는 거래의무에 가까운 감이 있다. 가격표시중에는 "quotation"는 최종확인조건부청약에 좀 더 가깝고 계약조건을 꽤나 상세하게 상대방에게 전할 때 사용하나 "price indication"은 가격만의 간단한 제시인 것이다. 따라서 메시지를 받는 측에서 보면,

firm offer 〉 sub-con offer 〉 quotation 〉 price indication의 순으로 가격이 낮아지게 된다. 물론 확정청약 이외에는 상대방에게 승낙권이 발생하지 않으며 예비적 교섭의 단계에 속하는 청약의 유인에 지나지 않는다.

2) 유효기간이 없는 청약

유효기간이 없는 청약은 대륙법이나 영미법 모두 합리적인 기간이 경과되면 실효된다. 문제는 무엇이 합리적인 기간인가 하는 문제다. 물론 소송이 되면 재판소가 거래관습(去來慣習)과 환경 등에 기초를 두고 판단하겠지만 불확정요소를 없애두는 것이 중요하다. 유효기간이 없는 청약을 수령한 경우에는 상대방에게

① 확정청약의 유효기간을 기재하는 것을 잊은 것인지 혹은

② 최종확인조건부청약 또는 가격표시에 지나지 않는 것인지를 서로 합의해서 확실히 해 둘 필요가 있다. 그리고 상대방으로부터 유효기간에 대해서 대답이 있기까지는 확정청약이 아닌 것으로서 취급하는 것이 안전하다. 승낙권이 있는 확정청약으로 해석하고 다음 거래와 계약을 제3자와 체결한다면 후에 분쟁의 원인이 된다.

3) 청약의 거절

피청약자가 청약을 거절하면 청약은 실효된다. 한 번 거절에 의해 실효된 청약은 그 후 피청약자가 마음이 변한 경우 처음의 청약자가 정한 유효기간내라 하더라도 청약자의 동의가 없이는 회복될 수 없다. 거절의 의사표시가 효력이 발생하는 시기는 거절의 통지가 청약자에게 도착한 시점인 도달주의(到達主義)원칙이다.

▶ 사건개요

① 9월 1일, A가 B에게 9월 10일까지 유효한 청약을 하였다.

② B는 가격이 비싸다고 생각해서 9월 3일 청약을 거절했다. 이 거절의 편지는 9월 5일 A에게 도착했다.

③ 그러나 뜻밖에 상품의 시세가 급등해서 B는 9월 9일 다시 서둘러서 청약을 승낙하는 취지의 전보를 A에게 보내 같은 날 A에게 도착했다. B는 A의 원래 청약의 유효기간내에 승낙하였으므로 계약이 성립되었다고 주장하면서 계약이행을 요구했다.

▶ 판결개요

A의 청약은 B의 거절의 편지를 A가 수령한 9월 5일에 이미 실효했으므로, B가 9월 9일에 보낸 전보는 계약을 성립시킬 수 없다고 판결했다. 하지만 이 경우에서도 A가 B의 전보를 새롭게 승낙하면 계약은 성립하나 A가 승낙하지 않았으므로 계약은 성립하지 않는다.

이러한 판결은 A는 B의 거절 편지를 본 후 B와의 거래를 단념하고 제 3자와교섭을 시작할 수도 있으며 또한 만약 B가 거절한 청약을 회복시키는 것이 가능하다면 B는 청약을 받은 후 무조건 일단 거절 통지를 하고 시세가 내렸을 때에는 거절한 채로 두고 또 시세가 오를 때는 거절을 취소하고 계약을 성립시키는 방법으로 B가 투기를 할 수 있게 되므로 도의상으로도 허용되지 않는 일이다.

4) 반대 청약

청약자가 청약을 거절하면 청약은 실효되고 상담은 여기서 종료된다. 그러나 실제로는 청약자는 단순히 청약을 거절하는 것이 아닌 청약에 대한 자신의 조건을 내세워 교섭을 계속하는 일이 많다. 이렇듯 피청약자가 청약의 조건을 변경하던가 또는 조건을 추가해서 답을 하는 것을 반대청약(counter-offer)이라고 한다. 반대청약은 다음과 같은 성질을 갖고 있다.

반대청약＝첫번째 청약의 거절(rejection of the original offer)＋새로운 청약(new offer)

반대청약은 청약의 조건을 추가·변경하므로 승낙이라고는 할 수 없으며 어디까지나 거절이다.

무역의 청약 조건은 상품명, 품질, 가격, 납기, 인도조건, 지불조건 등이 있으며, 이 조건들 중 하나라도 추가하거나 변경하면 반대청약이 되고 승낙이라고 할 수 없다.

그러나 반대청약은 단순한 거절로서 청약은 실효시키지 않고 교섭을 계속하게 하는 역할을 한다. 이 경우 당초의 피청약자가 청약을 승낙하면 계약이 성립한다. 현실적으로는 1회 청약으로 승낙이 이루어져 계약이 성립되는 경우는 거의 없으며 대부분의 경우 청약에 대한 반대청약을 하거나 반대청약에 대한 반대청약이 거듭 되는 식으로 서로 반대청약을 주고받는 복잡한 과정을 거쳐 계약이 성립한다. 그러나 반대청약이 새로운 청약으로서의 성질을 갖는 이상 어떤 복잡한 과정이 있어도 최종적으로는 계약은 하나의 청약과 하나의 승낙에 의해 성립하는 것이다.

여기서 피청약자가 유의해야 할 것은 청약에 대해 계약성립의 권한을 가지고 있던 피청약자는 반대청약을 하게 되는 경우는 가격인하를 달성하려는 것에 대한 위험으로 계약성립의 권한을 잃어버리고 오히려 상대방에게 넘겨주게 된다는 것과 계약을 놓칠 수도 있다는 것을 감내해야 한다.

5) 청약의 철회

(1) 대륙법계에서의 철회

유효기간이 정해져 있는 청약을 확정청약(firm offer)이라고 부르며, 확정(firm)이라고 하는 것은 「기한까지는 철회할 수 없다.」라는 의미로 한국을 포함한 독일, 일본 등의 대륙법계의 국가들은 법에서 이를 뒷받침하고 있다.

독일 민법 제145조에서 「타인의 대한 계약 체결을 청약한 자는 그 청약에 구속된다.」라고 규정하고 있으며 같은 대륙법계인 한국과 일본도 같은 취지다.

법적으로 확정 청약기간내 철회가 인정되지 않는다는 것은 청약자가 청약을 철회하여도 유효기간 내에는 피청약자는 그 사실을 무시하고 승낙하기만 하면 계약이 성립되는 것을 의미한다.

그러나, 유효기간이 없는 청약은 상당한 기간이 경과되면 철회할 수 있다. 이 경우 철회는 상대방에게 그 통지가 도착한 때에 효력이 발생하므로 승낙발신 전에 피청약자에게 도착시키는 것이 필요하다. 이것은 우리 민법에서 격지자간의 의사표시는 그 통지가 상대방에게 도착했을 때에 효력이 발생하며(도달주의) 승낙통지는 그 통지를 발송한 때에 계약이 성립(발신주의)되기 때문이다.

(2) 영미법상의 철회

영미법에서는 청약은 청약자가 유효기간을 정한 확정청약이라도 승낙통지 이전에는 자유롭게 철회할 수 있다. 유효기간 이전에 철회하는 것은 신용 있는 회사가 할만한 행동이 못되며 상도덕에 반하기 때문에 비판의 대상이 되어 몇 번이나 개정을 하자는 의견이 나왔으나 후술할 미국 통일상법전의 제정을 빼고는 아직 실행되지 않고 있다.

영미법에서 청약의 구속력을 인정하지 않는 이유는 청약을 받은 자는 승낙여부를 자유롭게 결정할 수 있는데 청약자측만이 철회할 수 없다는 것은 형평의 원칙에 어긋난다는 것 때문이다. 따라서 유효기간이 남아있더라도 승낙할 의사가 있으면 빨리 승낙해서 계약을 성립시켜 두는 것이 필요하다.

그러나 청약철회불가를 약정한 경우와 미국일상법전에는 예외가 있다. 청약의 철회불능에 대한 약정(consideration)이 된 경우에는 청약은 유효기간 내에는 철회할 수 없다. 약정청약은 일정기간 청약자가 청약을 철회하지 않을 것을 특별히 약속한 선택적계약(option contract)이기 때문이다.

영미법은 이 점에 대하여 청약 철회의 효과는 철회통지가 피청약자에게 도착한 때에 발생한다는 도달주의로 하고 있다. 그러나 승낙은 우편·전보에 의한 승낙은 발신과 함께 계약의 성립이 인정되는 발신주의를 채용하고 있다. 청약자가 청약을 유효하게 하기 위해서는 철회통지가 승낙통지 발신전에 피청약자에게 도달되어야 한다. 반대로 피청약자의 입장에서는 청약자로부터 철회통지를 받기 전에 승낙통지를 발송한 때에는 계약이 성립된다.

영국의 유명한 판례로서 1880년 뉴욕의 Byrne 對 영국의 Van Tienhoven 사건에서,

▸ 사건개요

10월1일 : V는 B에게 생철 1,000상자의 판매를 청약했다.

10월8일 : V는 B에게 1일자의 편지를 철회할 취지의 편지를 보냈다.

10월11일 : B는 V의 10월1일자 청약편지를 수령 하고 수령 즉시 승낙을 발신했다.

10월20일 : B는 V의 청약 철회편지를 수령했다.

10월23일 : V는 B의 승낙 편지를 수령하였다.

▸ 판결개요

본건에서 계약의 성립여부는 청약 철회통지가 발송시(10월8일)에 효력을 가지는지 아니면 철회통지가 도달했을 때(10월20일)에 효력을 가지는가에 달려 있다.

이 사건을 심리한 영국 민사소송 재판소의 Lindley판사는 청약철회는 그 통지가 피청약자에게 도달했을 때에 효력을 가지는 것으로 하고 B의 승낙은 그것 이전에 이루어진 것이므로 계약은 훌륭하게 성립됐다고 판결했다.

상기의 것은 영국의 판례이지만 미국에서도 그대로 적용하고 있다.

H는 W에게 아침 일찍 전보로 청약을 했지만 11시 2분에 청약을 철회하는 전보를 보냈다. W는 철회전보를 11시 46분에 수령했지만 그 이전의 11시16분에 H의 청약을 승낙하는 취지의 전보를 쳤다. H는 12시 5분에 W의 승낙전보를 받았다. 재판소는 청약철회는 피청약자가 그 취지의 통지를 수령하기까지 효력을 갖지 않으므로 계약은 W가 전신회사에 승낙전보를 냈을 때에 성립됐다고 판결했다.

(3) 미국 통일상법상의 철회

미국 통일상법전(Uniform Commercial Code) 제2편 제2-205조에는 확정청약을 철회할 수 없는 규정이 있다.

「상인이 서명한 서면으로 된 물품 청약서에서 유효기간이 없는 경우에는 합리적인 기간 이내는 철회할 수 없다. 철회불능의 기간은 어떠한 경우에도 3개월을 넘어서는 안된다. 단, 이러한 보증이 피청약자가 제공된 서식에 있을 경우에는 별도의 청약자의 서명을 요한다.」

동 조항을 좀 더 상술하면 아래 4가지로 분류할 수 있다.

① 청약은 서명이 된 문서여야 한다.

우선 청약은 청약자가 서명을 한 문서여야 한다. 따라서 구두청약은 철회가능 하다. 여기서 서명은 정식서명이 아닌 단순한 이니셜이라도 충분하며 권한 있는 자가 발신한 전보나 텔렉스도 서명된 문서로 해석된다. 그러므로 통상 미국 회사에서 확정청약을 서면 또는 전보·텔렉스로 받은 경우에는 유효기간 중에는 철회불능이라고 생각해도 좋다.

② 상인에 의한 청약이어야 한다.

청약은 상인이 해야하며 여기서 상인이라고 하는 것은 직업적으로 특정의 상품을 사고 파는 자를 말한다. 약국이 약을 팔고 자동차 회사가 자동차를 파는 등 통상의 영업활동을 하는 당사자는 모두 상인에 해당된다. 만약 정식 상인이 아닌 소비자의 확정청약은 본 조항에 구속받지 않고 영미법의 원칙대로 철회 가능하다.

③ 청약의 유효기간은 3개월을 넘기지 말아야 한다.

본 조항이 적용되는 것은 유효기간 3개월 내의 확정청약에 한한다. 이 요건은 원래 상인의 단기 확정청약에 대한 상인의 통상의 의사를 고려해서 영미법 본래의 원칙을 변경하여 청약의 구속력을 인정한 것에서 유래되었다. 그러나 장기확정청약이 구속력을 가지려면 대가(代價)를 필요로 한다.

④ 피청약자가 제공한 서식에 유효기간이 기록되어 있는 경우에는 그 부분에 청약자의 별도서명(別途署名)이 있어야 한다.

피청약자가 제출한 서류에 청약자가 서명(sign)만을 할 경우에는 서면전체에 대한 서명 외에 따로 청약유효기간의 조항에도 확인의 의미로 사인하는 것이 필요하다. 이것은 청약자가 이유도 모르는 체 피청약자의 서식에 사인을 해서 구속되어버리는 것을 피하기 위함이다. 일반적으로 유효기간의 장소에 이니셜을 추가하면 된다.

이상 네 개의 요건을 만족하는 확정청약은 첫째, 청약철회불가를 약정한 소정기간 내에는 철회할 수 없다. 만약 청약자가 철회하고 싶다고 제의해도 피청약자가 이것을 승인하지 않고 청약을 승낙하면 계약은 유효하게 성립된다.

둘째, 상인의 확정청약에 적용되므로 상인끼리의 거래에는 어느 쪽의 청약에도 적용되지만, 상인과 비상인의 거래의 경우에는 상인이 낸 청약은 적용되지만 비상인(非商人)이 낸 청약은 적용되지 않는다. 바꿔 말하면 상인이 비상인에게 낸 청약은 철회불능이지만 비상인이 상인에게 낸 청약은 철회가능하므로 소비자의 청약은 철회가 가능하다.

미국 통일 상법전은 현재까지 50개주 중에서 49개 주가에 채용하고 있어 사실상 미국 전체에 시행되고 있다고 생각해도 좋다. 유일한 예외는 루이지애나 주이며 이 주는 프랑스법의 영향을 강하게 받고 있어 현재에도 나폴레옹 법전이 살아있는 상태로 조속히 통일상법전을 전면적으로 채용할 가능성은 적다.

(4) 국제물품매매조약 상에서의 청약철회

국제물품매매조약에서는 청약철회에 대해 제15조 제2항에 의하면 취소불능청약이라 하더라도 그 청약철회의 통지가 청약이 상대방에게 도달하기전이나 동시에 상대방에게 도달하는 경우에는 청약철회가 유효하다. 대륙법계와 영미법계의 중간적인 입장으로 영미법계를 지지하면서도 청약의 도달주의 효력발생이라는 대륙법계 정신도 유지하고 있다.

제3절 무역계약의 승낙

1 승낙의 의의

승낙(acceptance)이란 청약자의 청약을 수락하여 계약을 성립시키는 취지의 피청약자의 의사표시이다. 청약에 대해 수락함으로써 처음으로 하나의 계약이 성립한다.

전통적인 계약법의 사고방식으로는 승낙은 청약의 모든 조항에 대해 동의를 해야 한다. 조금이라도 동의하지 않는 점이 있으면 승낙이 아닌 반대청약이 된다. 이것을 영미법에서는 청약과 승낙은 거울에 비치는 모습처럼 완전히 같아야 된다는 의미로 경상(鏡像)의 원칙(原則)(mirror image rule)이라고 부른다.

청약은 위법이 아닌 한 청약여부와 내용은 완전히 자유이다. 따라서 청약자는 청약의 방법을 자유롭게 지정할 수 있으며 전화·전보·텔렉스·우편(보통우편 또는 속달·항공편, 船便 등), 전달자 등, 어떤 승낙방법의 지정도 자유이다. 피청약자는 청약에서 승낙의 방법이 지정되어 있는 경우에는 승낙할 때 지정된 방법을 준수해야 한다. 승낙의 방법이 어떤 특정의 방법에 한해진 경우에는 그 이외의 방법에 의한 승낙은 새로운 반대청약의 의미를 가지는 것이며 승낙은 아니다.

따라서 실무적으로는 다음과 같이 행동하는 것이 바람직하다.

① 청약에 승낙의 방법이 명시적으로 지정돼있을 경우에는 지정에 따른다. 즉, 청약에 승낙의 방법으로서 전보·텔렉스·우편 등의 지정이 있으면 그것에 따른다. 실무상, 우편으로 청약을 해 와서 회답은 텔렉스로 요구받는 경우가 있으며 이런 경우에도 반드시 텔렉스로 승낙해야한다.

② 청약에 승낙방법에 대한 아무런 지정이 없는 경우에는 합리적인 방법으로 승낙하면 좋다. 미국 통일상법전 제2-206조 제1항 (a)는 청약에 지정이 없을 경우에는 승낙은 주변상황으로 생각해서 합리적인 방법으로 행하면 좋다는 취지를 규정하고 있다. 청약이 전보로 온 경우에는 전보로, 텔렉스로 온 경우에는 텔렉스로. 항공편으로 온 경우에는 항공편으로 승낙통지를 하면 문제없다. 그러나 합리적이라 하여 반드시 청약과 승낙이 같은 방법이 될 필요는 없다.

2 | 승낙의 효력발생시기[21)

청약자의 청약을 피청약자가 승낙하면 계약이 성립하지만 청약자와 피청약자는 공간적으로 떨어져 존재하고 있을 때에는 승낙의 의사표시가 청약자로부터 피청약자에게 도착하기까지의 공간 중에 어느 시점에서 계약이 성립하는가 하는 문제가 생긴다. 이 점에 대해서는 이론적으로는,

① 발신주의 : 피청약자가 승낙의 의사표시를 말한 때에 계약이 성립한다고 하는 것
② 도달주의 : 피청약자의 승낙의 의사가 청약자에게 도달했을 때 계약의 성립을 인정하는 것.
③ 요지주의 : 단순히 물리적으로 승낙의 의사표시가 청약자에게 도달한 것뿐만이 아닌 현실적으로 청약자가 그 내용을 알게 된 때에 계약의 성립을 인정하는 것.

격지자에 의사 표시는 일반원칙에 의해 영미법과 대륙법에서 도달 주의가 대원칙이다. 이것은 승낙의 의사표시가 청약자에게 도달하지 않은 전달 중에는 의사 합치가 존재하지 않기 때문에 계약은 성립하지 않는다는 이론에 근거하고 있다. 그러나 이것은 어디까지나 원칙일 뿐이며 당사자가 대화하고 있든가, 지리적으로 떨어져있던가, 또 의사전달에 사용하는 언어수단에 의해 결론을 달리 하는 예외가 있다. 이하에 그것을 상세히 설명하겠다.

1) 대좌(對坐)중의 승낙

당사자가 동석해서 대화하고 있고 한편이 청약을 하고 다른 상대방이 그것을 승낙한 경우에는 이론적으로는 피청약자가 승낙의 뜻을 말하고 그 언어를 청약자의 귀가 catch했을 때 계약이 성립한다. 그러나 당사자가 대좌하고 있는 경우에는 당사자간의 거리는 짧고 피청약자의 발음과 청약자의 청취는 완전히 같은 순간에 생기는 일이므로 발음과 청취의 어느 쪽에서 계약이 성립하는가는 실제적으로 의미가 없다.

대화자(對話者)에 대한 승낙의 의사표시가 언제 효력이 발생하는가에 대해서는 명문규정은 없다. 그러나 도달주의를 대원칙으로 하는 의사표시의 일반적인 효력발생시기에 관한 법규(한국민법 제111조 제3항 일본민법 제97조 제1항, 독일민법 제130조)로부터 유추해서 도달주의가 당연하다고 생각하는 것이 일반적이다. 영미법에서도 마찬가지이다.

2) 전화에 의한 승낙

당사자가 전화로 얘기하고 있는 경우에는 서리적으로는 떨어져 있지만 한편의 발음(發音)과 상대방의 청취(聽取)는 거의 동시이다. 따라서 전화에 의한 전달은 시간적으로는 당사자가 대좌해 있는 경우와 같고, 거리적으로는 당사자가 우편·전보를 이용하고 있는 경우와 같다.

---

21) 前揭書, pp.32~47.

그래서 전화에 의한 승낙에는 도달주의의 일반원칙이 적용될 것인지 그렇지 않으면 후술하는 우편·전보와 같은 발신주의를 인정해야 할 것인가 하는 문제가 생긴다. 어느 쪽이든 시간적으로는 동시적이므로 의미는 없지만 당사자가 거리적으로 떨어져 있기 때문에 계약성립지(契約成立地)에 영향을 미치고, 한걸음 더 나가서는 계약준거법을 결정하는 요소로 될 수 있으므로 중요하다.

대륙법계는 특별한 규정도, 판례도 없지만 발신과 도착과의 동시성에서 일반원칙대로 도달주의를 적용하고 있다.

영미법에서 우선 영국법에서는 1955년의 Entores, Ltd. 對 Miles Far East Corporation 사건(事件)의 판결 중에, 재판소는 전화에 의한 승낙은 당사자가 대좌하고 있는 것과 마찬가지이므로 도달주의의 일반원칙에 의하는 것으로 하고 「계약은 승낙이 청약자에 의해 수령되었을 때만 완성되고 승낙이 수령된 장소에서 성립한다.」라고 진술하고 있다. 따라서 영국에서는 전화에 의한 승낙은 당사자대좌(當事者對坐)의 경우와 동일시되어 일반원칙대로 도달주의가 적용되고 있다.

한편 미국에서는 「계약법의 Restatement 제2판」이 제64조에서 「전화 그 외의 실질적이고 동시적인 쌍방향전달수단에 의한 승낙은 당사자가 대좌하고 있는 경우의 승낙에 적용되는 원칙에 지배된다.」고 규정하고 있어 도달주의를 채택하고 있다. 그러나 계약의 성립에 대한 판례에서는 캘리포니아주 최고 재판소를 비롯해서 발신주의(피청약자가 승낙의 말을 수화기를 향해 말한 때에 그 장소에서 계약이 성립한다.)를 채택한 것을 많이 볼 수 있다. 금후의 판례의 동향을 지켜볼 필요가 있지만 현시점에서는 미국법은 전화에 의한 승낙에 대해서는 발신주의를 채용하고 있다고 생각할 수 있다. 단 전화회선의 고장에 의해 청약자에게 승낙의 메시지가 전달되지 않고 또 그것을 피청약자가 알고 있는 경우는 계약은 성립하지 않는다고 생각할 수 있다.

3) 텔렉스에 의한 승낙

텔렉스는 양당사자가 대화하는 것이 가능하며 그 점에서 전화의 경우와 비슷하지만 한편 상대가 기계앞에 없어도 전문을 보내는 것이 가능하므로 일반전보와 닮은 요소도 있다. 따라서 후술할 전보와 마찬가지로 발신주의가 좋은가, 그렇지 않으면 일반원칙에 의해 도달주의가 타당할까 하는 점은 논란의 여지가 있다.

텔렉스에 의한 계약성립시기를 문제로 한 판례로 가장 유명한 것은 앞에서도 인용했던 Entores, Ltd. 對 Miles Far East Corporation 사건이다.

이 사건에는 Entores주식회사라고 하는 영국의 회사와 Miles극동회사라고 하는 전세계에 지점을 가진 미국회사의 암스텔담지점(현지법인)이 텔렉스로 통신을 하였다.

우선 1954년 9월8일, 마일스 社는 엔토레스 社에 다음과 같은 청약을 했다.

Offer for account our associates Miles Far East Corporation Tokyo up to 400 tons Japanese cathodes sterling 240 longton C. I. F. shipment Mitsui Line September 28 or October 10 payment by letter of credit. Your reply Terex Amsterdam 12174 or phone 31490 before 4 p.m. invited.'

(당사의 동경에 있는 현지법인 마일스 극동회사의 계정으로 일본제 음전극을 400톤까지 Offer합니다. 가격은 Long ton 당 C. I. F.조건 240파운드, 9월28일 또는 10월10일 미쯔이선박에 선적, 지불은 신용장에 의합니다. 오후 4시까지 텔렉스이면 암스텔담 12174번, 전화이면 31490번으로 회답 주십시오.)

이것에 대해서 엔토레스 사도 텔렉스로 다음과 같이 회답을 했다.

'Accept 100 longtons Japanese cathodes shipment latest October 10 sterling £239 10s. longton C. I. F. London/Rotterdam payment letter of credit stop please confirm latest tomorrow.'

(일본제 음전극 100 Longtone을 늦어도 10월10일 선적, C. I. F. 런던 또는 로테르담 239파운드 10실링, 신용장에 의한 지불조건으로 승낙합니다. 늦어도 내일까지는 확인해 주십시오.)

이것은 마일스 사가 청약가격을 변경하고 있으므로, "accept"라는 표현을 사용해도 실은 단순한 반대청약에 지나지 않는다.

그래서 마일스 사는 즉시 텔렉스로,

'We received. O. K. Thank you.'

라고 승낙의 뜻을 전했다. 이것으로 계약이 성립했다고는 할수 없지만 계약의 성립시기와 장소는 승낙을 텔렉스로 발신한 때의 네덜란드인지 아니면 수신(受信)한 영국인지가 문제다. 이 문제는 결국 텔렉스에 의한 승낙이 도달주의의 일반원칙이 적용되는지, 아니면 발신주의가 적용되는가 하는 문제로 귀착된다.

이 사건을 심리한 영국 고등법원 여왕좌부(女王座部)의 파커(parker) 판사는 텔렉스에 의한 승낙에는 당사자가 대좌하고 있는 경우와 전화로 얘기하고 있는 경우와 마찬가지로 일반원칙인 도달주의가 적용된다고 판결했다. 동 판사는 이러한 판결을 한 이유로서,「일반원칙으로서 구속력있는 계약이 성립하기 위해서는 청약이 승낙된 것만이 아니고, 승낙이 상대방에게 통지되어야만 한다. 이 일반원칙은 우편과 전보에 의한 승낙에 대해서는 편의상 변경되고 있으나 당사자가 대좌해 있는지, 또는 공간적으로 떨어져 있어도 당사자간의 의사전달이 동시적인 경우에는 어떠한 편의적인 원칙의 필요는 전혀 없다. 텔렉스로는 발신과 수신은 완전히 동시는 아니지만 당사자는 흡사 전화를 걸고 있는 경우와 같이 실제상 대좌하고 있는 것과 마찬가지이며 승낙통지가 청약자에게 수령될 때까지 구속력있는 계약은 성립하지 않는다고 하는 일반원칙에서 벗어날 이유는 없다.」고 진술하였다.

이리하여 영국에서는 텔렉스에 의한 승낙에 대해서는 도달주의가 적용하고 있지만 이것은 텔렉스의 경우 전화의 경우와 마찬가지로 실제상 당사자가 대좌하고 있는 것을 전제로 하고 있으므로 야간(夜間) 등 상대방의 영업시간 외에 메시지를 보내는 것과 같은 경우에는 차라리 전보와 비슷하므로 의문이 남고 경우에 따라 발신주의가 적용될 가능성도 있다. 한국, 일본, 독일 등의 대륙법계는 발신과 도달이 동시적이기 때문에 당사자의 대화적요소가 강해 일반원칙대로 도달주의가 적용되고 있다.

따라서 실무상으로 발신주의를 취하는 확실한 근거가 없는 이상 텔렉스에 의한 승낙은 청약자에게 도달한 때에 계약을 성립시킨다고 생각하고 처치하는 것이 안전하다.

아울러 상기한 엔토레스 사의 회답 중에「승낙한다」는 의미로 'accept'가 사용되어져 있으나 청약을 승낙하는 경우에는 'accept'가 아닌 'accepted'로 과거형을 사용하든지 또는 'We accept'라고 주어를 명확히 표시하는 방법이 좋다. 이유는 그냥 'accept'라고 하면 경우에 따라서는 명령형의 'plese accept'의 뜻으로 오해될 소지가 있기 때문이다. 마일스 社의 청약에 대해서도 마찬가지로 'offer'라는 표현은「청약을 하시오」라는 의미로 오해되는 것을 피하기 위해 'We offer'또는 'offering'이라고 하는 편이 확실하다.

4) 우편·전보에 의한 승낙

계약을 체결하려고 하는 당사자가 통신수단으로 우편 또는 전보 (텔렉스가 아닌 일반전신국 경유의 것)을 이용하는 경우에는 우체통에의 투함 또는 전보국에의 발신의뢰에서 수신인에게의 배달까지 상당한 시간이 걸리므로 승낙이 효력을 발해서 계약이 성립하는 것은 발송에서 배달에 이르기까지의 시간 중 언제인가 하는 문제가 생긴다.

한국 민법에서는「격지자간의 계약은 승낙통지를 발송한 때에 성립한다.」고 규정하고 격지자간의 승낙의 의사표시에 대해서는 발신주의를 확실히 하고 있다. 즉, 계약은 승낙의 우편이 투함되고 또는 전보가 전보국의 창구에 제출되었을 때에 그 장소에서 성립한다. 격지자간의 승낙에 대해서 특별히 발신주의를 취한 이유에 대해 학자들은「청약자는 청약이 이루어질 것을 미리 기대하기 때문에 승낙의 발신과 함께 계약을 성립시켜도 청약자에게 예측할 수 없는 손해를 가져오는 일없이 원활한 거래를 가능하게 한다.」는 취지라고 설명하고 있다.

그러나 모법인 독일법은 입법과정에 여러 종류의 의논은 있지만 결국 도착주의의 원칙이 관철되어 격지자간의 승낙의 의사표시에도 도착주의를 인용하고 있다(독일민법 제130조).

발신주의의 최대문제는 만일 우편이나 전보 발신후 사고가 생겨 결국 청약자에게 도착하지 않았다든지 또는 늦게 도착한 경우에는 어떻게 되는가 하는 점이다. 이점에 대해서 한국민법의 해석은 계약은 원칙적으로 승낙의 통지를 발송한 때에 성립되고 동시에 그 효력을 발생하지만, 청약의 유효기간 내에 승낙의 통지가 청약자에게 도달하지 않으면 청약은 그 효력을 잃으므로 결국계약은 성립하지 않는 것이 된다고 설명되어 있다.

영미법에서도 우편·전보에 의한 승낙에 대해서는 발신주의를 채택하고 있다.

영국에서 최근에 발신주의를 인정한 판례는 1818년의 Adams 對 Lindsell 사건이다. 이 사건의 판결이유는 꽤나 혼란스럽고 많은 비판의 대상이 되고 있으나 발신주의를 인정했다고 하는 점은 의문의 여지가 없다.

그러나 이 사건에서는 승낙의 편지가 무사히 청약자에게 도달했기 때문에 승낙의 편지가 도중에 분실되어 청약자에게 배달되지 않은 경우와 배달이 지연된 경우에도 역시 발신주의를 인정하는지에 대해서는 재판소는 명확한 판결을 내리는 것을 미루고 있다. 그러나 1879년의

Household Fire and Carriage Accident Insurance Co. 對 Grant 사건에 이르러 편지가 배달 중에 분실된 경우에도 발신 시에 계약이 성립하는 것이 확실해 졌다. 즉, 이 사건에서 그랜트는 하우스홀드 화재 보험회사에 대해 同社의 주식을 사고 싶다는 취지를 제의했다. 회사의 서기는 그랜트측의 주식할당의 편지(그랜트의 청약에 대한 승낙의 편지)를 써서 우체통에 넣었지만 그랜트에게는 도착하지 않았다. 회사는 도산하고 그랜트는 불입의 책임을 거부했지만 법원은 그랜트는 주주로서 책임을 져야 한다고 판결하고, 'As soon as the letter of acceptance is delivered to the post office, the contract is made as complete and final…'(승낙의 편지가 우편국에 인도됨과 동시에 계약은 완전히 최종적인 것으로 성립한다.)라고 진술하여 발신주의를 확인했다. 여기서 영국의 발신주의는 부동(不動)의 것으로 되었다.

미국에서는 1820년 경의 판례에 도달주의를 채용한 것이 있지만 1830년에 뉴욕州의 재판소가 발신주의의 판결을 행했고 1850년에 연방최고 재판소가 Taylor 對 Merchant Fire Insurance Co. 사건에 대해서, 영국의 Adams 對 Lindsell 사건을 인용해 발신주의를 확인하여 발신주의는 확고한 것으로 되었다.

그 외 대륙법계의 스위스에서는 채무법 제10조에 「계약이 격지자간에 성립했을 때 그 효력은 계약의 의사표시가 발신되었을 때에 발생한다.」라는 규정이 있고, 독일민법과 다르게 우리나라도 마찬가지로 발신주의를 취하고 있다.

이상으로 알 수 있듯이 우편·전보에 의한 승낙에 대해서는 독일민법을 제외한 각국법의 대세는 일본법, 영미법을 포함해 발신주의로 되어 있다. 단 한국법과 영미법의 차이점은 승낙의 우편 또는 전보가 불착(不着) 또는 지연(遲延)된 경우에 한국법에서는 최종적으로는 계약은 성립하지 않는다고 풀이하는 것에 대해 영미법에서는 발신과 동시에 계약이 최종적으로 성립이 되고 우편이나 전보가 불착 또는 지연이 되도 상관없다고 되어 있는 것이다.

여기서 청약의 유효기간과 승낙에 관한 발신주의와의 관계를 명료히 해둘 필요가 있다. 즉, 청약이 단순히 「몇월 몇일까지 유효」라는 형식으로 된 경우에는 발신주의의 아래에서는 기한까지 승낙의 우편 또는 전보가 발신만 되고 기한 내에 청약자에게 도착하지 않아도 좋다고 풀이되고 있다.

이점, 영미법에서 계약의 성립은 기한 내에 승낙이 발신되면 최종적이라고 하는 것은 정당하지만 한국법에서는 이론상 기한 내에 발신된 승낙이 합리적인 소요시간 내에 도착하지 않았을 때는 계약은 결국 성립하지 않은 것으로 생각하고 있는데 한국민법에서는 승낙의 의사표시가 기한 내에 수령될 것을 요구하고 있다. 이것은 영미법처럼 불착이라도 계약이 성립하는 것으로 하면 청약자가 모르는 새 계약에 구속되어 버리는 폐해가 있으므로 청약자가 언제까지 기다리면 좋은가를 명확히 해서 청약자를 보호한 것이다. 따라서 무역실무에서는 아래와 같이 이러한 발신주의를 청약에 명문의 조건을 붙여 도달주의로 변경해 놓는 것이 청약자측에 안전하다. 즉,

We have the pleasure to offer you the under mentioned goods, subject to your reply received by us not later than October 10, 1993, Seoul Time (서울시간 1993년 10월 10일까지 귀사의 회답이 우리에게 수령되는 것을 조건으로 하기의 물품을 귀사에게 청약합니다.)

승낙통지를 기한 내에 수령할 것을 확실하게 조건으로 하고 있다. 전보의 경우에는 통상, 'Offering until Oct. 10 here'로 쓴다. 여기서 'here'라는 하나의 단어에 「승낙이 10월 10일까지 도착할 것」 및 「10월 10일이란 당지 시간임」의 두 가지 뜻을 포함하고 있다. 단 이 경우에는 10월 10일까지 당지 시간에 상당하는 상대편 시간까지 승낙통지를 발신하면 좋다고 해석될 위험이 없다고는 단언할 수 없으므로 특히 중요한 상담에서 일각을 다툴 경우는 조금 지루하더라도 아래와 같은 전문을 사용하는 편이 좋다.

Offering subject your acceptance received by us not later than Oct. 10 Seoul Time.

5) 국제물품매매조약에 있어서 승낙의 효력 발생시기(제18조 제2항)

"청약의 승낙은 동의의 의사표시가 청약자에게 도달한 때에 그 효력을 발생한다. 승낙은 동의의 의사표시가 청약자가 정한 기간 내에 청약자에게 도달하지 않거나, 혹은 기간을 정하지 않은 경우에는 청약자가 사용한 통신수단의 신속성도 포함해서 거래상황에 상당한 고려를 한 합리적인 기간 내에 청약자에게 도달하지 않으면 그 효력을 잃는다. 구두청약은 주변상황이 다른 사정을 나타내지 않은 한 즉시 승낙되지 않으면 그 효력을 잃는다."라고 규정하고 있다.

승낙에 사용한 통신수단이 무엇이든 도달주의를 채용하고 있다. 승낙방법의 여하를 불문하고 항상 도달주의로 되어 있으므로 독일법과 마찬가지로 참으로 명쾌하다.

승낙의 의사표시의 효력 발생시기에 대해서 지금까지 설명한 것을 요약·정리하면 다음 표와 같다.

<승낙의사표시의 효력발생시기>

준거법 통신수단	한국법	英法	美法	독일법, UN매매조약
의사표시에 대한 일반원칙	도달주의	도달주의	도달주의	도달주의
대 화	도달주의	도달주의	도달주의	도달주의
전 화	도달주의	도달주의	발신주의	도달주의
텔렉스·팩스·전자메일	도달주의	도달주의	발신주의	도달주의
우 편	발신주의	발신주의	발신주의	도달주의
전 보	발신주의	발신주의	발신주의	도달주의

* 미국의 계약법 Restatement에서는 전화와 텔렉스에 대해 도달주의를 채택하고 있으나 계약성립지의 판례에서 발신주의를 채택하고 있다.

3 | 침묵·조건부·의뢰부·부분승낙의 효력

1) 침묵에 대한 승낙의 효력

각국의 계약법은 일반원칙으로서 침묵을 승낙으로 인정하지 않고 있다. 국제물품매매조약도 제18조 제1항에서 「침묵 또는 아무 행위도 하지 않는 것은 그것만으로는 승낙이 되지 않는다.」고 규정하고 있다. 영국법에서도 일반적으로 침묵은 동의가 아니라고 풀이하고 있다.

1862년의 Felthouse 對 Bindley 사건의 판례에서, 백부가 조카에게 편지로 30파운드15실링에 조카의 말을 사고 싶다고 제의하면서 청약에는,

If I hear no more about him, I consider the horse mine at that price. (만약 내가 말에 대해서 이 이상 아무런 소식도 듣지 않는다면, 나는 그 가격으로 말은 내 것이 된다고 생각하겠다.)

라고 하였다. 조카가 아무 대답도 하지 않고 있는 중에 말이 경매에 부쳐졌기 때문에 백부와 조카의 사이에 말의 매매계약이 성립여부가 문제가 되었다. 재판소는 백부는 조카에게 계약의 성립을 강요할 수 없다고 진술하여 침묵에 의한 계약의 성립을 부정했다.

미국에서도 일반적으로 피청약자의 침묵은 승낙이 아니다. 예를 들어 어떤 사람이 청약을 하면서

'If I do not receive your rejection of this offer within ten days, I shall consider my offer accepted.' (만약 내가 10일 이내에 이 청약에 대해 당신으로부터 거절을 받지 않으면 나는 내 청약은 승낙된 것으로 간주하겠습니다.)

라고 부기를 해도 피청약자의 침묵에 의해 계약이 성립하는 일은 없다. 한국법에도 피청약자의 침묵은 승낙으로 인정되지 않는다. 그러나 이상과 같이 법률적으로는 침묵은 승낙이라고 간주되지 않지만 계속적인 거래와 거래의 관습에 의해 승낙이라고 간주되어 계약이 성립하는 일도 있으므로 주의를 요한다. 침묵을 승낙으로 간주하는 것은 후일 분쟁을 피하기 위해 바람직하지 않고 회신을 하지 않는 상대방에 대해서는 오해가 없도록 확실히 승낙여부를 회신해야 한다. 무역거래에 있어서도 항상 거래하고 있는 상대로부터 주문이 온 경우 묵묵히 상품준비를 하는 행위는 승낙이라고 생각해도 좋지만, 시세의 급락 등이 있으면 문제의 원인이 되므로 서로 확인이 중요하다.

통신 판매 등에서 물품을 멋대로 보내오고 며칠까지 반대의 의사표시가 없으면 사겠다는 것으로 양해하겠습니다라고 강요하는 듯한 밀어붙이기 상술 때는 회답을 하지 않고 방치해 두어도 계약은 성립하지 않는다. 미국에서는 이러한 악덕 상술에 대한 대책으로서 연방 및 거의 모든 주에서 소비자를 보호하는 법률이 제정되어 있고 소비자는 보내온 상품을 선물로서 취급하고 지불의무 없이 사용, 또는 처분할 수가 있게 되어 있다.

2) 조건부 승낙과 의뢰부의 승낙의 효력

청약에 대한 회답으로서 피청약자가 조건을 붙여서 승낙하는 경우가 있다. 예를 들어 10월 선적의 청약에 대하여

"Accepted provided shipment by Oct. 15"(10월 15일까지의 선적을 조건으로 승낙하겠습니다.) 라고 회답하는 경우로 흔히 조건부 승낙(conditional acceptance)이라고 한다. 그러나 조건부 승낙은 청약의 조항을 변경하고 또는 청약에 없는 조항을 추가하는 것이므로 어디까지나 반대청약의 한 종류이며 결코 승낙이 아니다. 따라서 계약을 성립시키기 위해서는 조건부 승낙에 대해서 다시 청약자가 승낙을 하는 것이 필요하다. "accept"라는 단어에 넘어가서는 안된다.

conditional acceptance＝counter-offer

이것에 대해 청약을 승낙하기는 하지만 가능하면 약간 조건을 바꾸고 싶다는 회답이 오는 일이 있다. 이것은 의뢰부의 승낙(acceptance accompanied by request)이라고 하고 조건부 승낙과는 다르게 어디까지나 승낙이지만 의뢰에 응하는 여부는 계약성립에는 효력을 미치지 못한다.

예를 들어 10월 선적의 청약에 대해서

"Accepted stop if possible please expedite shipment by Oct. 15"(승낙하겠습니다. 만약 가능하면 10월 15일까지 신속한 선적을 해주십시오)

라고 되어 있으면 전형적인 의뢰부 승낙으로 계약은 10월 선적으로 성립하고 청약자가 의뢰에 응해서 10월 15일까지의 청약을 변경하거나 안하거나 계약의 성립에는 영향이 없다.

실무적으로는 조건부 승낙에 대해서는 항상 반대청약에 지나지 않는 것을 잘 기억하여 승낙을 함과 동시에 재차 반대 청약을 하면 좋은 셈이므로 비교적 간단하지만 의뢰부 승낙은 종종 후일의 분쟁의 원인이 되기 쉽다. 상술한 예에서 청약자는 10월 선적으로 계약이 성립한 것으로 취급하여 10월 전반 선적은 단순한 희망으로서 방치해 놓으면 10월 15일에 선적해 주겠지 하고 지레 짐작하여 후에 10월말에 선적한 점을 불평하는 사태가 되기 쉽다. 따라서 계약상의 애매함을 일소하는 의미로, 의뢰부 승낙을 받은 경우에는 의뢰에 대해서 어떻게 대처할 것인지를 확실하게 회답해야 한다.

회답으로 상대방의 양해를 얻어 놓으면 후일 분쟁이 일어나는 것을 피할 수 있다. 의뢰부의 승낙은 법적으로는 승낙이지만 실무상 아주 애매한 것이고 또 조건부 승낙과의 경계선도 불명확하므로 조심해야 한다.

3) 부분 승낙의 효력

여기서 부분적 승낙(partial acceptance)이란 청약의 대상으로 되어 있는 상품 수량의 일부만을 승낙하는 것을 말한다. 아래 예문은 청약의 조항 중에 제일 중요한 부분인 수량을 변경하는 것이므로 전형적인 반대 청약이고 청약자가 다시 승낙하지 않는 한 계약은 성립하지 않는다. 예를 들어 "Offering until 20th Bronica cigarette lighter 200 pieces U.S Dollar 3.90 per piece"라는 청약에 대해 "Accepted on 150 Pcs."라는 전보가 와도 반대 청약으로 청약자가 다시 "Agreed only 150 Pcs."라고 승낙의 뜻을 전하지 않으면 계약은 성립하지 않는다.

제4절 청약과 예비적 교섭과의 관계[22)]

청약은 승낙이 있으면 계약을 성립시키는 효력을 가지고 있다. 그러나 실제의 계약실무를 보면 우리가 거래의 상대방에게 흘리는 정보는 반드시 청약으로서의 효력을 가지지는 않는다. 예를 들어 광고를 하거나, 정가표를 발송해도 이 행위들은 청약으로 되지 않는다. 이 행위들을 예비적 교섭이다. 통상은 예비적 교섭의 단계로 귀사와 거래하고 싶다는 희망을 얘기하거나, 거래상품, 가격, 인도조건 등에 대해서 상담을 한다든지 해서 양자의 의사가 어느 정도 소통이 된 후에 처음으로 정식거래조회가 나오고 이것에 대해서 청약이 행해진 후 승낙이 있으면 계약이 성립한다.

예비적 교섭 → 청약 → 승낙 → 계약의 성립

예비적 교섭과 청약에는 그 법적 효과에 있어서 큰 차이가 있다. 청약은 피청약자에게 승낙에 의해 계약을 성립시키는 힘을 부여하지만 예비적 교섭에서는 상대방은 아무런 힘도 부여받지 못하기 때문이다. 피청약자는 청약 내용을 검사해서 납득하면 승낙으로서 계약을 성립시킬 수 있지만 예비적 교섭을 받은 자에게는 계약을 성립시키는 파워는 없고 후에 청약과 승낙이 있어야 계약이 탄생한다.

이처럼 예비적 교섭과 청약과의 구별은 계약의 성립을 좌우하는 중요성을 가지고 있지만 곤란한 것은 실제 사건에 있어서는 당사자의 어느 행위가 결국 청약인가 아니면 단순한 예비적 교섭에 지나지 않는 것인가를 판단하기 어려운 일이 종종 있다. 그러나 계약위반을 이유로 하는 소송에 있어서 어느 행위가 청약이라고 인정되면 승낙에 의해 계약이 성립하는 것으로서 원고의 승리가 되지만 예비적 교섭으로 인정되면 승낙에 상당하는 행위가 있어도 계약은 성립하지 않으므로 계약위반도 존재하지 않고 피고의 승리로 되는 경우가 아주 많으므로 재판소는 이 판단을 내리는 것을 회피할 수 없다.

---

22) 前揭書, pp.48~53.

1 | Price Indication·Quotation·Sub-con Offer의 효력

우선 청약을 할 마음이 없는 때는 결코 'offer'라는 단어를 사용해서는 안된다. 다만 무역업계에서 습관적으로 사용되어지는 sub-con offer는 이미 얘기한대로 청약이 아니며 여기서 말하는 예비적 교섭의 한가지에 지나지 않지만 이 경우에는,

'We offer subject to our final confirmation.'

'Offering sub-con'이라고 명료히 적으면 청약과 구별할 수 있으므로 지장이 없다.

Sub-con. offer는 이것을 하는 측에서 보면 동시에 복수의 상대에게 의사표시를 할 수 있고 어느 쪽인가의 상대로부터 수락의 회답이 있는 경우 그것을 확인하는 것에 의해 계약을 성립시킬 수 있어 편리하지만 이것을 취하는 측에서 보면 정식청약의 경우처럼 승낙에 의해 즉시 계약을 성립시킬 수 없으므로 상대가 거래에서 빠져나갈 가능성도 있으므로 주의를 요한다.

Sub-con. offer 이외에 청약으로서가 아닌 상대방에게 가격 등을 제시하고 싶은 경우, 실무상, 'quotation', 'price indication'등의 표현을 사용하는 것도 예비적 교섭의 단계에 속하고 상대방의 청약을 끌어내는 수단이 되는 청약의 유인이다.

2 | 광고·카탈로그·정가표의 효력

청약은 특정의 개인 및 집단을 비롯해서 일반 사람들에게 널리 행하기도 한다. 따라서 신문, 잡지 등의 광고는 여러 사람들에게 청약을 하는 수단이다. 그러나 일반적으로 광고는 계약을 청약하는 일은 드물고 청약이 아닌 단순히 거래의 유인(request to negotiate)에 지나지 않는 경우가 많다. 그러므로 법적으로는 모든국가가 모두 광고는 청약이 아니라는 추정이 강하고 광고가 청약이 되기 위해서는 상황이 예외적이며, 광고의 표현이 명확하여 더 이상 교섭할만한 여지가 남아있지 않을 때이다. 광고는 통상 가격만이 기재되어 있거나 기껏해야 선적시기가 표시되어 있는 것에 머물러 계약체결을 위해 필요한 상세한 조건은 나타나 있지 않으므로 광고가 청약의 자격을 갖추는 것은 예외 중의 예외로서 청약은 아니다.

카탈로그(catalogue)와 정가표(price list) 등도 마찬가지이다. 이것들도 계약성립에 필요한 제 조항을 망라하고 있는 것은 드물기 때문에 통상은 청약이 아니고 광고와 마찬가지로 거래의 권유 내지 청약의 유인에 지나지 않는다고 생각할 수 있다.

3 | Letter of Intent의 효력

장기간에 걸친 매매조약이나 합병사업 등의 프로젝트계약은 종종 교섭의 개시부터 정식계약의 체결까지 상당한 기간을 요하기 때문에 정식계약을 체결 하기 전에 대략적인 기본적 내용에 대해 쌍방이 승인한 예비적인 합의확인서 즉, 양당사자가 서명한 메모 형식과 상대방에게 확인의 의미로 보내는 편지형식으로 작성하는 것이 있다. 이러한 서면을 실무상 'Letter of Intent'라고 하며 「의사 확인장」 또는 「양해사항확인장」이라고 한다.

의사확인장의 작성 목적은 여러 가지 있지만 보통 계약교섭의 과정에서 기본적 방침과 쌍방의 의사는 양해하지만 구체적인 계약조건·세목(細目)사항에 대해서는 다시 검토할 필요가 있는 경우에 그때까지의 상호 양해사항과 의사를 서면으로 해서 서로 확인하는 것이 목적이다. 의사확인장에는 그것이 쌍방의 의사·양해사항의 요점을 확인하는 것으로 계약이 아닌 뜻을 명기하고 있어 비교적 구속력은 없다.

의사확인장이 구속력 있는 계약으로 인정되지 않아도 실제로 진전되어 융자, 투자 그 외 부분적인 이행이 시작됐거나 상대방이 이쪽을 신용하고 준비를 위한 지출을 개시하거나 하면 계약의 존재가 인정될 가능성이 있다.

의사확인장에 대한 이러한 판례로, 1984년의 British Steel Corporation 對 Cleveland Bridge and Engineering Co., Ltd. 사건이 있다.

사우디아라비아에서 은행건물의 건설계약을 하청하기로 되었다. 피고의 역할은 철골가공을 하는 것이었고 은행건물은 특이한 디자인으로 철의 격자구조의 골조로 지탱하는 것이었다. 격자구조의 연결점에 특별한 방법이 요구되어 경험이 있는 원고에게 연결점을 만들어 받기로 하고 교섭을 시작했다.

기술적 방법과 계약조건이 복잡하여 교섭에 시간이 걸리게 되었다. 1979년 2월 21일 피고는 원고에게 의사확인장을 보냈다. 의사확인장에는 원고가 이전에 텔렉스로 표시한 가격으로 연결점을 주문한다는 것과 원고에게 작업을 개시하도록 의뢰하는 내용이었다. 그리고 주문조건은 피고의 표준조건(standard terms)이며 인도가 지연될 경우에는 간접적인 손해에 대해서도 원고에게 무제한의 책임을 부과하는 뜻의 조항이 포함되어 있었다.

이러한 피고의 의사확인장에 대해 원고는 피고의 조건으로는 계약하고 싶지 않다는 의사를 표시한 후 원고는 기술적 방법과 계약조건에 대해 교섭을 계속하면서 연결점 제조를 시작하여 1979년 12월 28일에 한 개를 제외한 모든 연결점의 인도를 완료했다.

마지막 한개의 연결점은 철강 스트라이크 때문에 1980년 4월 11일까지 인도되지 않았다. 원고는 연결점의 대금지불을 청구하는 소송을 제기하였으며 반대로 피고는 인도 지연에 대한 손해배상을 요구했다.

이 사건을 심리한 Goff 판사는 「당사자간에 인도의 지연과 같은 중요한 문제에 대해서 합의에 도달하지 않았으므로 본건 계약이 성립되었다고 볼 수 없다. 따라서 인도지연의 손해배상은 계약이 없어 인정할 수 없어 기각한다. 하지만 원고는 피고의 의뢰에 근거하여 일을 하고,

피고는 그 물품을 수리했으므로 원고의 제공용역 상당금액의 청구(quantum merit, as much as hedeserves)는 인정한다」고 판결했다.

이 사건에서 알 수 있듯이 계약조건에 대해 교섭이 진행중이고 최종적인 결론이 나오지 않은 중에 계약의 이행행위만이 척척 진행된다고 하는 것은 후일 분쟁의 원인이 되기 쉽고 굉장히 위험한 일이다. 따라서

의사확인장에 대한 주의사항은

(1) 의사 확인장을 발행하는 입장에서는

　① 법적구속을 피하기 위해 법적 구속력이 없는 것을 명기할 것.

　② 동시에 필요가 있으면 정식계약의 체결에는 이사진의 서명을 조건으로 할 것.

　③ 합병사업의 경우는 사업성조사의 결과가 만족할만한 것임을 조건으로 할 것.

　④ 상대방이 이쪽을 신뢰하고 이행과 준비행위에 들어간 경우에는 방치하지 말고 지나침을 경고하여 분쟁예방을 위한 적절한 조치를 취할 것.

(2) 의사 확인장을 받는 입장에 있는 경우에는

　구속력을 기대할 수 없으므로 이행행위를 개시하기 전에 하루라도 빨리 법적으로 유효한 정식계약을 체결할 것

실제 무역에서 「서둘러 물품을 출하해 주시오.」라고 요청하는 고객에 대하여 가격도 정하지 않고 우선 선적하는 경우는 매도인과 매수인이 오랫동안의 신뢰관계가 있는 경우가 대부분이어서 거의 분쟁은 발생하지 않지만 간혹 일어날 수도 있다. 이런 경우에 당사자간에는 계약의 성립을 믿고 매도인은 물품을 인도하고 매수인이 물품을 수령한 경우라면 법적으로 계약의 존재를 추가인정 하지 않을 수가 없다.

가격결정에 대해서는 국제물품매매조약 제55조에서 「계약은 유효하게 성립했지만 명시적 또는 묵시적으로 가격을 정하지 않거나 혹은 가격결정을 위해 조항을 만들어 놓지 않은 경우에는, 당사자는 별도의 의사표시가 없으면 관련거래에서 같은 상황아래에서 판매된 물품의 계약 체결 시에 일반적으로 부과되는 가격으로 할 것을 묵시적으로 언급한 것으로 간주한다.」고 규정하고 있다.

제3장 무역계약조건

A STUDY ON
TRADE
CONTRACTS

03

무역계약조건은 계약의 종류마다 차이가 있겠으나 주된 조건은 품질조건·수량조건·
인도조건·선적조건·보험조건·결제조건·클레임 통지조건·중재조건 등이 있으며 이들
각 조건에 대해서 살펴보겠다.

제1절 품질조건

1 품질의 구성요소와 등급

1) 품질결정의 구성요소

품질(Quality)이란 뜻은 일반적으로 자연과학적인 요소인 물품고유의 본질, 성질, 상태를 말한다.

따라서, 형식재인 증권과 이동성이 없는 부동산은 물품과는 이질적인 것이어서 제외되며 의장, 상표 등 특허도 포함하지 않고 실질적인 가치가 있는 유채동산을 그 대상으로 하고 있다. 그러나 상업계에서는 이러한 본래의 성능 이외에 사회과학적인 시장적 요소인 포장, 상표, 산지, 보존성, 운반성, 독점성도 매우 중요한 품질판단 요소가 된다.

품질의 구성요소는 물품마다 차이가 있다. 곡물은 영양가의 풍부성, 향과 맛 등의 본래의 사용가치와 생산 및 소비국가에서의 수송능력, 저장능력, 계량, 건조 등의 상업적가치로 구성되어 있다. 의류는 옷감의 재질과 색체 같은 자연과학적 요소와 유행과 소비자의 기호와 같은 시장적 요소로 구성된다.

이와 같이 품질구성요소는 성상, 성능, 감각, 기호, 시장성 등으로 구별할 수 있으며 각 요소별 인자는 다음과 같이 요약할 수 있다.[23]

<품질결정의 구성요소와 인자>

요소(要素)		인자(因子)
성상(性狀)	계량	장단, 중경, 대소, 면적, 직도(織度)
	원료·성분	유효성분의 종류, 성분의 비율
	형태·구조	품종, 밀도, 위치, 가공도
	기타·성질	색, 비중, 당도, 선장율, 선광도, 응고점, 인화점, 융점
성능(性能)		강, 신, 경, 탄성, 내구성, 발열량, 효율, 전도율, 통기성, 염색견뢰도, 수축율, 영양가, 내수성, 소화율, 내식성
감각(感覺)		색체, 미, 향, 취, 음색, 신선도
기호(嗜好)		의장, 디자인, 스타일, 색배합, 미적·장식적·유행적인자
시장성(市場性)		포장, 상표, 원산지, 보존성, 운반성, 대체성, 독점성
결점(缺點)		흠집, 오손(汚損), 변형, 변질, 충해, 부패, 파손, 변색, 탈색, 배합불균형, 기만포장 등

---

23) 上坂酉三, 「貿易契約」, pp.59~61.

2) 품질등급

상품품질의 결정은 해당 관할법규, 시장의 관행, 동업자단체의 규정 등에 의한다. 중요상품에는 여러 가지의 평가요소를 정하여 운영하고 있다. 쌀과 콩의 평가요소는 성질, 색, 건조, 크기, 조재 등이며, 사탕류는 당도, 색상, 성질, 맛, 결정도(結晶度), 용해도 등이다. 수산물은 성질, 형상, 건조, 색, 소재 등이며, 면화는 직도, 색, 강약, 탄력, 수분 등이며, 목재는 성질, 형상, 무늬, 색, 향기 등이 일반적 평가요소이다.

품질등급의 결정은 각 상품별로 특수성에 맞게 가치를 결정할 수 있도록 일정표준조건을 과학적으로 연구하여 설정하여 두고 등급화(Grading)하는 표준조건이 있다.

등급표시는 1등, 2등, 3등 혹은 특등, 상등, 중등 등이 있으며 또한 원산지 표시로서 등급화되는 제품(이천쌀, 쇠고기, 프랑스, 셍트밀론지방의 포도주)과 수확계절(초봄의 녹차, 여름 수확과일, 가을 미꾸라지) 표시로 등급화가 가능한 상품도 있다.

2 주요 품질조건

품질조건에서 분쟁이 가장 많은 품질결정시점에 대해 수출상은 상품을 운송인에게 인도하는 시점으로 생각하는데 비해 수입상은 상품을 받아보는 시점으로 생각하게 되는 것이 일반적인 의식이다. 그러나 무역거래는 매우 복잡하므로 계약으로 명확하게 하는 것은 분쟁예방은 물론이며 분쟁발생시에는 품질분쟁해결의 기준이 된다.

품질조건에는 질적품질조건과 지적품질조건이 있으며, 질적품질조건에는 계약품의 질적인 대상의 기준으로 현품매매품질조건, 견본매매품질조건, 표준매매품질조건, 상표매매품질조건, 설명매매품질조건 등이 있다.

지적품질조건에는 품질결정 장소의 기준으로 선적품질조건, 특약선적품질조건, 도착품질조건, 그리고 국제곡물시장에서의 형성된 품질조건 등이 있다.

1) 현품매매품질조건

현품품질의 매매는 매수인이 거래물품을 물품의 소재지에서 실제점검하여 품질을 결정하는 방법으로 점검매매(sale by inspection)라고 하며, 현품을 점검한후 희망품질을 선택하기 때문에 신딕매매(sale by selection)라 한다. 또한 현물매매(spot sale), 현장매매(platzhandel), 점포매매(shop sale), 재고매매(stock sale), 승인매매(sale on approval)라고도 한다.

현품매매는 재고품을 대량으로 수입하는 경우가 아니고는 주로 소비자가 여행 등에서 직접 구매하는 경우가 많으며 간접적 수출이 많다.

매매후의 품질분쟁은 매수인이 직접 현품확인 후에 구입했기 때문에 클레임을 제기할 수 없다고도 할 수 있겠으나 매매시에 나타나지 않거나 사용한 후에야 발견되는 숨은 하자는 클레임을 제기할 수 있다.

그러나 매매시에 나타나지 않았거나 사용한 후에야 발견되는 숨은 하자는 합리적인 기간 이내에는 손해배상을 청구할 수가 있다.

2) 견본매매품질조건

(1) 견본(Sample)의 뜻과 종류

무역은 격지자간에 이루어지기 때문에 계약하기 전에 무역상품의 성질과 상태 등을 실제로 점검할 수 없다. 이러한 경우에 매도인은 동일물품을 제공하고 동품의 품질로 품질계약을 한다. 매도인과 매수인 중 어느 일방은 품질에 대하여 완전하게 숙지를 하지 못한 상태라고 할 수 있다. 어느 일방이 거래하고자 하는 물품과 동일한 상품을 보내고 상표나 설명약정 등을 추가하는 방법으로 품질을 주문하며, 이때 보내는 거래와 동일한 상품을 무역에서 관용적으로 견본(Sample)이라 하며 이러한 매매를 견본매매 품질조건이라한다. 견본과 유사한 단어로는 pattern과 Specimen이 있다. Pattern은 직물과 완구처럼 의상과 도안이 품질구성이 요소로 되어 있는 상품에 사용되며, Specimen은 규격이 균등한 물품의 매매에 사용된다.

① 견본제공자에 따라 매도인 견본(seller sample)과 매수인 견본(buyer sample)
② 선적전후에 따라 선발견본(advance sample)과 선적품견본(shipment sample)
③ 견본제시 시점에 따라 착하견본(outturn sample)과 반대견본(counter sample)으로 분류할 수 있다.

(2) 견본매매의 품질조건

견본매매(Sale by sample)의 품질조건에 대해서는 영국매매법 제15조 제1항에서 품질견본으로 규정하고 있으며 제2항에서는 견본과 현품과의 관계에 대해서 현품은 상당한 주의력을 가지고 합리적으로 점검(reasonable examinotion fo the smaple)했을 때 견본과 일치한다면 계약에 일치한 품질조건으로 묵시적으로 인증하고 있다.

계약상품의 전부가 견본과 완전일치한다는 것이 현실적으로 어렵거나 불가능한 특성을 가지고 있는 상품은 현품의 평균중등품질이 견본과 같으며 계약적격품으로 보는 것이 상례다.

색상과 같이 오랜 기간이 지나면 변화하는 것은 허용 한도를 규정하는 것이 바람직하며, 견본보다 질적으로 우수한 경우는 실제수요에 적합하다면 매수인은 거절할 수 없다.

(3) 견본에 관한 계약조항

견본매매가 지장없이 실시될 수 있는 무역계약, 예를 들면, 그 견본이 장기보관해도 외계로부터 받는 영향이 적은 경우나, 거래지역이 수송중 변화의 우려가 없는 경우에는, 견본의 본질과 특성에 따라서 원칙적으로 실시된다. 이 경우 견본이 본선의 품질을 대표하는 것으로서 매매당사자에 의해 승인된 것이기 때문에 그것을 제시한 매도인은 그 품종과 품질의 등급이 견본과 등질의 물품을 매수인에게 인도할 의무를 지는 것이고, 동시에 그 인도물품의 종류, 성질, 형상이 그 제공견본에 적합함을 보증책임지는 것이다. 그러므로, 견본매매에서 매도인은 원칙적 해석뿐만 아니라 적어도 다음사항에 중점을 두고 그 견본조건을 확약해야 한다.

A. 매도인의 유의사항
① 견본은 평균중등품질을 원칙으로 한다.
② 견본은 매거래마다 반드시 그 신규견본을 만들 것.
③ 견본은 외국매수인·매도인·국내공급자 등 관계자가 분담보관한다.
④ 견본은 가능하다면 봉함을 한다.
⑤ 선적품이 견본과 일치해야 하는 시점에 대해 선적품질조건으로 할 것인지 도착품질 조건으로 할 것인지에 대해 특약한다.
⑥ 불안을 동반하는 경우에는 견본을 제공할 시기에 그 특수사정을 명확히하여 상대방의 이해를 구하고 관용조건을 부가시킬 것.
⑦ 견본매매에 관한 계약용어의 사용에 최선의 주의를 기울일 것 등이다.

B. 매수인의 유의사항
① 입수한 무역용 견본을 정리, 보관하고
② 선적품이 도착한 때는 즉시 견본과 대조해 현품을 점검하고 상위할 때는 계약에 의거하여 지체없이 적당한 조치를 취해야 한다.
③ 견본매매는 현품을 점검하고 계약을 맺는 기회를 가질 수 없는 매수인을 보호하는 조치이므로 상품의 성질과 거래지역의 환경 등을 고려하여 적절한 견본조건을 결정하고, 분쟁 예방을 위해 협력해야 한다.

(4) 견본 매매품질조건의 계약용어

계약서에 사용되는 용어는 정확하게 사용해야 하며 많이 사용되는 견본종류와 관용용어는 다음과 같다.

A. 견본종류
① fair average quality sample(평균중등품질견본)
② fresh sample(신규견본)
③ confirmatory sample(확인견본)과 counter sample(반대견본)

④ orginal sample(원견본)과 duplicate sample(2견본), triplecate sample(3견본)

⑤ sealed sample(인증견본)

B. 품질관용정도

① fully equal(완전일치)

② about equal(대략일치)

③ same as sample(견본과 똑같이)

④ up to sample(견본과 거의 같이)

⑤ similiar to sample(견본과 유사하게)

⑥ as per sample(견본처럼)

▶ 품질관용어 예문

1) Goods sold on sample shall be guaranted by seller to be fully equal to sample upon arrival at destination(견본판매제품은 도착지에 도착하자마자 견본에 완전히 일치할 것을 매도인은 보증해야 한다).

2) Quality to be about equal to the sample(품질은 견본과 대략일치해야함)

3) Moisture should not exceed 2% and admicture 1.5%(수분은 2%, 잡물은 1.5%를 초과하지 않을 것)

4) $C_{12}H_{22}O_{11}$ more than 96%(당도 96% 이상)

   NaCl should be less than 96%(염도 96% 이하)

---

3) 표준매매품질조건

수확예정의 농산물과 제조예정의 제작품을 선약거래할 때는 실제 수출할 견본의 제시가 불가능하다. 이런 경우에는 현재 대량으로 거래되고 있는 제품을 표준으로 계약 목적물의 품질로 계약체결하는 것이 상례이며 이를 표준매매(sale by standard)라 한다. 표준매매는 그 기준이 모호하기 때문에 거래당사자 사이에 분쟁이 많은 특성이 있으며 주요분쟁이유는

① 표준품에 대한 상호간의 견해차이

② 표준품과 선적품과의 일치에 대한 판정방법

③ 이에 따른 배상금액결정 등이며 계약서에 명확하게 규정해야 한다.

표준매매품질조건의 종류는 보통표준품질(usual standard quality)조건, 판매적격품질(good merchantabel quality)조건, 평균중등품질(fair average quality)조건이 있다.

(1) 보통표준품질조건(U.S.Q)

공인된 검사기관이 특정상품에 대해서 품질의 차등에 따른 공적인 차등 특 1, 2등급 등으로 표준화를 정해놓고 있다. 선적품이 표준품과 비교해서 등급이 결정되고 등급에 따라 가격을 결정하여 결재대금을 계약대금에서 증감시키는 방법이다. 이 경우에는 계약시에 공인기관의 계약표준화등급과 가격이 정해져 있어야 하며 선적품과의 비교판정방법을 명확히 해야 한다.

(2) 판매적격품질조건(G.M.Q)

판매적격품질조건(good merchantable quality)은 매수인이 인도받은 물품이 상품시장에서 업자간에 상품으로서 매매 적격한 것으로 일반적으로 인증되는 정도의 품질조건을 말한다. 목재 등의 거래에서 많이 이용되는 조건으로 나무가 너무 굽었다든지, 속에 구멍이 너무 크거나 목재에 눈이 너무 많아 본래의 용도인 판자, 기둥 등으로 사용할 수 없는 경우는 판매적격품질조건에 부합되지 못한다.

판매적격품질조건을 채택하는 물품은 대부분 견본을 사전에 주고받는 것이 어렵거나 불가능한 특성이 있기 때문에 수출에서는 이미 선적한 상품, 수입의 경우는 매수인이 본적이 있는 물품이 계약대상 기준이 된다. 선적품의 판매적격성 판단은 수출입상간에 분쟁이 발생할 수 있으므로 의견이 다른 경우 판정 방법을 계약시에 규정해야 한다.

(3) 평균중등품질조건(F.A.Q)

평균중등품질(fair average quality)조건은 표준물을 동종상품의 중간수준으로 선정하여 표준품의 대표품질조건으로 하는 계약조건이다. 생산년도와 계절의 상태에 따라 품질에 많은 차이가 발생하는 곡물, 과일 등의 농산물거래에 적합한 조건이다.

표준의 계약기준은 ① 전년도 동종상품의 평균중등품질, ② 당해년도의 평균중등품질, ③ 표준화 등급에 의한 평균중등품질 등이 있다. ①, ②는 수출국이나 수입국의 전체적인 생산실태의 관점과 수출국생산지의 생산실태 상의 중등품 중에서 당사자가 합의하여 결정할 수 있다.

선적품이 계약기준에 적격한 평균중등품인지를 판단하기 위해서는 계약표준물을 상호합동으로 수거하여 봉합하며 가능하다면 제3의 검사기관과 수출입상이 각기 보관하는 것이 바람직하다. 분쟁시에 판정방법도 규정하여 판정방법에 대한 다툼도 없애야 된다. 표준물 수거지역은 선적지와 양육지 중에 어디로 할것인지도 당사자간에 약정해야 하며 특약이 없으면 선적지주의를 원칙으로 한다.

4) 상표매매품질조건

상표매매(sale by trade mark or brand)는 견본이나 표준물을 필요로 하지 않고 단순히 상품의 특정상표 표시를 계약한 것을 말한다. 상표는 제조자나 판매자가 자기상품을 타인의 동종 혹은 유사상품과 쉽게 식별할 수 있도록 표시하는 것으로 오랜기간 소비자에게 당해 상표에 대한 이미지가 높게 인식되면서 상품의 가치로 평가받는다.

높은 병가 상표의 세공자는 기술을 지도하고 상표 사용자는 사용료를 지급하는 상표표시 계약을 하게되며 소비자로부터 상표가 곧 품질로서 쉽게 인식된다. 상표로서 정부에 등록되어 보호를 받으면 등록상표라고 불리우고 문자, 도형, 기호 등의 복합조합이다.

상표매매는 다수의 소비자를 상대로 하는 의류, 식료, 가전 등의 생활소비재가 주된 대상이며 광고 등을 통하여 널리 쉽게 인지시킬 수 있는 특징이 있다.

상표 매매에 있어 품질표시결정은 다음 4가지 유형 중에서 상품의 종류와 거래관습에 따라 채택되며 매도인과 매수인간의 확약해야 한다.[24]

① 맥주, 휴지, 우유와 같은 특정의 상표와 맛의 원조와 같은 상호에 의해 품질을 나타내는 매매에서는 매도인은 반드시 이 특정의 상표 또는 상호에 붙어있는 물품을 인도할 의무를 지는 것으로 동일제조자의 동일제품이라는 이유 때문에 다른 상표가 붙어있는 물품을 인도하는 것은 인정되지 않는다.

② 수 개의 상표로부터 선택하여 결정하는 것을 조건으로 하는 것으로서 동일제조자의 동격제품에 몇 개의 상표가 있는 경우, 또는 동격이라고 인정되는 2제조자의 동격제품을 동시에 취급 할 때도 있다. 이 경우는 계약서에 품질은 A상표, B상표의 어느 것이라도 매도인의 책임으로 한다. 라고 기재되어 있기 때문에 2가지 모두 매도인이 선정한 상표의 물품이 계약품의 품질이 된다.

③ 특정상표을 표준으로 하여 시장에서의 상표가치가 표준상표에 뒤떨어지지 않은 한 매도인이 임으로 선택하여 인도할 수 있는 것을 조건으로 하는 것이다. 「예를 들면 품질은 A상표 또는 이것에 뒤떨어지지 않은 상표의 것일 것과 같은 계약이다.」
이 조건에서 매도인은 표준상표에 뒤떨어지지 않는 것으로서 일반에게 인정되고 있는 상표를 선정하여 인도하면 된다.

④ 품질표시는 매수인이 자가특유의 상표 상품을 수입하는 것으로 품질내용에 목적을 두고 매도인의 상표에 구애받을 필요가 없는 경우다.

이상의 네 가지를 맥주거래로 설명해보면, 첫째의 경우는 아리랑맥주로 지정하는 것, 둘째의 경우는 아리랑맥주와 무궁화맥주 어느 것도 좋은 것이고 그 선택은 매도인에게 맡기는 것, 셋째의 경우는 아리랑맥주에 우월하다거나 뒤떨어지지 않는 시장적 가치가 있는 상표의 맥주라면 그 선택을 매도인에게 맡기는 것이다. 마지막 경우는 제조자상표를 붙이지 않고 외국의 특정 맥주를 수입하여 수입자가 자가의 상표를 붙여 판매하는 것이다.

상품에 따라서는 상표를 지정하는 것과 동시에 견본 제공을 조건으로 하는 것이 있다. 이 경우에는 그 인도품은 상표와 견본이 일치하는 것이어야 한다. 매매가 상표매매를 주로 하고 견본은 다만 참고로서 보내어지는 것인지, 또는 견본매매를 주로 하고 상표의 지정은 보충적 의미의 것인지 또는 그 양자를 함께 필요로 하는 것인지를 후일 분쟁예방을 위하여 명약하게 해야한다. 차후에 설명매매로 상술하겠다.

---

24) 前揭書, p.86.

5) 설명매매품질조건

상품의 특성에 따라 견본, 표준물, 상표로서 품질조건을 충분히 표시하지 못하는 경우가 있다. 공작기계와 복합한 제작품 등은 경제적 혹은 기술적으로 견본사용이 곤란하며, 화학공업제품, 의약품, 염료, 도료, 유지류 등은 각종 성분에 대해 견본으로서 제품을 나타낼 수 없다. 이러한 목적물에 대한 무역품질의 결정은 명세서, 사양서, 분석표, 감정서, 등의 문서에 특정기재와 도표의 설명방법으로 품질을 결정한다. 이러한 매매방법을 설명매매(sale by description)이라고 한다.

설명방법에는 품질내용을 상세하게 기재하는 명세서매매(sale by specification), 품질을 실증하는 공인증명서매매(sale by certificate)사진에 설명을 붙인 도해 카타로그매매(sale by illustrated catalogue)가 있다.

설명매매의 대상물품은 수출국의 국가검사기관이나 공인기관의 품질증명방법으로 선적품이 계약 설명내용과 일치하는지를 확인하고 판단하는 경우가 많다. 특히 의약품과 화장품은 수입허가 이전에 수입국의 정부나 공인기관에서 그 효능과 효과 등이 설명서에 준하는지를 확인한 후 수입허가를 하고 있다.

6) 혼합매매품질조건

혼합매매품질조건은 위에서 언급된 방법이 2가지 이상 혼합하여 품질을 결정하는 방법으로 각 방법마다 다음 예와 같이 3가지 유형이 있다.

(1) 설명조건부 견본매매

견본매매가 주가되면서 설명이 부대하는 경우로서 견본매매에 속한다. 선적품이 견본과 상위하면 계약위반이 된다.

(2) 견본조건부 설명매매

설명매매가 주가 되면서 견본이 부대하는 경우로 설명매매에 속한다. 이것은 설명이 품질을 결정하는 것이기 때문에 선적품이 견본과 다르더라도 설명과 일치하면 된다.

(3) 설명견본등가품질매매

선적품의 품질이 견본과 일치해야 할 뿐 아니라 설명내용에도 일치되어야 한다.

7) 지적품질조건

(1) 선적품질조건

약정품의 품질을 선적장소에서의 검사품질을 품질조건으로 하는 것이다. 선적장소에서 매도인이 지정검사기관의 검사증명서로서 입증하기 때문에 국제운송 중에 발생하는 품질의 손해는 매도인에게 책임이 없다. 매도인에게 유리한 품질조건이다.

(2) 특약선적품질조건

원칙적으로 선적품질조건을 채택한다. 선적 후에 발생하는 누손, 풍해, 충해, 퇴색 등 여러 종류의 손해에 대해서 매도인이 한정적 특약으로 책임을 부담하는 조건이다. 곡물거래의 sea damage가 이에 속한다. damaged by sea watter, if any, to be for seller's account(만약 해수에 의한 손해가 발생한다면 매도인이 부담한다.)

(3) 도착품질조건

계약품의 도착장소, 또는 매수인측으로의 인도장소에서의 검사품질이 매매 목적물의 품질을 정확히 결정하는 것으로, 도착, 양육, 인도가 행해지는 장소에서 수입상에게 반대사유가 없는 한 품질에 대한 매도인의 책임이 완료, 즉 매도인은 계약 장소에 도착한 상태의 현품이 계약에 일치하는 품질인 것을 보증할 책임을 지는 것으로 매수인은 운송 중에 발생하는 손해에 대해 매도인에게 클레임을 제기할 수 있다. 그러나, 매수인이 도착품이 약정물품과 다르다고 주장하기위해서는 지정검사기관에 의한 증명이 필요하다.

(4) 국제곡류시장의 관행품질조건

① 선적품질조건인 Tale quale(T.Q.), ② 선적품질조건이면서 해운 중 누손을 매도인이 부담하는 sea damage(S.D.), ③ 도착품질조건인 rye terms(R.T.)이 있다.

제2절 수량조건

1 수량의 종류와 계약요소

무역계약에서 수량으로 일컬어지는 것은 중량, 용적, 개수 등이 있다. 수량과 가격단위, 거래단위를 상호간에 오해의 여지가 없이 확실하게 정한다는 것은 매우 중요한 계약약정의 한 조건이다.

1) 수량의 종류

상품수량은 확정수량, 조건부수량, 개산(概算)수량, 포괄수량의 4종류가 있다.

(1) 확정수량

계약당시에 당사자간에 의문의 여지가 없는 주지의 표시방법을 말한다. 무역거래에서 확립된 상례적인 수량단위와 수량용법을 채택하고 있으며 일반 무역거래에서 볼 수 있는 보편적 수량이다.

(2) 조건부수량

상품의 생산에서 인도할 때까지의 과정에서 수량의 차이가 발생할 수 있는 물품에 대해 일정량의 증감을 허용하는 과부족 허용 수량조건을 말한다. 일정량의 증감에 대해 매도인은 책임이 면제되며 계약수량의 확정적 구속을 완화시켜 계약성립과 이행을 원활하게 한다.

(3) 대략수량

계약성립시에 목적물의 인도수량을 정확하게 할 수 없는 벌크(bulky)선적 등에서 채택한다. 수량앞에 about, approximately를 표시하고 도착지에서 선적지의 대략수량을 정산하여 최종적 확정수량으로 하는 방법이다.

(4) 포괄수량

목적물에 대한 수량의 확정계산을 필요로 하지 않는 경우다. 과일을 나무 단위로 계약한다든지, 농작물을 재배밭 단위로 계약하는 경우의 수량이다.

2) 계약요소

(1) 수량단위의 확약·확정

수량단위를 명확히해야 하며 기본수량단위와 가격수량단위를 동일하게 해야 한다.

(2) 선적수량 혹은 인도수량

선적지 수량기준인지 인도지 수량기준인지 명확히 해야 한다.

(3) 총량조건·순량조건

수량은 포장 등의 무게를 포함한 총량인지 공제한 순량조건인지 명시해야 한다. 순량조건의 경우에는 포장재 중량의 산정 방법에 대해서 명확히 해야 한다.

(4) 검량기관·검량인

용중량증명(certificate of weroght or mesauremnt)의확정방법으로 검량기관이나 검량인을 명확히 해야 한다.

(5) 관용조건(more or less) 면책조건(Franchise)

과부족 허용조건 및 면책조건 명시해야 한다.

(6) 분할선적특약

분할선적분량, 분송분의 발송시기, 분할인도불능시의 처리방법과 책임부담을 명확히 해야 한다.

(7) 분쟁해결특약

중량관계 분쟁발생시 해결조건 명시해야 한다. 대부분 일반 분쟁해결조건에 따르고 있다.

2 수량단위

1) 수량단위의 표시

(1) 용적(measurement)

부피가 많은 부피 중심의 수량단위이며 m^3, cm^3 등이 있다.

(2) 중량(weight)

무게가 많이 나가는 무게중심의 상품의 수량단위이며 kg, g, 1bs, ton 등으로 표시된다.

(3) 포장(package)

상자, 포대 등과 같은 포장단위의 상품의 수량단위이며 box, bale, case, bag 등이 있다.

(4) 개수(counting)

개수중심으로 거래되는 상품으로 상품단위로 piece, dozen 등이 있다.

(5) 길이(dimesion)

원단, 합판과 같은 길이, 넓이, 폭으로 거래되는 상품의 수량단위로 meter, yard 등이 있다.

2) 화물운송의 기초단위인 톤단위

(1) long ton(L/T)

영국계 ; 2240 1bs, 1016 kgs

(2) short ton(S/T)

미국계 ; 2000 1bs, 907 kgs

(3) metric ton(M/T)

기타 구주대륙 및 한국 ; 2204 1bs, 1000kg

---

3 | 선적수량조건과 인도수량조건

1) 선적수량조건(shipping weight terms)

선적장소에서 검사한 중량이 계약품의 인도수량으로 간주하는 조건이다. 매도인은 선적당시의 섬량을 중량으로 표시하고 수출대금을 산정한다. 매도인에게 유리한 조건이다.

감량률이 적은 성질의 품질로서 매도인의 신용이 있는 경우에는 매도인측의 검량인이 작성하고 매도인의 서명한 중량표(weight note)나 용적중량표(measurement and weight list)로 증명한다.

감량률이 많은 대량화물이면서 검량 입증이 중시되는 경우는 매수인의 승인을 득한 공인 검량인이 발급한 중량증명서(certificate of weight)를 발급받아 매수인에게 제공한다. 선적지의 중량표시가 계약량의 입증이며 수송도중 감량되어도 매도인은 책임이 없다.

실거래에서 물품의 거래관습과 사정에 따라 특약을 할 수 있으며 다음과 같은 예가 있다.

(1) 송장중량(invoice weight)특약

선적수량 입증을 송장에 표시하는 것으로 약정품의 수량을 송장에 기재한 수량으로 인도하는 조건의 특약이다. 파손과 누손 등이 발생하지 않는 품목에서 유용하며, 권위있는 검량기관이 작성한 실제 선적품의 중량증명서나 선박회사의 검량인이 운임계산의 기본으로 작성한 용적중량표의 수량이 송장에 옮겨 기록된다. 동일한 유형으로 검량창고에 입고된 중량을 특약으로 하는 창하증권중량(倉荷證券重量)이 있으며 창고출고시에 감량되어도 매도인은 면책된다.

(2) 선하증권중량최종(B.L. weight final)특약

선적시의 검량증명과 선하증권의 중량표시가 일치하는 조건일 때 선하증권 기재의 중량으로서 최종결정한다. 동 특약에서 선하증권의 기재조항에 수량미상을 의미하는 quantity unknown, said to ……weight와 같은 문언은 수량최종결정을 무의미하게 하므로 주의가 요구된다.

(3) 공장적출중량(workers weight)특약

육상운송에서 해상운송으로 연결되는 통과(through)운송으로 상품을 매매하는 경우로서 공장의 적출지에서 화차에 적제하는 경우에 공장적출중량을 최종중량으로 한다. 그러나 공장이나 출하역으로부터 선적부두가 떨어져 있어 공장이나 출하역으로부터 선적부두 사이에서 수송 중에 감량이 생길 우려가 있는 경우는 "seaboard shipment but weighting in makers work"라는 관용조건을 붙이는 것이 필요하다.

2) 인도수량조건(delivered weight terms)

도착장소에서의 인도시점에서 실제중량이 약정품의 확정수량이 되며 대금총액도 결정된다. 수송도중의 감량과 누손은 매도인의 책임이며 매수인에게 유리한 조건이다. 인도수량은 보통 도착지에서 공인검량기관의 중량검사로 확정되며, 선적시와 도착시의 중량이 차이가 발생하면 도착지 수량이 기준이 된다.

무역계약에서 별도의 약정이 없는 한 Incoterms에서 CIF, FOB 등과 같은 선적지조건에서는 shipping weight terms이며 DES DEQ와 같은 도착지 계약조건에서는 delivered weight terms가 적용된다.

4 총량조건과 순량조건

1) 총량조건(gross weight terms)

상품은 그 성질이 개체품(solid goods), 입체품(granular goods), 분말품(powder goods), 점체품(viscose goods), 액체품(liquid goods), 기체품(gaseous goods) 등으로 분류할 수 있다.

이 중 입체품과 분말품과 같이 그 성질상 포장과의 분리가 어려운 특성의 제품은 포장 및 용기 무게와 물품의 순량의 무게가 포함된 총량조건이 많이 쓰인다.

2) 순량조건(net weight terms)

포장무게가 공제된 무게이며, 철강, 철판 등 포장이 필요없는 물품에 사용된다.

3) 포장중량조건

포장재료나 용기의 중량(tare)은 국가와 상품의 종류에 따라 다르다.
① 실제중량(actual or real tare) : 포장1개 1개의 수량을 계산하는 실제수량
② 평균중량(average tare) : 대표적 수개를 선택하거나 1개의 평균중량
③ 관습중량(customary tare) : 특수거래의 관례에 따른 중량
④ 적출중량(shippers tare) : 수출자가 작성제출하는 중량
⑤ 추정중량(estimated tare) : 매매당사자가 추정하여 체결하는 중량

5 수량의 특수조건

무역상품은 매도인에서 매수인으로 인도되는 과정에서 장소와 시간적으로 이동과정이 요구되며 이러한 과정에서 관계당사자가 최선을 다해도 발생할 수밖에 없는 소손해가 있다.

이러한 경미한 손해에 대해서는 무역수행상 용인되는 것으로 완화하는 조건으로 계약을 체결함이 바람직하다.

1) 수량손해 면책조항

① 프랜차이즈 조항(franchise clause) : 일정량의 감량은 매도인의 책임에서 면제시겨 주는 조항이다.
② 공제조항(deduction clause) : 프렌차이즈와 별차이가 없다.

③ 과부족허용조항(more or less clause) : 물품의 특성상 일정량의 과부족을 허용하는 조건이
   다. 매수인이 과부족을 이유로 물품의 인수나 대금지급을 거절하는 위약의 구실로부터
   안전성을 확보하기 위한 조항이다. 보통 '~% more or less'로 규정된다.

2) 신용장통일규칙에서의 소량면책조건

신용장 통일규칙에서 규정하고 있는 소량면책조항을 요약 정리하면 다음과 같다.

① about, circa 및 기타 유사 용어가 신용장금액, 단가, 수량 앞에 사용된 경우 10%까지의
   과부족을 허용한다. 수량앞에만 about가 있고 금액앞에 없는 경우는 수량만이 10%과부
   족이 허용되고 별도의 약정이 없는한 금액은 허용되지 않는다. about 등의 10% 과부족인
   용이 선적기일, 유효기간, 운임, 보험료등에는 적용되지 않는다.

② 신용장에 해당상품의 수량이 초과 또는 부족되어서는 아니된다라는 명시가 없는 한 어
   음발행금액이 신용장금액을 초과하지 않는한 5%의 과부족이 허용된다. 이 경우 선적수
   량과 단가가 일치하는 범위에서 신용장금액보다 5%감액 어음발행은 가능하다

③ 포장단위(packing unit)또는 개별품목단위(pcs, dozens, gross) 등으로 수량을 표시하고 있
   는 경우는 ②에도 불구하고 과부족의 허용되지 않는다는 등으로 규정되어 있다.

제3절 가격조건

---

1 무역가격의 개념

물품의 매매계약을 결정하는 기본적 요소는 목적물의 품질과 가격의 조건이다. 계약구성요소 중에서 계약의 성립을 최종적으로 결정하는 것도 가격에 대한 합의라고 할 수 있다. 왜냐하면 품질에 대해서는 매도인과 매수인은 다같이 전문가이기 때문에 보통 어떠한 품질을 매매할지는 한번의 교섭만 필요하며 상담은 가격을 중심으로 되풀이된다.

물품매매계약에서는 목적물의 소유권을 이전시키는 방법이 목적물 그 자체를 상대방에게 인도하는 방법과 현물인도에 의하지 않고 목적물품을 물권적 유가증권으로 화체시킨 권리증권을 합법적으로 제시 혹은 교부하는 방법으로 소유를 이전하며, 목적물의 가격결정도 이에 따라 분류할 수 있다.

1) 특정장소인도가격

약정품을 지정장소에서 현실로 인도하는 매매방식으로 인도장소를 가격용어로 명시하고 그곳에서의 인도의무를 이행한다. 특정장소까지 이동에 필요로하는 제비용의 일체를 원가에 포함시켜 채산하고, 이 「특정장소 인도로 얼마라는」 매매가격을 결정한다. 약정품의 인도장소가 가격의 구성요소가 되는 제비용과 끊을래야 끊을 수가 없는 관계를 가지기 때문이다.

예를 들면, 수출항에 있는 본선 인도를 기초로 하는 「본선인도 가격」 등은 이들 특정장소까지의 제비용을 부가하여 설정되는 것이며, 가격채산조건의 원칙적인 것이다. 국내거래에서는 이 방식을 관행으로 하고 있고, 외국무역에서도 인코텀스의 C그룹 외의 가격조건은 이 방법을 사용하고 있다.

2) 특수비용부담가격

약정품을 유가증권으로 화체화하고 그 증권의 이서에 의해 목적물의 소유권이 이전되는 상징적 인도의 매매에서 볼 수 있다. 이것은 주로 C그룹에서 소유권의 이전과 위험의 이전과 비용의 분담이 각각 따로 행해지기 때문에 저절로 가격의 구성요소도 복잡하지 않을 수 없다. 그러므로 매수인 혹은 제3자에게 귀속하는 특수비용도 우선 매도인의 부담으로 하는 관례를 발생시켜 이것을 가격용어로 합쳐서 표시하고 이 특수비용부담으로 매매가격을 정한다. 예를 들면 수출항에서의 선적을 매도인과 매수인 위험부담의 한계로 하면서, 수출항에서 수출항까지의 운임과 보험료를 매도인의 부담으로 하는 C.I.F.가격은 그 대표적인 것이다.

매도인의 입장에서 이 해양운임도 해상보험료도 선적의 완료에 의해 매도인의 위험부담으로부터 벗어난 후에 생기는 특수비용이므로 매도인이 당연히 지출해야 하는 것은 아니지만 C.I.F.조건에서는 위험부담자가 된 매수인에게 손해를 주지 않도록 매도인에게 송부의무를 부과하여 특수관습으로 이들 비용을 합산시켜왔다.

이것이 후일에 분쟁을 일으키지 않도록 가격용어로 명시할 필요가 있어, 이러한 유형의 가격표시가 관행화 되기에 이르렀다. 이것은 가격용어로서는 특수적인 것이지만, 무역상에서는 오히려 일반화되어 널리 사용되고 있다.

2 주요가격조건

무역가격조건은 국제상업회의소가 제정한 인코텀스에서 규정하고 있으며 국제적으로 점형화되어 있다.

인코텀스 2000에서는 계약품의 인도시점에 따라 크게 4가지로 분류하였다. 첫 번째는 매도인이 자신의 공장, 작업장, 창고 등에서 매수인에게 인도할 때까지의 모든 비용을 부담하는 E조건(Ex Works), 두 번째 그룹은 매도인이 계약물품을 매수인이 지정한 운송인에게 인도할 때까지의 비용을 부담하는 F조건(FCA, FAS, FOB조건), 세 번째 그룹은 매도인이 도착할 때까지의 운임이나 보험료를 지불하는 C조건(CFR, CIF, CPT, CIP조건) 그리고 네 번째 그룹은 매도인이 목적국가까지 물품을 운반하는 데 소요되는 모든 비용을 부담하는 D조건(DAF, DES, DEQ, DDU, DDP조건) 등 총4개 그룹에 13개 조건이었다.

그러나 2010년 개정되어 2011년부터 시행되는「Incoterms® 2010」에서는 운송방식불문규칙과 해상 및 내수로 운송규칙으로 2개 그룹의 11개 조건으로 변경되었다. 운송방식불문규칙은 EXW, FCA, CPT, CIP, DAT, DDP의 7개 조건이며, 해상 및 내수로 운송규칙은 FAS, FOB, CFR, CIF의 4개 조건이다. Incoterms 2000에서의 DAF, DES, DDU가 DAP로 흡수되고, DEQ가 DAT 변경됨으로서 13개 조건이 11개 조건이 되었다. 그리고 CFR, CIF조건에서의 위험이전이 ship's rail에서 on board the vessel로 바뀌었다.

2020년부터 시행되는 가격조건은 2010년의 DAT 조건이 DPU 조건으로 명칭이 바뀌면서 순서도 DAP 조건과 바뀌었다. 부보의무에 있어서 CIF는 ICC(C)의 최소 부보의무를 유지하고 있으나, CIP는 ICC(A)의 최대 부보의무로 변경되었다.

1) 작업장인도조건(EXW)

"Ex Works"란 매도인이 작업장, 공장, 창고 등에서 매수인 물품을 인수가능하게 할 때 그의 인도의무를 이행하는 것을 의미하며, 이때까지의 비용을 부담하는 가격조건이다. 이때 작업장, 공장, 창고라 함은 농장주라면 농장, 공장주라면 제품장치장, 상업자라면 보관 창고나 점포 등을 의미한다. 가격구성에서 포장비는 상품보호포장은 매도인이 하나 판매포장, 수출용포장, 내항성포장 등의 상품화포장은 매도인의 포장비에 당연히 포함되는 것은 아니며, 필요로 할 경우에는 특약을 해야한다. 인도용어로서 '...공장', '...창고' 등으로 구체적으로 표시해야 하며, 매수인이 같은 장소에서 인수할 수 있는 상태로 두어야 하므로 물품이 계약에 합치되는 품질, 수량 등임을 보증하기 위한 검사, 중량, 용적, 개수 등의 검품과 평량에 요하는 비용은 매도인이 부담한다.

2) 운송인 인도조건(FCA)

"Free Carrier"는 매도인이 지정장소 또는 지정지점에서 매수인이 지명한 운송인의 관리하에 수출통관된 물품을 인도할 때까지 비용부담의무가 있다. 만약 매수인에 의하여 정확한 지점이 지정되지 않은 경우, 매도인은 약정된 장소 또는 구역내에서 운송인이 동(同) 물품을 관리하게 될 지점을 선택할 수 있다. 상관례에 따라 운송인과 계약을 체결하는데 매도인의 협조가 요구되는 경우(예컨대, 철로 또는 항공운송), 매도인은 매수인의 비용으로 협조를 하여야 한다. 만약, 매수인이 매도인에게 "운송인"이 아닌 사람에게, 예컨대 운송주선인에게 물품을 인도하라는 지시를 한 경우에는, 물품이 그와 같은 사람의 보관하에 놓일 때까지 매도인은 비용을 부담한다.

이 조건은 복합운송을 포함하여 모든 방식의 운송에 사용될 수 있다.

"Carrier"란 육로, 철로, 해상, 항공, 내륙수로, 또는 그러한 방식의 복합방식에 의한 운송계약을 체결하고 운송계약을 이행하거나 주선하는 사람을 의미한다.

"Transport terminal"이란 철로 터미널, 집하장, 컨테이너 터미널 또는 컨테이너 야드, 다목적 화물 터미널 또는 이와 유사한 화물수취지점을 의미한다.

"Container"는 화물을 단위화하는 데 사용되는 여하(如何)한 장비로서 예컨대, 국제표준화기구(International Standardization Organization : ISO)가 인정하던 인정하지 않던 간에 모든 형태의 컨테이너 및 플랫, 로로장비, 이글루, 스윕바디 등을 포함하며 모든 방식의 운송에 적용된다.

3) 선측인도조건(FAS)

"Free Alongside Ship"에서는 물품이 지정선석장의 부두에서 또는 부선으로 선측에 인도완료 때까지 매도인이 비용을 부담한다.

FAS조건은 매수인이 물품을 통관할 것을 요구하였으나 인코텀스2000부터 매도인이 수출통관하여 본선의 선측에서 매수인에 인도하도록 개정 하였다.

4) 본선인도조건(FOB)

"Free on Board"는 계약지정의 선적항에서 매도인이 지정된 본선에 약정품을 본선상에 인도된 후 인수하기까지의 제비용을 포함한 채산으로 원래 본선선측도에 대응해서 「본선갑판도가격」으로 불렸다. 그러므로 부선선임같은 본선에 대한 적입비용까지는 매도인이 부담하지만 본선 내에서의 적재비용은 들어가지 않는다. 이 가격은 채산상에서 C.I.F. 가격의 C.(원가)에 유사하나 영국에서는 F.O.B.에서는 이 가격에 수출비용이 포함되지 않는다는 해석이다. 즉, 매도인은 단지 매수인측의 선박에서 계약물품을 인도하면 되며 수출할지 안 할지는 본선상에서 그 물품을 인수한 매수인측의 의사이므로 매도인이 수출수속을 취할 당연한 의무를 갖는 것은 아니다라는 것이 영국의 통설이다. 그러나 외국무역선에 선적하기 위해서는 외국행화물에 대해 매도인이 수출에 관한 수속에 의한 수출허가(export permission)를 얻은 후가 아니면 본선에 대한 선적은 허가되지 않는다. 그러므로 FOB조건에서도 수출수속에 따르는 수출관세까지도 매도인이 부담해야하며 실제적으로는 CIF에서의 C가격과 FOB가격은 동일하다고 볼 수 있다.

5) 운임포함조건(CFR)

"Cost and Freight"에서는 매도인이 본선인도시까지의 비용(FOB가격과 동일하다고 볼수 있음)에다가 지정된 목적지까지 물품을 운반하는 데 필요한 해상 및 내수로 운임을 지급하여야 한다. 물품이 본선상에 인도된 후에 발생한 위험은 FOB처럼 물품이 선적항에서 본선상에 인도된 후 매도인으로부터 매수인으로 이전된다.

6) 운임보험료포함가격(CIF)

"Cost, Insurance and Freight"는 용어 그 자체가 명시하는 것처럼 수출항에서 본선의 선적을 완료하기까지의 비용을 포함하여 수출품의 선적원가(shipping cost=C.)를 세워 이 기본요소에 이 계약의 특수성에 의해 수입항도착까지의 해상운임(ocean freight=F.)과 ICC(C) 조건의 해상보험료(marine insurance premium=I.)의 특수비용을 합쳐서 채산된 「수입항도착 가격」이다. 여기에서 cost라고 하는 것은 화물의 매입원가를 가리키는 것이 아니고, 매도인시장에서의 대외판매가격의 본가격, 즉 수출원가이므로 매수인의 상상이익은 물론 수출관계의 비용, 서류조달의 비용에서 외환관계의 비용에 이르기까지 매도인의 내륙운임에서 생기는 일체의 비용이 견적되고 있다. 이 C.를 수출가격의 본가격임을 아는 것은 이 가격을 푸는 유력한 열쇠이다. 그러므로 C.I.F.New York이라고 하면 이들을 합산한 그 수출품의 수출원가에 뉴욕 먼 바다 도착까지의 보험료(I.)와 운임(F.)을 합쳐서 채산한 특수비용포함 가격이다.

수입항도착가격은 C.I.F.가격조건과 도착지가격조건은 사이에는 다음의 기술하는 것과 같은 본질적인 차이가 있다.

CIF가격조건은 매도인과 매수인의 책임한계를 수출항에서의 본선인도를 기준으로 해서 매도인의 위험담보하에 채산하는 원가구성의 제비용과 매수인의 위험부담하에 필요하게 되는 특수비용을 구별하면서 이 두가지를 매도인 부담으로 하도록 합쳐서 채산시켜, "C+(I+F)"라고 하는 복합가격을 구성시키는 점이 다른 기준가격과 특이하다. 선적까지의 비용을 포함한 cost는 이 매매의 고유가격을 나타내는 것이지만, 이 매매에서는 매도인에게 매수인을 위해 선적이후의 소요비용인 보험료와 운임을 부담시키고 있다.

그렇지만 이 계통의 가격만 특별히 「운임보험료포함가격」(including insurance and freight)이라는 용어로 확실히 표시하고 있는 것은 C.와 I.F. 간에 질적인 상위가 있기 때문이다. 도착지 가격조건은 수입항도착까지의 일체의 비용과 위험과 수수료일체를 동일채산기준으로 하는 가격을 구성하고 있기 때문에 CIF와는 분명히 다르다. CIF 조건의 가격구성요소를 분석해 보면 다음과 같다[25].

"C.I.F." Quotation	C.I.F. 가격채산
‘C.I.F.’cost	C.I.F.원가
〈Base〉	〈기본〉
First cost at exporter's godown	수출창고에 의한 매입원가
Commission.......% on first cost	예상이익 매입원가
〈charges〉	〈비용〉
Inspecting fees	수출검사비용
Custom duties for export	수출통관비용
Re-packing charges	수출포장비용
Local freight, cartage, lighterage, etc.	선적장소까지의 수송비용
Shipping charges	선적비용
Documents and sundry charges	서류조달비용 및 잡비
Cost of exchang and interast	외환비용 및 이자
Cost(C) ‘C.I.F.’Charges Insurance premium(I) + Freight(F)	원가(C) C.I.F.경비 해상보험료(I) + 해상운임(F)
C.I.F. (named destination port)price	운임보험료포함가격

기타 C.I.F. 계열 가격조건은 다음과 같은 것이 있다.

(1) 운임보험료 및 수수료포함가격(C.I.F. & C.)

이것은 C.I.F.가격의 채산에 외국시장에서의 중개상인에게 제공하는 수수료(commission)를

---

25) 前揭書, p.129.

포함하는 것으로 외국도매상을 중개로 위탁판매거래에 이용되는 가격이다. 다만 이 위탁판매 화물은 위탁계약의 아래에서 수출되는 것이어서 수출당시는 아직 판매되지 않은 상태이므로 C.I.F. 가격도 그 판매수수료도 채산당시는 추정에 불과한 것이며 수출 후에 외국시장에서 판매되고 비로서 확정되나 수수료 요율은 「C3%」와 같이 정하는 것이 일반적이다.

(2) 운임보험료 및 이자포함가격(C.I.F. & I.)

이것은 C.I.F. 가격에 대금미불기간의 이자(interest)를 포함한 것이다. 수출용 환어음은 대부분 외국화폐로 설정되므로 외환은행에 화환을 취급할 때에 환산에 의해 할인료가 지불된 것과 동일결과로 된다. 그러므로 외국수입자가 그 어음을 지불할 때에 이자지불의 문제는 생기지 않는다. 그러나 그 어음금액이 수출국의 화폐일 때는 수출자는 화환을 액면대로 수취하므로 어음의 지불일에 외국의 매수인은 이자를 가산하여 은행에 지불하게 된다. 이렇게 채무자인 매수인이 부담해야 할 이자를 특별히 매도인 지불로 조건부로 한 것이 이 가격이다. 환언하면 어음의 이자를 매도인의 부담으로 하여 매도가격에 포함한 채산이 C.I.F.& I. 가격이다.

(3) 운임보험료 및 환비용포함가격(C.I.F. & E.)

이것은 C.I.F. 가격에 특수한 환비용(cost of exchange)을 포함한 것이다. 보통의 외화기준수출어음은 매수인국 화폐로 표시되므로 할인료를 포함한 환비용은 은행매입의 환율로 환산된 때에 지불 완료되므로 자연히 그것은 매도인 부담이 된다. 그렇지만 그 외환어음이 제3국 화폐로 표시된 경우 예를 들어 시드니행 수출품의 대금이 런던에서 영국화물로 되면 시드니의 매수인은 그 단가를 호주 실링이 아닌 영국 실링으로 산정하여 그 어음 금액도 영화(英貨)로 표시할 것이다.

이러한 경우의 C.I.F. 채산에는 한국, 호주 환율 외에 영국호주 환비용도 매도인 부담이 된다.

(4) 운임, 보험료, 수수료 및 이자포함가격(C.I.F.C & I)

이것은 C.I.F. 가격에다가 외국의 도매상이나 중개상에 지불하는 수수료와 매수인이 부담해야 할 이자를 매도인의 가격에 포함시킨 가격조건이다.

7) 운비지급조건(CPT)

"Carrige paid to"에서는 매도인이 지정운송인에게 인도할때까지의 비용에 지정목적지까지 물품을 운송하는 운임을 지급하는 것을 의미한다. 물품이 운송인의 보관하에 인도된 이후에 발생한 추가비용은 매도인으로부터 매수인에게 이전된다.

만약 합의된 목적지까지 운송을 하는데 있어서 여러 운송인이 이용될 경우는 물품이 최초 운송인에게 인도될 때 위험이 이전된다.

CPT조건은 매도인이 수출품을 통관할 것을 요구하므로 복합운송방식의 운송에 이용된다. "carrier"란 육로, 철로, 해상, 항공, 내륙수로 또는 그러한 방식의 복합방식에 의한 운영계약을 체결하고 운송계약을 이행하거나 주선하는 사람을 의미한다.

8) 운임보험료지급조건(CIP)

"Carrige and insurance paid to..." 조건에서는 매도인이 CPT하에서와 동일한 의무를 가지지만 이에 추가하여 매도인이 보험계약을 체결하고 보험료를 지급해야 한다.

CIP조건은 매도인이 수출품을 통관할 것을 요구한다. 이 조건은 복합운송방식의 운송에 사용된다.

9) 도착지 인도조건(DAP)

"Delivered At Place"는 도착지정장소인도조건으로 기존의 DES, DAF, DDU의 대체조건이다. 매도인이 도착지로 지정된 장소 또는 지점에서 운송수단으로부터 양육(unload)할 수 있도록 준비된 상태로 매수인이 임의처분 할 수 있도록 인도되는 것을 의미한다.

매도인은 지정장소까지 운송할 때 까지의 모든 비용을 부담해야하며 양육비용은 매수인이 부담해야한다. 지정장소 운송시점에 매도인으로부터 매수인에게 위험도 이전된다.

10) 도착지 인도조건(DPU)

"Delivered At Place Unloaded"는 도착지 인도조건으로 기존의 DEQ의 대체조건이다. 2010년에 DAT 조건을 2020년에 DPU 조건으로 변경하였다. 매도인이 도착항구나 목적장소의 터미널에서 운송수단으로부터 양육(unload)하여 매수인이 임의 처분할 수 있는 상태에서 인도하는 것을 의미한다. 터미널은 부두, 창고, CY 또는 도로, 철로 또는 공항의 화물터미널을 포함하며, 지분의 유무를 불문한다. 매도인은 지정터미널에서 운송수단으로부터 양육 할 때까지의 비용을 부담하며 양육이후에는 위험이 매수인에게 이전한다.

11) 관세지급반입인도가격(DDP)

"delivered duty paid"는 물품이 수입국의 지정장소에서 매수인이 인수가능하게 될 때 까지의 운임, 보험료,수출관세, 조세 및 기타 물품인도비용을 포함하여 모든 비용과 수입통관에 따른 수입관세, 수입수속비용까지 매도인이 부담해야 한다. EXW조건이 매도인에 대한 최소의무조건이라면 DDP조건은 매도인의 최대의무조건이다. 매도인이 수입허가를 취득하지 못할 경우에는 사용되어서는 안된다.

만약 매도인이 물품의 수입통관에 지불되는 일부비용(예컨대, 부가가치세 : VAT)을 제외하기를 원한다면, "Delivered duty paid, VAT unpaid,...(named place of destination)"와 같이 추가표시하여 이를 명확히 하여야 한다. 이 조건은 운송방식에 관계없이 사용될 수 있다.

제4절 선적조건

1 선적(shipment)의 개념

1) Shipment의 고유해석[26]

물품매매계약에서 인도조건은 주로 인도시기를 말하며 무역계약에서 특수한 경우를 제외하고는 인도시기는 선적시기로 통용되고 있다.

선적(shipment)이라는 말은 "to be actually taken on board the vessel"라는 뜻으로 무역에서는 해외에 발송할 목적으로 물품을 선박에 현실적으로 싣는 것을 의미한다. 그러나 이것은 일반적 해석이며 그 구체적 내용은 복잡하다.

해상왕국이었던 영국은 관습 및 판례에서 이 단어를 엄격하게 선적으로 해석하여 shipment는 선박에 물품적재하는 것을 가리키며 철도화차 적재는 용어와 모순되기 때문에 인정하지 않았다.

이 해석은 1922년 모푸레 로빈슨 회사와 롯사간의 사건의 판례에서 확정되었다. 이 사건은 목재 거래의 선적기 위반에 관한 분쟁으로 영국의 매수인 롯사는 미국의 매도인 로비슨으로부터 11월에 선적하는 특약으로 수입계약을 체결했지만 선적이 지연되었으므로 매수인은 그 계약을 거절하였다. 매도인은 미국에서의 목재 거래의 관습으로는 shipment는 철도화차에 대한 적재도 의미하므로 그 약정품은 계약기간 내에 제재소로부터 화물차에 적재되었다고 주장하였다. 그러나 영국 재판소는 이를 인정하지 않고, 약정품을 「선박 위에 두는 것」을 의미하는 것으로 정의하고 공장에서 화차에 적송하는 것을 의미하는 관습은 효력이 없다고 하였다.

그러나 이 용어가 미국의 상업계에 수입되면서 대륙국인 자연환경 때문에 육운의 경우도 포함한다. 확대적인 해석으로 일반화 되었다.

해상국인 영국에서는 해외시장을 목표로 하여 상거래가 발달하였으므로 상품의 대부분은 수출을 위해 일단 선적항에 집하되고 그곳으로부터 해외로 적출 되므로 영국의 상인은 shipment를 조건부로 한 경우는 선적항에서 선박에 적재하는 것으로 생각한다. 이에 반해 대륙국인 미국은 국내 각주간의 주내무역(inter-state trade)이나 캐나다 및 멕시코 등과 육접국 무역(inland trade)이 발달 해 왔기 때문에 미국 상인은 매매계약시에 우선 철도수송조건을 생각하는 경향이 있어, 미국에서는 선적의미가 확장되었다.

---

26) 前揭書, pp.156~162.

국내의 제조공장에서 화차에 적출하는 경우에는 공장도(factory shipment)라는 용어가 사용되었고 이것이 점차 일반화되어 오늘날에는 화차도에도 선적이라는 용어가 사용되고 있다. 예를 들면 무역품의 발송지를 표현하기 위한 shipping port도 inland shipping point라고 하는 말이 사용되고 그 운송증권을 표시하기 위해 bill of lading 을 railroad bill of lading과 ocean bill of lading을 구분하여 사용하고 또 free on board 라는 말을 주로 free on rail or truck의 의미로 사용되며 본선도는 free on board vessel로 표시하고 있는 등은 좋은 예이다.

이상으로 영국에서 발생한 이 해운용어가 미국에서는 그대로 육운 용어로 되고 있는 사실을 알 수 있다. 이 영미간에 해석의 차이가 전기의 로빈슨 대 롯사 사건과 같은 분쟁을 발생시키기에 이르렀던 것이다. 그러나 적출을 의미하는 것으로서는 육운 용어로 departure와 dispatch가 있고 해운용어로 shipping과 forwarding이 있고 육해공통의 관용어로 loading도 있으므로 원칙론으로서는 shipment는 선적이라는 고유해석에 의하는 것이 좋겠다.

2) 선적의 확대해석

선적(shipment)은 목적물의 선적조건에 따라 무역에서 특수한 의미가 인정되고 상당히 넓게 확장해석되고 있다. 본선 선적이 아닌 운송인 수취선적이 선적으로 인정되며 육해연결 운송 및 복합운송, 그리고 도착지 선택의 선적조건도 선적으로 확대해석 되고 있다.

(1) 수취운송의 선적(Received shipment)

국제간의 정기항해와 개품운송의 발달로 해운업자간에 소량화물에 대한 경쟁이 증가함에 따라 선주는 화주의 편익을 고려하여 특정장소에 집하한 후에 본선에 적재하는 경향이 많으며 또 해운업자 자체도 여러종류의 집하화물은바로 선적하는 것은 어렵다. 선주측에서는 소량 화물의 각 화주가 제멋대로 본선에 화물을 적재하여 발생하는 혼잡을 피하고 선적의 합리화와 적재 기술상의 필요에 따라 적당한 육상 수취장소로 부두창고를 지정하여 선주가 화물을 수취한 후에 본선 적재에 편리하도록 분류를 행한 후 선적하는 것이 상례다.

그래서 선적이라는 말의 해석은 복잡해졌다. 선장 혹은 그 직무를 대행하는 선원에게 본선상에서 운송품을 인도하는 것인지 또는 선주 혹은 그 대행자가 지정한 육상장소에서 운송품을 인도하는 것도 포함하는지, 즉 본선에 선적만을 의미하는지 또는 선적을 위한 선주의 수하도 포함시키는지가 문제다. 오늘날 일반적 해석은 운송품이 본선에 적재되기 위해 해상운송인에게 수취되었다고 하는 사실은 송화인이 운송계약에 의하여 운송품의 점유를 유효하게 운송인의 보관으로 이전한 것이기 때문에 선적에 필요한 행위를 한 것으로 간주하여 Wawsaw Oxford Rules과 신용장 통일규칙에서는 수취선하증권에 본선에 선적일이 이서되어 있을 때는 선적선화증권과 동등하게 간주되는 등 선적(shipment)으로 인정하고 있다.

(2) 육해연결운송의 선적(Joint rail and sea transportation)

선적지역은 반드시 해항으로는 제한하지 않는다. 왜냐하면 서울에서 철도로 부산으로 옮겨 미국으로 운송하는 것 등과 같이 육해연결운송(joint rail-and- sea transportation) 선적이 고유해석을 엄격하게 적용한다면 매도인의 선적이행은 상당히 곤란하게 될 것이다. 이러한 불편을 제거하고 무역활동을 원활하게 하기 위해 매매물품이 육해연결운송의 경우에는 선적원칙의 예외를 인정하고 있다.

매매계약에서 매도인이 적출장소에서 철도업자와 통과 운송계약을 체결하고 일괄 선하증권의 취득과 제공을 의무화 한 경우에는 일괄 선하증권을 철도 측으로부터 취득함으로서 선적을 행한 것으로 간주되어 철도 인도 완료를 매도인의 선적의무의 이행으로 인정하고 있다.

Warsaw Oxford 규칙에서도 필요성을 인정하고 매도인이 매매계약 특수매매의 관습에 따라 육해연결운송에 의한 통과선하증권(through B/L)을 제공할 수 있는 권리를 가지고 있을 때는 물품을 운송인의 보관까지 인도하면 선적(shipment)으로 인정하고 있다.

(3) 복합운송의 선적(Combined transportation)

두 가지 이상의 다른 방식의 운송인 복합운송의 경우에는 주로 컨테이너로 운송되며 매도인은 계약에서 약정된 장소에서 운송인에게 물품을 인도하면은 선적을 이행한 것으로 인정되고 있다. 운송인은 매도인에게 인수할 때 매수인에게 인도할 때까지 일체의 사고에 대해 책임을 지는 복합운송증권(Combined B/L)이 발행된다. 통과선적과의 차이는 통과선하증권은 해상운송 사고에 대해 책임을 지고 육상운송은 취급만 해주는 약정이며 복합운송증권이 통과운송증권 보다 안전하다.

(4) 도착지선택의 선적

매도인은 경우에 따라 기선적품을 전매하거나 또는 현재 해상수송 중에 있는 도착지선택화물을 구입하여 수입물품으로 충당하고자 하는 경우가 있다. 도착지선택화물(optional cargo)은 적출당시 두 개항 이상의 도착지를 표시해 두고 후일 송화인 혹은 수취인이 도착지를 선택하는 조건부의 선적 화물을 말하며 계약당시에 도착지를 확정할 수 없거나 또는 확정을 불편하게 하는 경우에 행해진다.

구주행 화물에 C.I.F. three ports (London, Marseilles, Hamburg), 또는 Le Havre와 Antwerp를 추가한 five ports로 하는 것은 도착지선택선적의 상례와 선주는 보통 할증운임(optional charge)을 부과하며 화물을 적출한 후 3개항 혹은 5개항소재의 매수인에게 매각을 교섭하여 계약이 성립되는 상대방의 지정항에 양륙시킨다.

이러한 경우에는 이미 선적되어 선적의무의 이행이 있을 수 없으므로 매도인은 물품의 품질, 수량, 선적기 등이 그 매매계약에 기재한 것과 합치하고 있는 선하증권을 매수인에게 제공함으로써 선적을 이행한 것으로서 간주된다.

기선적품매매의 합리성에 대한 1915년 글루머 회사와 베베 사건의 판례에서 판사 Atkin은 「적법한 선적서류의 제공은 매수인에게 계약에 일치하는 물품을 권리와 부보된 위험에 해당하는 손상의 경우에는 보험회사로부터 손해를 보상 받을 수 있는 권리를 부여한 것이 되므로 서류제공일자 이전에 물품의 소유권이 매도인, 매수인 또는 제3자 중 어느 쪽에 있었는가는 별로 문제가 안된다.

따라서 매도인은 서류제공시까지 특정의 매수인을 위해 물품을 충당해야할 강제성은 없으며 선하증권으로 선주가 매수인에게 화물을 인도하도록 배려하면 족하다」고 판시하였다[27].

C.I.F.의 국제규칙에서도 이 관습을 인정하고 있다. 계약물품이 매매당시에 이미 선적이 끝났어도 매도인이 계약을 이행하기 위해 선적품을 매도할 권리를 가지고 있는 경우에는 매도인의 계약 이행물품에 대한 선적서류제공은 계약이행으로 추정한다고 규정하고 있다.

2 선적완료 시기

1) 개별선적

일반선박에 개별운송(affreightment in a general ship)할 때 화물이 본선에 선적되었다는 의미는 관계당사자는 보통 다음 6가지 중에서 어느 한가지 상태로 생각하게 되며 관계당사자간에 꼭 일치하지는 않는다[28].

① 본선 선측에서 화물이 본선의 양화기 위에 있을 때
② 양화기 위에서 화물이 올라가기 시작한 때
③ 화물이 올려져 본선 선적 (on board the vessel)
④ 화물이 양화기로부터 deck에 놓여진 때
⑤ 화물이 적하 장소인 선창(hatch)에 반입 된 때
⑥ 선창에서 적부(stowing)가 행해진 때

항구의 관례는 본선의 선적기구(sling)가 화물을 들고 선측으로부터 이륙상태로 들어간 2번에 해당한 때에 본선의 책임이 개시하는 것으로 해석하고 있다. 그러나 보험업계에서는 적하해상보험에서 특약이 없는 한 화물이 현실로 본선의 deck에 놓여진, 4번째 해당한 때부터 보험자의 책임이 시작하는 것으로 해석하여 본선 선적기구에서 생긴 손해 (sling loss)는 해상 보험에 포함되지 않는다고 해석하고 있다.

무역업계는 양자와 다르다. 3번과 같이 화물이 본선에 올려진 본선 선적 (on board the vessel)을 선적으로 본다. 선적이라고 할 때 3번에 해당한 때부터 일반적으로 인정된 선적 완료 시점이다.

---

27) 前揭書, p.162.
28) 前揭書, p.163.

이상에서와 같이 해운과 해상보험에서는 화물개개의 적송에 대한 위험부담의 한계가 되므로 엄격한 해석을 하고 있지만 무역에서는 선적기간 내에 계약수량을 본선에 인도하면 매도인의 선적의무는 일단락되므로 상자나 포대와 같은 개별품의 선적은 선외에서 선내로 반입이 되면 본선 선적으로 해석되기 때문에 본적 선적이라고 한다.

2) 포괄선적

무역은 일반적으로 대량 거래이므로 대량선적을 실행하는데 상당기간이 소요되기 때문에 선적을 적재개시(commencement of loading)로 할 것인지 적재완료(complement of loading)로 할 것인지를 명확하게 해야 한다.

일반적으로 당사자간에 특약이 없는 한 매도인은 인도를 위한 필요한 행위의 완료가 선적책임의 종료로 간주되어 선적완료를 인도에 필요한 행위의 완료로 해석되어 왔다.

그러나 국제무역계는 이러한 법률상의 논의에서 벗어나 편법이 오래 전부터 행해지고 있다. 본선의 1등항해사(chief mate)가 발급하는 본선수취서(mate's receipt) 일자의 증명에 의하여 작성 발행된 선하증권으로 선적을 증명하며 선하증권 일자(B.L. date)로 선적날짜로 간주하는 것이 국제관례로 되어 있다. 신용장통일규칙에서 선하증권 혹은 기타 동종서류에 기재된 선적일이 선적 혹은 인도일의 증거로 채택하고 있으며, 만약 수취선하증권인 경우에도 후에 본선에 적재가 행해지고 증권면에 '본 화물은 몇월 몇일 본선에 적재되었음을 증명함'이라고 기재된 때에는 추기의 일자가 본선에 선적일(the date of loading on board and shipment)로 간주된다고 규정하고 있다[29].

3 주요선적 계약조건

1) 선적시기에 관한 일반원칙

무역계약 선적조건은 선적시기를 정하는 것이기 때문에 실제계약에서 선적시기의 약정이 없는 무역계약은 있을 수 없다. 그러나 만약 명확한 특약이 없는 경우에는 어떤 원칙에 의거해 선적기를 판정하는지에 대해서 매도인은 물품의 성질과 주위상황을 고려하여 계약체결후 합리적 기간내(within a reasonable time)에 그 물품을 인도할 의무가 있다.

선적일자가 약정된 경우 매도인이 약정기간에 인도하지 않아 계약을 위반한 경우에는 매수인은 특수이행의 청구나 계약의 무효를 주장할 수도 있다. 이 경우 매수인은 특수이행의 청구나 무효주장을 매도인에게 지체없이 통고해야 하며 통고하지 않으면 계약은 무효가 된다. 매수인이 선택을 하기 전에 매도인이 물품의 지연인도를 제의하였다면 누락여부를 매수인의 자유의사이며 또한 매도인에게 손해배상을 요구할 수도 있다.

---

29) Uniform Customs and Practice for Documentary Credit Article 27. b. 「... the date of this notation shall be regarded as the date of loading on board the named vessel...」

불가항력으로 인한 선적불이행은 매도인은 인도의 권리가 있으며 매수인은 특수이행을 요청할 권리가 있다. 매도인과 매수인은 합리적인 선적유예기간을 합의하거나 계약서에 미리 약정된 기간내에 매도인이 선적을 이행해야 되며 만약 매도인이 유예기간 내에도 물품인도를 행하지 않으면 계약은 당연히 무효가 된다.

불가항력으로 인한 선적불이행에서 당사자간에 특약이 없는 경우는 C.I.F. 국제규칙에서는 다음과 같이 규정하고 있다.

첫째, 매도인은 통지의무가 있다. 불가항력으로 선적을 지연하거나 불능일 때는 매도인은 지체없이 매수인에게 통지해야 한다. 매도인은 통지함으로써 불가항력적인 사정이 끝날 때까지 선적연기가 인정된다.

둘째, 선적지연의 유예기간이 설정되고도 또 연기가 되는 경우에는 계약해제의 자유가 인정된다. 즉, 불가항력적 사정이 선적계약일로부터 14일을 경과해도 계약이 존재하고 있는 경우에는 매도인이나 매수인의 어느 쪽도 계약을 해제할 수 있다고 되어 있으면 이 경우 계약해제의 의사표시는 매매당사자의 어느 쪽이든지 매매계약의 나머지부분에 대해 14일의 유예기간의 경과 일로부터 7일 이내에 해야 한다.

2) 선적시기에 관한 특약조건[30]

(1) to, until, till, from, after의 선적조건

선적일자 앞에 "to, until, till, from"이 있는 경우는 당해 일자가 포함된다. 즉, "to september 15, 19XX"라고 된 경우는 9월 15일을 포함한 날까지 선적하면 된다. 그리고 After의 경우는 당일을 포함하지 않는 다음 날부터라고 신용장 통일 규칙에서 규정하고 있다.

(2) 월선적조건

선적조건이 5월 선적(during May shipment)으로 특약되었다면 5월 1일부터 5월 31일까지 기간에 수출항에서 선적하는 조건으로 매매계약이 체결된 것으로 해석하며 매도인은 그 특약의 월내에 선적을 완료하면 매도인의 책임이 끝난다.

(3) 연월선적조건

5~7월 선적(May-July shipment)의 특약에서는 5월내지 7월 중에 매도인의 임의의 선적으로 해석한다. 5월 1일부터 7월 31일까지의 기간에 선적하면 약정품의 전량을 하나의 선박이나 몇 개의 선박에 분할하여 선적해도 된다. 또 분할선적의 경우 몇 회로 할 것인지는 일체 매도인의 임의(seller's option)로 되어 있다. 그러나 매도인은 매수인의 이익을 염두에 두고 처리할 도의적 책임이 있음을 잊어서는 안된다.

---

30) The Uniform Customs and Practice for Documentary Credit Acticle 46, 47 참조.

(4) 전반기·후반기선적조건

어느 달의 first half(전반), second half(후반)선적조건은 당월의 1일부터 15일까지 16일부터 말일까지 선적으로 양쪽 날짜가 포함된다.

(5) 상·중하순 선적

신용장통일규칙에서는 초순(beginning), 중순 (middle), 하순(end)이라는 말은 각각 1일부터 10일, 11일부터 20일, 21일부터 말일까지의 선적으로 규정하고 있다.

(6) 즉시선적조건

신속한 선적으로 매수인이 prompt shipment 또는 immediate shipment라는 용어를 사용하는 경우가 있다. 이들은 '즉시선적'이라고 번역되나 몇일 내의 선적을 의미하는지가 문제가 된다. 영국관습은 계약성립 후 2주간 이내의 선적으로 해석하는 경향이 있으며, 미국은 prompt는 3주 이내, immediate는 2주 이내로 해석하며 각국가의 관습적 해석은 다양하다. 그리고 신용장 통일규칙에서는 " 'prompt', 'immediate' 'as soon as possible' 및 유사용어는 특별히 기일의 약정이 없는 한 3차 개정에서는 신용장수익자에 대해 신용장 발행 통지일로부터 30일 이내, 4차 개정에서는 신용장 발행일로부터 30일 이내에 선적이 행해질 것을 요구하는 것으로 해석한다."라고 규정했었다. 그러나 1993년 5차 개정시에 이러한 용어를 사용하여서는 아니되며 사용한 경우에도 은행은 무시하는 것으로 한다고 규정하고 있다.

(7) on or about 선적

선적일자 앞에 "on or about" 또는 이와 유사한 표현이 사용된 경우는 은행은 "양쪽일자를 포함하여 지정일전 5일부터 후 5일까지 기간 중에 선적을 이행하여야 하는 것으로 해석한다" 라고 신용장통일규칙에서 규정하고 있다. 즉, "on or about september 10, 19XX"라면 선적가능 기간은 9월 5일에서 9월 15일까지 11일간이 된다.

3) 특수선적특약조건

(1) 출항조건

선적조건은 선적기간을 정한 것이지만 출항조건(sailing terms)은 선적선박의 출항 조건으로서 범선무역시대에 주로 행해졌다. 무역품의 인도가 계약기간 내에 본선이 출항하지 않으면 선적이 기간 내에 끝나도 매도인의 책임은 끝나지 않는다. 본 조건은 화물전용의 부정기선에서 흔히 있을 수 있는 무역조건이다.

(2) 분할선적

매도인은 약정한 선적시기에 계약 수량전량을 한번에 선적해야 하지만 선복 기타 사정 때문에 전 수량을 동일한 선박에 적재할 수 없는 정당한 사정이 있으면 선적기내에는 분할선적(partial shipment)이 허용되고 매도인에게 선택권이 있다. 신용장통일규칙 제40조(partial shipment)에서는 신용장에 별도의 명시가 없는한 분할어음발행과 분할선적을 허용하고 있으며(partial drawings and/or shipment are allowed, unless the credit stipulates otherwise), 문면상 동일 운송수단 또는 동일항로로 선적된 운송서류는 다른 선적일, 선적항, 수탁 또는 발송지를 표시하고 있을지라도 표시된 목적지가 동일한 경우는 분할선적으로 간주되지 않는다. 그리고 우편 송달은 우편수취 중 등이 여러 장이라도 동일장소에서 동일일자에 소인 소명된 경우에는 분할선적으로 간주하지 않는다라고 규정하고 있다. 분할선적금지의 개념은 별도 선적을 못하도록 하는 것이 아니라 각기 다른수단과 다른 날짜에 이루어지는 것을 방지하는 데 목적을 두고 있다.

(3) 할부선적

할부선적(instalment shipment)은 900상자를 5월, 6월, 7월에 각기 300상자씩 선적하는 것과 같은 것이다. 분할선적허용조건인 경우는 일괄선적도 가능하지만 할부선적은 일괄선적이 안된다. 즉, 분할선적이 수출업자의 편의라면 할부선적은 수입업자의 편의의 성격이 강하기 때문에 이 중 어느 한기간의 선적기일을 지키지 못하면 해당 선적뿐만 아니라 그 이후의 모든 할부선적분에 대하여도 무효가 된다라고 신용장통일규칙에서 규정하고 있다.

(4) 환적

환적(transhipment)이란 신용장에 명시된 선적항에서 도착항까지의 해상운송도중에 한 선박에서 다른 선박으로 화물을 옮겨 다시 적재하는 것을 의미한다. 신용장통일규칙에서는 환적을 허용한다는 명시적 규정이 없으면 환적은 금지된다. 그러나 신용장에 환적금지의 명문규정이 있더라도 다음 2가지의 경우는 환적이 허용된다.

첫째, 전해상구간을 하나의 선하증권이 커버하면서 화물이 콘테이너, 트레일러, 래쉬바지(LASH barge)에 선적되고 환적될 것이라는 표시가 있는 경우는 허용된다. 콘테이너나 트레일러 운송은 환적이 이루어질 수밖에 없기 때문이다.

둘째, 운송인이 환적할 권리를 유보한다는 명문규정이 있는 경우이다. 이는 운송인이 비상내책수단을 강구할 수 있는 항이지 실제 한적를 했다는 의미는 아니기 때문이다.

4 | F.O.B와 C.I.F조건의 선적관습[31]

F.O.B.(본선도)조건의 매매에서는 매도인이 본선 선적을 행하지만 선박 준비의 책임은 매수인에게 있다. 매수인은 선박회사와 운송계약을 체결한 후에 매도인이 선적기간 내에 본선인도 할 수 있도록 본선을 선적항에 기항시켜야 하며 지명선박을 매도인에게 통지해야 한다.

매도인과 매수인의 선적에 관한 의무를 구분해 보면 매도인은 자신의 비용과 위험으로 약정품을 선적지점까지 운송하고 본선 인도에 필요한 모든 준비를 강구해야 하며 선적비용을 부담하여 약정품을 본선에 실어 본선의 책임자에게 인도하여야 한다. 매수인은 자신의 비용과 위험으로 선주와 운송계약을 체결하고 선박을 매도인에게 통고함과 동시에 본선으로 하여금 선적항에서 매도인으로부터 화물을 인수시키고 그 증거로서 수취서를 교부케 한다.

이와 같이 F.O.B.조건에서 매도인은 외국항로에서의 해상운송에 관한 한 어떠한 책임도 비용도 부담할 의무가 없으며 그 유일한 의무는 선적항에서 본선에 약정품을 인도하는 것이다. 이러한 의미에서 선적 의무를 부담하는 것에 불과하다. 그러나 외국의 매수인이 스스로 선박 준비를 원하지 않거나 또는 선적지에 아무런 연고가 없는 경우에는 선박 준비를 매도인이 하는 특약으로 매도인은 매수인의 대리자로서 선박과 운송을 준비한다.

따라서 F.O.B조건에서 만약 매수인이 선적해야 할 선박을 지명하지 않거나 지명해도 적법한 선적이 불가능하게 되어 매도인이 선적을 못하거나 인도가 지연된 경우에는 매수인은 매도인에게 책임을 주장할 수 없다.

C.I.F.조건의 선적은 모두 송부 의무자인 매도인의 책임이며 매수인은 거의 관여하지 않는다고 해도 과언이 아니다. 매도인은 첫째 선적기간 내에 그 물품을 적재할 정도의 선복을 획득하기 위해 적당한 해운업자를 선택하여 운송계약을 체결해야 한다. 둘째, 운송계약에 따라 선적기간 내에 특약 또는 그 선적항의 일반관습에 따라서 계약물품을 본선에 선적해야 한다. 셋째 선적 사실 및 운송계약의 존재를 증명하기 위해 선하증권을 입수하여 매수인에게 제공함으로써 계약품의 인도를 완성시켜야 한다. 넷째 선적화물에 대해 신용있는 보험업자와 보험계약을 체결하여 수송중의 선적품을 그 위험으로부터 보호해야 한다.

이 조건에서 매도인의 선적과 선적서류의 제공은 전자는 인도의무의 개시이고 후자는 인도의무의 종료에 해당된다. 특히 후자의 서류인도는 매수인의 대금지불 의무의 절대조건이 된다.

매도인의 선적통고(declaration of shipment) 의무는 위의 양조건과 법리적으로는 다소의 차이가 있으나 실제는 차이가 없다고 할 수 있다.

F.O.B. 조건에서 본선 수취는 인도로 간주되므로 법리해석으로는 매도인을 매수인에게 선적통고를 할 당연한 의무가 없다고 말할 수도 있다. 그러나 인도의 완료와 동시에 화물의 위

---

31) 上坂酉三,「貿易契約」, 東洋經濟新報社, pp.175~178.

험이 매수인에게 이전하게 되고 매수인은 보험을 들어 또는 특약을 추가하여 보험조건을 완성시켜야 하기 때문에 매도인이 매수인에게 선적 통고를 해야 할 실제상의 필요가 발생하게 된다. 선적통고는 제3자를 통하든 또는 계약 기타 방법에 의하든 불문하며 선적 사실을 될 수 있는 한 빨리 매수인이 알게 해야 한다는 취지다.

C.I.F.조건에서 매도인은 선적 선적화물에 관해 필요한 사항을 기재한 문서로 지체없이 선적통고해야 한다. C.I.F. 국제규칙에서도 선적통고를 규정하고 있다. 이러한 선적통고는 매도인이 부보하지 않은 통상의 위험에 포함되지 않는 위험(전쟁위험과 같은 것)에 대해 매수인이 추가보험을 계약할 기회를 가질 수 있도록 하기 위해서다.

선적통고의 주된 이유는 매도인의 위험 이전을 명확히 하기 위해서이다. 그리고 매수인의 선적품수취 준비, 매도인이 부보한 통상의 해상위험 이외의 위험에 대한 전쟁의 위험, 추가보험 등의 기회제공, 선적품의 매매를 확정 등을 위해 선적명세를 빨리 알게 할 필요 등이다. 매도인은 선적이 끝남과 동시에 우선 전신으로 선적이 되었음을 속보함과 동시에 적재선명, 하인, 품명, 수량, 기타의 필요 사항을 기재한 안내장(shipping advice)을 발송하는 것이 관례다.

제5절 보험조건

1 | 해상 보험의 의의와 주요위험

보험조건은 운송구간에서 발생할 수 있는 화물의 위험을 커버하는 것으로 국제무역에는 해상 보험으로 대표되고 있다. 해상보험은 항해에 관한 사고를 보험사고로 하나 항만에서의 위험, 내수항해에서의 위험, 보세 창고보관 중의 위험, 복합운송증권에 의한 육상운송중의 사고까지 포함하고 있다. 신협회적하보험약관 (Institute cargo clause)에서는 하역 후 60일내에 최종 목적의 창고까지 육상운송 중에 발생하는 사고에 대해서는 해상보험자가 담보하도록 규정하고 있다.

해상위험은 그 종류가 매우 다양하다. 발생률이 가장 높은 것은 침몰(sink- ing), 좌초 (stranding), 교사(grounding), 화재(fire), 충돌(collision) 등을 들 수 있다[32].

1) 침몰(沈沒)

침몰(sinking)이란 선박이 부력을 상실한 결과 갑판을 포함한 전선체가 수면 아래로 빠지는 상태를 말한다. 침수 때문에 평소보다 선체가 침하한 경우는 침몰이라 할 수 없으며 선체가 해저에 가라앉아 구조가 불가능한 경우를 침몰이라 할 수 있다.

영국법은 침몰(sinking)을 foundering과 submersion으로 분류하고 있다. foundering은 선박 및 적하가 심해에 침몰하여 구조의 희망이 없는 것을 말하며 항상 현실적 전부손해(actual total loss)를 구성한다. Submersion는 물이 얕은 곳에 침몰한 것을 말하며 때때로 추정적 전부손해 (constructive total loss)를 구성하는 경우도 있다.

이러한 침몰(sinking)의 위험은 좌초, 충돌, 폭발, 폭풍우, 선원의 비행 등이 원인이 되어 발생하는 특징을 가지고 있다.

2) 좌초(坐礁)

좌초(stranding)란 선박이 암초나 기타 견고한 물체 위에 올라앉아 진퇴의 자유를 잃은 상태에 빠지는 것을 말한다. 좌초는 교사(grounding)와 촉초(touch and go)로 구별되며, 교사는 모

---

32) 金峻憲 外 3人, 「新海上保險論」, 法文社, pp.89~96.

래땅, 얕은 여울, 진흙 등의 견고치 않은 물체에 올라앉아 있는 것을 말하고, 촉초란 암초에 걸렸지만 즉시 떠오르는 경우나 단순히 이것에 접촉하는 경우를 말한다.

좌초는 선장이 선박 및 적하의 공동위험으로부터 벗어나기 위해 고의로 행하는 경우도 있으며, 이 경우에는 보험자의 손해보상책임의 문제와 함께 공동해손희생(general average sacrifice)이 발생된다.

3) 화재 및 폭발

화재(fire) 및 폭발(explosion)은 선박연료로 석유나 가솔린의 사용이 많아지면서 증가하고 있다. 선박 기관실에서의 가스누출과 화기 사용의 부주의와 카바이트, 생석회, 나트륨에 해수가 침입하여 발화 폭발로 인하여 선박의 침몰, 소실, 화기, 연기로 인해 선적품이 멸실 또는 사용불능이 되는 경우가 있다. 그러나, 자연발생화재(spontaneous combustion)나 불이 자력으로 확대되지 않은 난로의 불티가 선적품만 탄 것 등은 원칙적으로 면책된다. 화재당시에 피하기 어려운 화재의 결과로 인정되는 도난의 경우는 해상보험법상 인과관계의 원칙에 따라 보험자는 보상해야 한다.

폭발은 낙뢰와 함께 화재와 유사한 위험이며 가스나 연기가 팽창하여 파괴력을 가지고 있다. 폭발이 화재를 수반하는 경우에는 화재사고로서 처리할 수 있지만 화재가 아닌 폭발손해만 생기는 경우도 있어 별도로 열거할 필요가 있다. 화재와 폭발손해에 대해 보험자는 보상책임을 져야하며 타선박의 폭발사고로 생긴 손해도 보상해야 한다.

4) 충 돌

충돌(collision)은 선박의 해상위험으로 선박과 타선박, 암벽, 방파제, 유빙, 표류물, 난파선, 침몰선, 해저의 암초 등 타물과의 격돌 또는 심한 접촉을 말한다. 이때 타물(external substance)이란 선장의 지배권에 있지 않은 물체를 말하며 선박이 적하화물이나 선체장비와 격돌하는 것은 충돌이 아니다.

5) 지 진

지진(earthquake)이 심하면 지상 각종 시설물이 파괴되면서 화재가 수반하거나 사회질서가 혼란해져 도난이 발생하는 경우가 있다. 보험에서 화재 또는 도난의 위험이 담보에 포함되지 않았더라도 보험자는 지진과 상당 인과관계가 있는 화재와 도난 손해는 보상 책임이 있다.

6) 투 하

투하(jettison)란 선박 또는 선적품이 피하기 어려운 해상위험에 직면했을 때 선박과 선적품을 보존하기 위해 선적품의 일부를 바다에 던지거나 선박의 장비를 절단하는 희생적 행위를 말한다. 투하는 공동해손의 대표적인 경우로서 그 손해는 나중에 공동해손단체가 분담하지만 일차적으로는 보험자가 부담한다.

7) 해적 및 강도

해상보험에서 해적행위는 국제법의 개념보다 넓다. 국제법상의 해적행위는 약탈 목적으로 공해에서 개인선박에 의해 행해진 각종의 폭행 선원의 반역과 약탈의 의지가 없이 행해진 폭행도 해적행위로 간주된다. 그러나, 해상보험에서의 해적행위의 개념은 폭력행위 여부는 문제가 되지 않으며 폭력의 위협만 받아도 족하다. 즉, 강탈의 의도로 손해를 끼칠 목적으로 행하는 것만으로도 충분하다. 이 경우는 특정인의 개인적 동기에 한정되며 국가적 동기인 전쟁이나 적국을 해할 목적인 때는 해적이 아니다.

전쟁행위와 해적행위는 현실적으로 구별하기 곤란한 경우가 많다. 종래에는 이를 구별하여 전쟁위험은 면책하고 해적위험은 담보위험으로 하였으나 오늘날에는 해적위험과 전쟁위험을 동일하게 취급하고 있다.

8) 전쟁위험

해상보험에서 전쟁은 국제법보다 광의로 해석되고 있다. 국가 또는 교전국 단체간의 전쟁만이 아니라 정치적, 사회적 이유로 무력을 가지고 조직적으로 정부에 대항하는 내란, 소요, 폭동 등도 전쟁위험이다. 또한 전쟁에 직접 또는 수반하여 발생하는 등대의 소화, 항로표식의 철거, 전쟁예비행동 등도 전쟁위험에 속한다. 동맹파업과 공장폐쇄 등의 경제적 투쟁은 전쟁은 아니지만 선박 또는 선적품 손해 사건이 많아지면서 오늘날 대다수국가가 전쟁 위험과 동일하게 취급하고 있다.

전쟁의 위험에는 다음과 같은 것이 있다.

(1) 나포(拿捕), 포획(捕獲)

나포(seizure)는 교전 중에 선박 또는 선적품을 압수하는 것을 말하며, 포획(capture)은 포획심판소의 판정에 따라 선적품을 몰수하는 것을 말한다. 포획 선박과 적하는 다시 회복될 전망이 없기 때문에 전손에 해당되며, 나포는 보험 목적물 등이 보험자에게 위부될 수 있기 때문에 추정전손에 해당한다. 나포나 포획의 대상은 ① 적국화물 ② 적국선박 ③ 전시금지품 ④ 임검, 수사거절 또는 봉쇄위반 선적 등이며 일반상선은 제외되나 전시에는 이러한 구분이 어려워 보험대상이 된다.

(2) 강류(强留), 억지(抑止) 또는 억류(抑留)

강류, 억지, 억류(Arrests, restraints, detainments)를 상호간에 구별이 없으며 피보험선박 또는 피보험적하에 대한 정치적·행정적 조치를 의미한다. 검역, 관세법위반 영해침입 때문에 행하여진 압수, 전쟁행위에 관계없는 사고, 전시와 평상시에 행하여진 봉쇄, 양륙금지, 출항금지, 통상금지를 포함한다.

(3) 봉쇄(封鎖)

봉쇄(Blockade)란 교전국의 일방이 항만, 하구, 해안에서 교통을 차단시켜 선박출입을 금지시킴으로서 예정항로를 변경하는 위험을 말한다. 강류의 일종이다. 봉쇄는 선박 또는 적하에 직접 손해를 끼치는 것도 있지만 대부분이 항해지연에 의한 비용의 손해, 선박운영 수입의 손해를 가져온다.

(4) 수뢰의 위험

수중에 부설된 수뢰와 접촉하는 위험을 말한다. 적함이 발사한 어뢰에 의한 격침은 격침의 위험이지 수뢰의 위험은 아니다. 전시 중 수뢰에 접촉하여 생긴 손해는 당연히 전쟁위험이지만 전시 중에 투입 또는 부설된 수뢰에 의하여 평화회복 후에 생긴 손해는 전쟁위험이냐 평화위험이냐에 대해서는 논의의 여지가 있다. 이러한 문체에 대해 보험회사는 평화회복 후의 수뢰위험도 전쟁위험의 일종이므로 전쟁위험을 담보하지 않으며 수뢰위험을 부담하지 않는 것이 관례화 되어있으므로 수뢰위험을 커버하기 위해서는 전쟁위험을 부보해야 한다. 그러나 학설은 이에 찬성하는 것이 있는가 하면 반대로 전쟁위험은 전쟁의 종결로 종결되므로 평화회복 후에 생긴 위험은 비록 전쟁위험에 기인한 것이라 하더라도 평화위험이므로 전쟁위험을 특별히 부보하지 않더라도 보험회사는 부담해야 한다는 설도 있다.

(5) 적대행위

전쟁에 있어서 공격적, 방어적, 또는 보호적 성질의 행위로서 전쟁의 존재가 아닌 적대행위(act of hostilities) 또는 적대행동(operation of hostilities)을 의미한다. 개인적으로 단순히 행한 행위는 아무리 적의에 가득 찬 것이라고 할지라도 여기에서 의미하는 적대행위는 아니며, 자국민의 행동을 이용하려는 자국정부의 확정된 정책에 따라 개인이 행한 행위는 적대행위에 속한다.

9) 선원의 악행

선장이나 선원이 선박 또는 적하에 손해를 입히는 범죄적 행위를 말한다. 고의적이고 의도적으로 행한 범죄에 해당되며 과오나 실수는 포함되지 않는다. 선주나 용선자의 악행은 선원의 악행이 아니다.

2 | 해상보험계약의 성질

해상보험계약은 보험자가 보험사고의 발생에 피보험자가 입은 손해를 보상할 것을 보증하고 보험계약자에게 일정액의 보험료를 지불할 것을 약정한 것을 계약으로서 다음과 같은 성질을 지닌다[33].

1) 낙성계약성

해상보험계약은 당사자간의 합의만으로 계약이 성립되고 합의 이외의 어떠한 대가도 필요로 하지 않기 때문에 낙성계약이라 할 수 있다. 보험료지급은 보험자의 책임개시에만 영향이 있을 뿐 계약성립에는 영향이 없다. 그러나 실제는 보험료납부를 하지 않았을 때는 보험사고가 발생해도 보험금지급의 책임이 없기 때문에 계약성립이 안 된 것과 같다.

2) 불요식계약성

해상보험계약은 계약을 성립시키기 위하여 특별한 방식을 필요로 하지 않는 불요식계약이다. 실무상의 편의상 다수의 보험계약자를 상대하므로 정형적인 보험증권을 교부하고 있지만 법률상으로 요구하는 것이 아니고, 계약내용과 성립을 증명하기 위함에 불과하다.

3) 유상계약성

해상보험계약에서 보험자의 급부는 보험사에 의해 발생하는 손해를 보상 또는 일정한 금액을 지급하는 것이고, 보험계약자의 급부는 보험료지불을 약정하는 것이므로 급부가 대가적 관계를 갖는 계약인 유상계약이라고 할 수 있다.

4) 쌍무계약성

보험계약자는 보험료를 납입할 의무가 있고 보험자는 보험금을 지급할 의무가 있으므로, 이 양 의무가 기능적으로 상호교환조건으로 된 상관관계에 놓여진다는 의미에서 쌍무계약이다.

보험계약이 성립되면 보험계약자는 보험료 지급의무를 부담하며, 보험자의 위험부담은 보험료지급에 대립되는 대가라고 보아 유상계약이라고 할 수 있으며 동시에, 사고가 발생하면 보험금 지급을 보험료지급의무와 서로 대립되는 의무라고 볼 수 있는 점에서 쌍무계약이라고도 할 수 있다.

---

33) 前揭書, pp.28~30.

5) 상행위성

보험을 영업으로 하게 될 때는 상행위가 된다. 해상보험계약은 보험을 영업으로 하는 상행위를 위한 계약이므로 상행위법이 적용되는 상행위의 성격이 있다. 그러나 보험제도의 사회성, 단체성, 선의성 등의 특성 때문에 일반 상행위와 같은 개인성, 자유성, 영리성의 색채가 희박한 공공성이 강한 상행위이다.

6) 부합계약성

보험자가 일반적으로 사전에 작성한 계약에 보험계약자는 명백한 반대의 의사표시가 없는 한 대체로 전면적으로 승인하여 계약여부를 결정하는 선택권만을 가진다. 이러한 의미에서 해상보험계약은 일방의 결정을 상대방이 승인함으로써 계약성립효력이 발생하는 부합계약의 성질을 갖는다.

7) 사행계약성

해상보험계약에서 보험자는 우연한 사고의 발생에 의해 생긴 손해를 보상하고 보험금 지급은 보험사고 발생에 의해 좌우된다는 점에서 해상보험계약은 사행계약이라 할 수 있다.

사행계약에 도박이 포함되나 보험은 도박과는 다르다. 도박은 우연한 불로의 이익을 얻고자하는 반사회적인 목적을 이루고자 함이나, 보험은 사고로 인한 경제상의 불안정을 제거하고자 하는 건전한 목적을 가지고 있는 것이므로 해상보험계약은 도박적 행위와는 다르다.

8) 선의계약성

보험계약은 오래전부터 선의(bonaefide)의 계약 또는 당사자의 신의 성실의 원칙을 바탕으로 성립하는 계약이다. 해상보험계약에서 보험가입자의 고지의무와 손해방지의무 등은 선의계약성에 기인한 것이라고 할 수 있다.

---

3 | 해상보험계약 관계자

해상보험계약의 당사자는 보험신청자인 보험계약자, 보험금을 지급하는 보험자, 보험료 수혜자인 피보험자 그리고 보험자를 대신하는 보험대리점과 보험중개인이 있다[34].

---

34) 前揭書, pp.31~33.

1) 보험자

해상보험계약을 체결한 계약자에게 보험사고가 발생하였을 때 보험가입상품에 대한 모든 손해 보상을 보증하는 의무를 부담하는 자를 해상보험자(insurer, underwriter, assureur)라고 한다. 보험자는 보험계약자로부터 보험료를 받는 대신에 보험기간 중 보험사고가 발생하면 피보험자에게 보험금을 지급해야 한다. 우라나라에서는 보험자의 자격은 일정한 자격을 가진 주식회사에 한하고, 그 영업을 하기 위해서는 허가를 받아야 한다.

2) 보험계약자

보험계약을 체결한 보험자에게 보험료를 지급할 의무를 가진 자를 보험계약자(insured, assured)라 하며 그 자격에는 제한이 없으므로 개인이든 법인이든 또는 능력자이든 무능력자이든 관계없이 보험계약자가 될 수 있다.

보험계약에서 보험계약자는 1인 또는 복수도 가능하며 대리인도 계약을 할 수도 있다.

3) 피보험자

보함가입 상품에 대해 보험사고가 발생하였을 때 손해의 보상을 받는 보험금의 수취권자를 피보험자(insured, assured)라 한다. 보험계약에서 피보험자는 1인의 경우가 대부분이지만 하나의 보험목적이 여러 사람에 의해 공유되는 경우는 여러 사람이 공동의 피보험자가 되는 경우도 있다.

피보험자는 보험계약의 체결에는 직접적으로 관여하지 않으나 손해배상을 받는 중요한 지위에 있기 때문에 고지의무, 손해방지의무 등과 같은 의무는 있다.

4) 보험대리점

보험대리점(insurance agent)은 보험자와 계속적인 보험계약체결을 대리 또는 중개를 하는 독립된 상인을 말하며 특정한 보험자로부터 위임받아 그를 위하여만 계속적인 보조를 한다는 점에서 보험중개인과 다르다.

5) 보험중개인

보험중개인(insurance broker)은 불특정보험사를 위해 보험계약의 성립을 중개하는 상인으로서 보험대리점과 달리 특정한 보험자를 위해 대리, 종속되어 있지 않으며 보험자 또는 보험계약자로부터 위임을 받아 계약을 중개하는 자이다. 해상보험거래 시장에서는 보험중개인의 활동이 중심이 되고 있다.

4 | 고지의무[35]

1) 고지의무의 의의

해상보험체결계약 당시에 보험계약자 또는 피보험자는 보험자에게 중요한 사실을 고지해야 하며 부실고지를 하지 않을 의무가 있다. 이것을 고지의무(duty to disclose material facts)라고 한다[36]. 고지의무를 위반했을 때는 보험자는 계약해지와 이미 지급된 보험금에 대해 반환청구할 수 있다.

보험계약의 성립 후에 보험계약자 또는 피보험자가 위험의 현저한 변경, 증가 또는 보험사고의 발생 등을 보험자에게 통지하는 것이 통지의무인데 비하여 고지의무는 보험계약체결시에 중요한 사항을 보험자에게 알리는 보험계약자가 부담하는 의무로서 보험계약의 전제요건에 불과하므로 보험자는 고지의무위반에 대한 손해배상청구권은 없고 그 위반에 대해서는 오직 계약해지만을 할수 있다.

2) 고지의 의무자, 시기, 방법 및 수령권자

상법에서는 보험계약자를 피보험자와 고지의무자로 규정하고 있다[37]. 그러나 보험계약자가 피보험자와 동일인이 아닌 경우에는 보험계약자와 피보험자가 지리적으로 상당히 멀리 떨어져 있어서 피보험자로부터 위험사정을 청취하는 것이 곤란하므로 피보험자에게 고지의무를 부담시킬 수 없다. 보험계약자 또는 피보험자가 다수인 경우에는 각자에게 고지의무가 있으나 동일한 고지사항에 관해서는 그 중의 1인이 고지하면 다른 계약자는 거듭 고지할 필요가 없다. 또 대리인에 의해 보험계약을 체결할 때는 보험계약자의 대리인도 고지의무를 진다[38].

고지의 시기는 계약성립시이므로 청약당시 고지의무를 완전히 행하지 아니하여 계약성립시까지 보완, 정정할 수 있고 또 청약 후 계약성립시까지 발생, 변경한 사항에 대해서도 고지하여야 한다. 고지방법은 법률상 제한이 없으므로 서면이나 구두로도 상관없다. 고지수령권자는 보험자와 그 대리인이다. 고지수령권을 갖고 있는 대리인에게 보험계약자가 고지했음에도 불구하고 보험자에게 전달되지 않았을 때는 보험자 측의 과실로 해석하고 보험자는 해지권을 행사할 수 없다.

---

35) 前揭書, pp.34~40.
36) 상법 제651조.
37) 상법 제651조.
38) 상법 제646조.

3) 고지사항

고지의 대상은 위험측정상 중요한 사실(material facts)이고 보험료산정의 기준이 되는 사항으로써 객관적으로 보아 보험자가 그 사실을 알게 된 경우, 계약을 체결하지 않든가 적어도 동일한 조건으로는 계약을 체결하지 않을 것이라고 생각하는 사항을 말한다. 적하보험의 경우 중요 고지사항은 적재선박과 관련된 선박의 선실, 선급, 선령, 선박의 사고실적, 국적, 선장 등과 더불어 갑판선적, 부선사용여부, 보험책임개시전의 적하물 사고가능성 등이다.

4) 고지의무위반의 효과

(1) 해지권의 발생

고지의무위반의 경우에는 보험자는 그 계약을 해지할 수 있을 뿐이며 계약의 무효 또는 이로 인한 손해배상청구 등은 할 수 없다[39]. 계약의 무효가 아닌 해지권을 부여한 것은 고지의무위반의 경우 보험자가 보험계약자에 대하여 보험료의 증액청구 또는 보험금의 감액청구를 할 수 있게 하고, 만약 보험계약자가 그 청구를 거절한 경우에 비로소 해지권을 행사할 수 있게 하는 영업정책상 목적 때문이다.

고지의무위반으로 인한 해지권의 행사시기는 보험자의 책임개시의 전후, 사고발생의 전후, 보험금지급의 전후에 관계없이 행사할 수 있다. 다만 보험금의 지급이 해지권의 묵시적인 의사표시로 해석되는 경우에는 그러하지 아니하다.

해지권의 행사방법은 보험계약자에게 일방적 의사표시로 하며 도달에 의하여 해지의 효력이 발생한다[40]. 해지의 내용은 고지의무위반에 해당하는 사실을 알 수 있을 만큼 표시하면 된다.

(2) 해지의 효과

보험자가 보험계약을 해지한 때에는 계약은 장래에 대하여 그 효력을 잃는다. 따라서 보험자는 장래에 대하여 보험금 지급의무를 면하고 보험계약자도 장래에 대해서 보험료 지급의무를 부담하지 않는다. 동시에 보험자가 이미 받은 보험료는 보험계약자에게 반환할 필요가 없으나 해지시까지의 미수보험료는 청구할 수 있다. 그러나 영국해상보험법에서는 이미 수취한 보험료는 반환할 것을 원칙으로 하고 있다. 보험사고가 발생한 후에 계약을 해지할 때는 보험금을 지급할 책임이 없고, 이미 지급한 보험금의 반환을 청구할 수 있다[41]. 이것은 보험자의 위험부담에 관하여 해지의 효력을 소급시킴으로써 보험자로 하여금 처음부터 계약이 체결되지 아니한 것으로 하고자 하는 데 있다.

---

39) 상법 제651조.
40) 민법 제111조, 543조.
41) 상법 제655조.

종래의 보험증권은 약 400년 전에 작성되어 All risk, F.P.A., W.A. 등 용어의 뜻과 보상범위가 일치하지 않는 등 어법이 낡고 이해하기가 어려웠다. 이에 런던해상보험업자협회(Institute of London Underwriters)와 로이즈 해상보험업자협회(Lloyd's Underwriters Association)의 합동전문작업팀이 중심이 되어 새로운 증권서식과 신협회적하약관을 작성하여 1982년 1월 1일부터 실시하였다. 이에 따라 우리나라 보험회사도 1983년 3월 1일부터 새로운 증권서식을 사용하고 있으며 새로운 증권은 종래에 증권에 있는 본문약정(Body Clause)의 대부분과 난외약정(Marginal Clause)의 전부 및 기타를 일체 삭제하여 간결한 형식으로 개정하였다.

신협회화물약관은 다음과 같이 5가지 약관으로 구성되어 있다.

ⓐ Institute cargo clause (A) ; I.C.C.(A)

ⓑ Institute cargo clause (B) ; I.C.C.(B)

ⓒ Institute cargo clause (C) ; I.C.C.(C)

ⓓ Institute war clause

ⓔ Institute strikes clause

위의 I.C.C.(A)는 손해가 약관에 의하여 면책되는 것이 아닌 한 피보험화물에 발생한 모든 위험을 보험자가 담보한다. 즉, I.C.C.(A)는 종래의 All risks조건과 동일하다. 그러나 I.C.C.(B)와 I.C.C.(C)는 종래의 F.P.A.조건이나 W.A.조건과 비교하여 그 내용이 바뀌었다. 특히 종래의 F.P.A.나 W.A.조건에서는 단독해손에 대하여 상당한 제한을 하였지만, 신약관에서는 담보위험을 위한 손해인 한, 전손(全損), 분손(分損)에 관계없이 보상된다.

신협회화물약관의 각 조건별 담보위험은 다음과 같다[42].

1) I.C.C.(A)조건

INSTITUTE CARGO CLAUSES(A)

RISK COVERED

This insurance covers all risks of loss of or damage to the subjectmatter insured except as provided in Clauses 4,5,6 and 7 below.

---

42) The New Marine Policy Form 참조.

〈해석〉

협회적하약정(A)

담보위험
본 보험은 다음의 제4조, 5, 6조 및 7조에서 규정한 면책위험을 제외하고 보험의 목적에 발생한 멸실, 손상의 일체의 위험을 담보한다.

▸ 해설

이 약관은 제4조 일반면책약관, 제5조 불내항 및 부적격성면책약관 제6조 전쟁면책약정 제7조 동맹파업면책약관에서 규정한 각종의 면책위험을 제한 일체의 위험을 담보한다고 규정함으로써 포괄책임주의를 채택하여 손해의 거증책임을 보험자가 지도록 하였다.
그 외에 I.C.C.(A/R)과 I.C.C.(A)와의 차이점은 전위험을 담보하는 것은 두 약정이 같으나 I.C.C.(A)에서는 면책위험을 구체적으로 명시하고 있다.

2) I.C.C.(B)조건

INSTITUTE CARGO CLAUSES(B)

RISK COVERD

1. This insurance covers, except as provided in clauses 4,5,6 and 7 below

1.1 loss of or damage to the subjectmatter insured reasonably attributable to

1.1.1 fire or explosion

1.1.2 vessel or craft being stranded grounded sunk or capsized

1.1.3 overturning or derailment of land conveyance

1.1.4 collision or contact of vessel craft or conveyance with any external object other than water

1.1.5 discharge of cargo at a port of distress

1.1.6 earthquake, volcanic eruption or lighting,

1.2 loss of or damage to the subjectmatter insured caused by

1.2.1 general average sacrifice1.2.2 jettison or washing overboard

1.2.3 entry of sea lake or river water into vessel craft hold conveyance container liftvan or place of storage.

1.3 total loss of any package lost overboard or dropped whilst loading on to, or uoading from, vessel or craft

---

<해석>

협회적하약관(B)

담보위험
1. 본 보험은 다음의 제4조, 5조, 6조 및 7조에서 규정한 면책위험을 제외하고 다음의 멸실, 손상을 보상한다.
1.1 하기의 사유에 상당인과관계가 있는 보험목적의 멸실 손상
1.1.1 화재 또는 폭발
1.1.2 본선 또는 부선의 좌초, 침몰 또는 전복
1.1.3 육상운송용구의 전복 또는 탈선
1.1.4 본선, 부선 또는 운송용구와 물 이외의 타물과의 충돌 또는 접촉
1.1.5 피난항에서의 하물의 하역
1.1.6 지진, 화산의 분화, 낙뢰
1.2 하기의 사유로 생긴 보험목적의 멸실 손상
1.2.1 공동해손희생손해
1.2.2 투하 또는 갑판유실
1.2.3 본선, 부선, 선창, 운송용구, 콘테이너, 지게자동차 또는 보관장소에 해수, 호수, 강물의 침입
1.3 본선, 부선으로의 선적 또는 하역작업 중 바다에 떨어지거나 갑판에 추락한 포장당 1개의 전손(全損)

▶ 해설

I.C.C.(B) 조건은 구약관의 분손담보조건(W.A.Clause)과 유사한 조항으로서 W.A.조건에서는 특정위험을 담보하도록 구성되어 있었으나 신약관(B)조건에서는 구체적으로 위험부담을 열거하고 있다.

본 조항의 문구표현에 있어서 "하기사유로 인해 상당인과관계(reasonably attributable to)가 있는 보험목적의 멸실 손상"이란 화재사고에서 화재 그 자체만의 사고뿐만 아니라 화재와 상당한 인과관계가 있는 도난사고 등에 의한 손실도 포함하는 것이며 "하기 사유로 인해 생긴(caused by) 보험목적의 멸실 손상"이라는 문구는 직접 그 자체에서 발생하는 위험사고만 의미한다.

3) I.C.C.(C)조건

INSTITUTE CARGO CLAUSES(C)

RISKS COVERED

1. This insurance covers, except as provided in clauses 4,5,6 and 7 below,

1.1 loss of or damage to the subjectmatter insured reasonably attributable to

1.1.1 fire or explosion

1.1.2 vessel or craft being stranded grounded sunk or capsized

1.1.3 overturning or derailment of land conveyance

1.1.4 collision or contact of vessel craft or conveyance with any external object other than water

1.1.5 discharge of cargo at a port of distress

1.2 loss of or damage to the subjectmatter insured caused by

1.2.1 general average sacrifice

1.2.2 jettison

〈해석〉

협회적하약관(C)

담보위험

1. 본 보험은 다음의 제4조, 5조, 6조 및 7조에서 규정한 면책위험을 제외하고 다음의 멸실, 손상을 보상한다.

1.1 하기의 사유에 상당인과관계가 있는 보험목적의 멸실 손상

1.1.1 화재 또는 폭발

1.1.2 본선 또는 부선의 좌초, 침몰 또는 전복

1.1.3 육상운송용구의 전복 또는 탈선

1.1.4 본선, 부선 또는 운송용구와 물 이외의 타물과의 충돌 또는 접촉

1.1.5 피난항에서의 하물의 하역

1.2 하기의 사유로 생긴 보험목적의 멸실 손상

1.2.1 공동해손희생손해

1.2.2 투하

▸ 해설

I.C.C. 신약관(C)조건은 보상범위가 가장 제한된 것으로 구약관 F.P.A.조건과 유사하다. 위험부담은 (B)조건과 같이 보험자의 위험부담을 명확하게 열거하고 있어 피보험자가 위험부담의 범위를 이해하기 용이하도록 되어 있다.

(B)조건에서 부담하는 위험 중 (C)조건에서 제외하는 위험은 ① 지진, 화산, 낙뢰에 직접적으로 기인된 손해와, ② 갑판유실, ③ 해수와 호수, 강물의 침수손해, ④ 선적 또는 하역작업 중 바다에 혹은 갑판에 추락한 포장단위당 한 개의 전손이다.

이상의 I.C.C.(A), (B), (C)조건에서의 위험담보범위를 표로서 비교해 보면 (A)조건과 (B)조건의 차이는 열거된 11종류 이외의 멸실 손상에(면책위험은 제외)대한 담보여부이며 (B)조건과 (C)조건의 차이는 (C)조건에서 설명한 바와 같다.

<I.C.C. (A),(B),(C) 조건의 담보위험비교>

다음 사유에 상당인과관계가 있는 보험목적물에 발생한 멸실, 손상	A	B	C
① 화재 또는 폭발	○	○	○
② 본선 또는 부선의 좌초, 교사, 침몰, 전복	○	○	○
③ 육상운송용구의 전복 및 탈선	○	○	○
④ 본선, 부선, 운송용구의 타물과의 충돌, 접촉	○	○	○
⑤ 피난항에서의 화물의 하역	○	○	○
⑥ 지진, 화산의 분화, 낙뢰	○	○	×
다음사유로 생긴 멸실, 손상	A	B	C
① 공동해손희생	○	○	○
② 투하(jettison)	○	○	○
③ 갑판유실(washing overboard)	○	○	×
④ 본선, 부선, 선창, 운송용구, 컨테이너, 지게차, 또는 보관장소에의 해수, 호수, 강물의 유입	○	○	×
⑤ 본선, 부선에의 선적 또는 양륙작업 중 바다에 떨어지거나 갑판에 추락하여 발생한 포장단위당의 전손	○	○	×
상기 이외의 멸실, 손상의 일체의 위험	○	×	×
공동해손, 구조비	○	○	○
쌍방과실충돌(Both to Blame Collision)	○	○	○

6 협회적하보험약관(I.C.C.) 상의 면책위험

상기한 I.C.C.(A), (B), (C)조건에 있어서의 면책위험은 일반면책약관(제4조), 불내항 및 부적합면책약관(제5조), 전쟁위험면책약관(제6조), 동맹파업면책약관(제7조)이 있다. 이 중 전쟁위험과 동맹파업위험에 대해서는 I.C.C.(A), (B), (C)조건에 추가하여 부보할 경우 보험보상을 받을 수 있다.

1) 일반면책약관(general exclusions clause : 제4조)

```
                                    EXCLUSION
4. In no case shall this insurance cover
4.1 loss damage or expense attributable to wilful misconduct of the assured
4.2 ordinary leakage, ordinary loss in weight or volume, or ordinary wear and tear of the
    subjectmatter insured
4.3 loss damage or expense sufficiency or unsuitability of packing or preparation of the
    subjectmatter insured(for the purpose of this clause 4.3 "packing" shall be deemed to
    include stowage in a container or liftvan but only when such stowage is carried out
    prior to attachment of this insurance or by the assured or their servants)
4.4 loss damage or expense caused by inherent vice or nature of the subjectmatter insured
4.5 loss damage or expense proximately caused by a risk insured against(except expenses
    payable under clause 2 above)
4.6 loss damage or expense arising from insolvency or financial default of the owners
    managers characters or operators of the vessel.
4.7 deliberate damage to or deliberate destruction of the subjectmatter insured or any part
    thereof by the wrongful act of any person or persons.
```

〈해석〉

```
                                     면책약관
4. 어떤 경우에도 이 보험은 다음의 손해를 보상치 않는다.
4.1 피보험자의 고의로 비행에 귀속하는 멸실, 손상 또는 비용
4.2 피보험목적의 통상의 누손, 통상의 중량, 용적의 부족 또는 자연소모
4.3 피보험목적의 포장 또는 준비의 불안전, 또는 부적절로 생기는 멸실, 손상 또는
    비용(본조 4.3에서의 포장이라 함은 콘테이너 혹은 지게자동차에 적하하는 것을
    포함하는 것으로 한다. 다만 이러한 적하가 이 보험의 개시전에 행하여지거나 또는
    피보험자 혹은 그 사용인에 의하여 행하여지는 경우에 한한다.)
4.4 피보험목적의 고유의 하자 또는 성질을 근인으로 하는 멸실, 손상 또는 비용
4.5 지연이 피보험위험에 의해 생긴 경우라도 당해 지연을 근인하여 생긴 멸실, 손상
    또는 비용(위 제2조에 의하여 지불되는 비용은 제외함)
4.6 피보험목적 또는 그 일부에 대한 어떤 자의 불법행위에 의한 의도적인 손상 또는
    파괴(본 조항은 B, C조건에서는 적용되지만 A조건에서는 적용되지 않는다.
4.7 본선의 소유자, 관리자, 용선자 또는 운항자의 지불불능 또는 금전상의 책무불이행
    으로 생기는 멸실, 손상 또는 비용
```

이 약관은 주로 이미 상식화되어 있는 판례와 관습을 명문화한 것이다. 구증권 및 구약관에서는 보험자의 면책위험이 명시되어 있지 않고 막연하여 보험자가 면책되는 위험이 무엇인지 불분명하였으나 신약관에서는 보험자의 면책위험을 7가지로 구분하여 명시함으로써 피보험자가 이해하기 쉽도록 규정하고 있다.

2) 불내항, 부적합 면책약관(Unseaworthiness and Unfitness Exclusion clause : 제5조)

5.1 In no case shall this insurance cover loss damage or expense arising from Unseaworthiness of vessel or craft. Unfitness of vessel craft conveyance container or liftvan for the safe carriage of the subjectmatter insured, where the Assured or their servants are privy to such unseaworthiness orunfitness, at the time the subjectmatter insured is loaden therein

5.2 The underwriters waive any breach of the implied warranties of seaworthiness of the ship to carry the subjectmatter insured to destination, unless the Assured or their servans are privy to such unseaworthiness or unfitness.

〈해석〉

5.1 이보험은 어떤 경우에도 다음 사항으로 인하여 발생하는 멸실, 손상 또는 비용 등을 보상치 않는다.
   본선 또는 부선의 불내항
   본선 또는 부선 콘테이너 또는 지게자동차가 피보험목적에 안전한 수송에 부적당한 경우.
   다만, 피보험자, 그 사용인이 해당수송용구에 선적할 때.
   이러한 불내항 또는 부적당한 사실을 알고 있을 때에 한한다.
5.2 선박이 내부성이 있고 또한 피보험목적을 목적지까지 운송하는데 적당하지 않으면 안된다는 묵시담보를 위반할 경우는 피보험자 또는 그 사용인이 이러한 불내항성 또는 부적당한 사실을 알지 못 할 경우에 한하여 보험자는 그 권리를 포기한다.

선박이 내항성이 없거나 또는 적하를 수송하기에 적합하지 않다는 사실을 알고 있으면서도 그러한 선박에 적하, 적송할 경우 그로 인한 적하의 손해를 보험자가 보상하지 않는다는 취지의 약정이다.

적하로 선적할 때의 선박 또는 부선의 불내항이나 부적합상태는 물론 수송용구인 컨테이너와 지게자동차의 불량한 상태로 인하여 적하로 안전하게 수송하기에는 부적격 할 때 그로인한 멸실, 손상 및 공동해손희생손해, 공동해손분담금과 같은 비용도 보상하지 않는다. 한편으로 피보험자가 선박의 불내항과 부적격성을 선적할 때까지 모르고 있었을 경우에는 불내항성으로 인하여 적하가 손상된 경우는 그 손해를 보상해 준다. 즉 피보험자 또는 그 사용인이 적하를 운송할 선박의 불내항성과 부적격성에 관한 묵시담보의 위반으로 간주하지 않는다.

3) 전쟁위험면책약관(War exclusion clause : 제6조)

6. In no case shall this insurance cover loss damage or expense caused by
6.1 war civil war revolution rebellion insurrection, or civil strife arising therefrom, or any hostile act by against a belligerent power
6.2 capture seizure arrest restraint or detainment(piracy excepted), and the consequences thereof any attempt threat
6.3 derelict mines torpedoes bombs or other derelict weapons of war.

〈해석〉

본 보험은 하기의 위험을 원인으로 해서 발생된 손실 손상 혹은 비용을 담보하지 않는다.
6.1 전쟁, 내란, 혁명, 반역, 반란, 또는 이로 인하여 생기는 국내투쟁, 또는 교전국에 의한 교전국에 대해 행하여진 적대행위
6.2 포획, 나포, 강유, 억지 또는 억류와 이러한 행위의 결과 또는 이러한 행위를 하고자 하는 결과(해적위험은 삭제됨)
6.3 유엽기뢰, 어뢰, 폭탄, 기타 유엽된 전쟁병기

▸ 해설

전쟁위험은 19세기 말 이래 해상보험증권상에서 보험자가 담보하지 않는 면책위험이다. 이에 대해 신 I.C.C.약정의 전쟁위험면책조항은 같은 입장을 취하고 있지만 적대행위에 의한 손해는 면책으로 하고 해적행위만은 보험자의 면책대상에서 제외시켰다. 따라서 (A)약정은 해적에 의해 발생한 적하의 멸실, 손상은 담보될 수 있다. 그러나 적대행위로 인한 전쟁위험을 특별히 담보받기 위해서 추가보험료를 지급하고 전쟁위험담보약관(Institute War Clause)을 첨부하도록 하고 본 약관 War Exclusion Clause는 삭제해야 한다.

4) 동맹파업위험면책약관(strikes exclusion clause : 제7조)

7. In no case shall this insurance cover loss damage or expense

7.1 caused by strikers, locked-out workmen, or persons taking part in labour disturbances, riots or civil commotions

7.2 resulting from strikers, lock-outs, labour disturbances, riots or civil commotions

7.3 caused by any terrorist or any persons acting from a political motive.

〈해석〉

7. 본 보험은 하기의 위험을 원인으로 해서 발생된 손실 손상 혹은 비용을 담보하지 않는다.

7.1 동맹파업자, 직장폐쇄, 노동자 또는 노동쟁의 폭동 또는 소요에 가담한자에 의해 발생된 것

7.2 동맹파업, 직장패쇄, 노동쟁의, 폭동 또는 소요의 결과로 발생된 것

7.3 폭력주의자 또는 정치적 동기를 가지고 행동하는 자에 의해 발생되는 것

▶ 해설

동맹파업위험은 구약관에서도 면책위험이었다. 본 약관의 동맹파업위험의 면책조항의 문언은 구약관의 동맹파업 등 부담보조항과 거의 같은 의미이지만 신약관이 폭력주의자(terrorist) 혹은 정치적 동기(political motive)로 행동하는 자에 의해 기인되는 손해를 면책위험으로 하고 있다는 점이 신, 구 약관의 차이다.

이 동맹파업위험약관도 전쟁위험약관과 마찬가지로 이 약정에서 명시한 면책위험을 별도로 담보받기 위해서는 추가보험료를 지급하고 Institute Strikes Clause를 첨부하여 보험증권을 교부받으면 된다.

제6절 무역결제조건

1 국제매매의 지불원칙[43]

1) 국제매매의 지불개념

국제물품매매에서는 매도인의 물품인도에 대해 매수인은 이것에 따른 당연한 의무로서 그 대가를 지불해야 한다. 인도와 지불은 동시이행조건의 관계이므로 매수인은 매매계약에 의해 물품의 소유권 취득과 교환으로 현금(net cash)을 지불하는 것이 원칙이다. 매수인은 계약에 따라 물품의 인도를 수리하는 (to accept delivery of goods) 것이며 그 인도가 서류접수의 형식으로 행해지는 특약 또는 관습에 의할 때는 그 서류가 계약과 일치하는 조건으로 수리를 하고 지불을 할 의무가 있다.

매수인이 지불하는 대금(price)은 그 물품매매에 대해 당사자에 의해 평가되고 합의 된 상적 가치를 나타낸다. 대외매매에서 그것이 지불국 이외의 국가의 통화로 표시되어 있으면 외환시세로 환산하여 지불해야 한다.

지불의무에 의해 매수인이 부담하는 대금의 단가 또는 금액은 매매계약에 의해 확정되지만 경우에 따라서는 후일에 확정을 계약하는 방법이 채택되는 경우와 특수거래의 결제관습에 따라서 정해지는 경우도 있다. 이들 중 어느 것도 확정되지 않는 경우에는 매수인은 계약체결시에 매도인에 의해 부과된 통례의 대금(normal price charged by the seller)을 지불할 의무가 있다. 만약 매도인이 그 금액을 제시할 수 없다면 매수인은 계약체결시의 시장가격에 의거하여 결정할 수 있는 합리적 대가(reasonable price)를 지불해야 한다. 이때 매도인 제시가격이 과다하다고 생각되면 매수인은 그것을 입증함으로써 이러한 물품에 대해 통상으로 평가되는 상당 가액을 지불하면 된다.

그러나 현실의 무역계약에서는 국내거래와 달라서 불확정금액에 의한 매매계약은 사실 행해질 수 없다. 그러므로 물품대금은 개개의 매매계약에서 가격채산조건에 의해 단가가 확정된다. 만약 부가할 필요가 있으면 특수한 비용 관련수수료와 외화환산에 필요한 환율까지도 구체적으로 약정된다. 위탁판매의 경우에는 도착품 판매 후가 아니면 대금이 확정되지 않으므로 그 결정은 후일에 남겨지고 실무상에서는 C.I.F. 상당의 예상가격으로 평가된다. 대금이 중량계산으로 산출되는 경우 그 대금은 순중량(net weight)으로 산정된다.

---

43) 上坂西三, 「貿易契約」, 東洋經濟新報社, pp.284~289.

매수인이 계약에 의해 물품인도의 유무에 상관없이 특정일자에 지불할 의무를 진 경우에는 목적인 불특정물에 아직 특정의 효력이 발생하지 않아도 또는 그 소유권이 매도인측으로부터 매수인측에게 이전하지 않아도 계약에서 정한 지불일에는 대금지불의 청구에 따라야 한다. 그러나 국제매매에 수반하는 국제지불의 상례로서 매수인의 지불의무는 단순한 현금지불에 그치지 않고 화환 신용장의 개설과 화환어음의 인수 등 지불의 준비 또는 보증을 위한 결제부대조치가 취해지지 않으면 안되므로 이러한 특약이나 특수 관습에서 요구되는 수단도 포함되는 것이고 어느 쪽의 수단방법에 의할지는 무역계약의 결제조건에 따른다.

2) 국제매매의 지불장소

매수인이 대금지불을 행하는 원칙적 장소는 특약이 없는 한 매도인의 영업지(place of business)의 주소, 즉 seller's address이다. 이것은 인도의 원칙적 장소가 매도인의 영업소로 되어 있으므로 동시이행의 이론에서 영업장소에서 지불이 이루어져야 한다. 그러나 지급이 물품인도와 상환으로 또는 서류의 제공으로 행해질 때는 인도와 제공이 행해지는 장소에서 매도인에게 대금을 지불해야 한다. 따라서 약정품의 인도장소가 동시에 지불장소가 되고 또 서류제공을 지불조건으로 하는 매매에서는 서류의 제공장소가 지불장소다.

매도인의 영업소가 수개가 있는 경우에는 매도인에 의한 최초의 신청 또는 최초의 회답이 발송된 장소가 영업소로 간주되며 매매계약이 대리자(agent)를 통해 체결된 경우에는 본사의 영업소 또는 주소가 계약당사자의 영업소 또는 주소로 간주된다. 이 경우에 매매당사자의 국적(nationality of the parties)은 고려대상이 아니다. 계약체결후 매도인이 영업소를 변경했기 때문에 대금지불비용이 증가하였다면 그 증액은 매도인의 부담이 되고 매수인의 지불액에는 변경이 없다.

3) 국제매매의 지불기일

매수인의 지불기일은 연, 월, 일로 확정되는 것이 원칙이므로 계약에 month라고 할 때는 일단 calendar month를 가리키는 것으로 해석하고 그것이 구체적으로 몇 일 인지는 개개의 매매계약에서 명시된다. 그러나 경우에 따라서는 상관습으로 결제시기가 정해지는 경우도 있다. 이러한 특약이나 관습이 그것 자체가 지불기일을 결정하는 기준이다. 또 신용매매(sale on credit)의 경우는 그 지불일에 관한 특약이나 관습이 없을 때는 매수인이 약정한 물품 또는 물품의 인도를 나타내는 서류 (선적서류)를 합법적으로 수리한 날이 지불일로 된다.

무역결제는 일반적으로 환어음에 의히므로 대부분은 매두인이 발행한 어음이 매수인에게 인수되고 나서 60일이나 90일 등 특정기간이 경과한 후 정기불을 관례로 한다. 그러므로 지불기일은 어음기한이며 어음면에 명시된 만기일에 지불이 행해진다.

물품매매는 실천상의 순서로서 매도인측의 급부가 앞서지만 매도인은 대금미지불 또는 어음부도의 위험을 고려하는 점에서 지불의 확실을 유지하기 위해 또는 그 보증을 얻기까지 물품의 소유권을 유보할 것을 원한다. 이것에 반해 매수인은 대금지불의 자금을 만들기 위해 여하한 수단으로 우선 약정품의 처분권을 가질 것을 원한다. 이러한 이유 때문에 동일유형의 매매에서도 지불에 대해서는 수시로 양자의 합의로 결정한다.

4) 국제매매의 지불방법

대금의 결제로는 ① 현금결제에 의하느냐, 어음결제에 의하느냐, ② 그것이 상품상환의 결제에 의하느냐, 서류상환의 결제에 의하느냐, ③ 이들 상환에 의한 결제에 의하지 않고 그 인도에 앞서서 행해지는 전불방식에 의하느냐, 혹은 인도되고 나서 일정시기의 경과부에 지불되는 연불방식에 의하느냐 등의 매매당사자의 이해관계가 얽혀서 결제의 방법은 다양하다.

전불(cash in advance)은 매수인이 약정품의 인도를 받기에 앞서서 대금을 지불하는 것으로 계약이 바로 주문받는것이다라는 것으로 행해지는 때는 대체로 주문불(cash with order)이 된다. 매수인의 신용이 떨어진 경우 등에 계약성립의 조건으로서 성약과 동시에 대금의 전부 또는 일부를 전불한다. 그러나 무역에서는 신용장 base로 성약되는 한 이러한 필요가 없으므로 시험구매와 같은 특수한 경우를 제외하고는 이용되지 않는다.

연불(deferred payment)은 매수인이 약정품을 입수하고 이것을 점검하고 승인수령(accept)한 후 또는 그 후의 일정기간까지 지불이 연기되는 것으로 매도인이 매수인의 신용을 믿고 대금지불을 일정기간 유예한다. 매수인이 목적물을 전매하고 나서 그 대금으로 약정기간에 지불하는 점에 매력이 있는 것으로 매수인에게 환영받는 방법이다. 국가간의 결제협정에 의해 행해지는 청산계정(open ac- count)이나, 결제기간을 특약하고 그 기간의 매매대차를 교환계산(current ac- count)으로 처리하는 도매상간의 신용거래도 이것에 속한다.

국제매매의 일반적인 결제방법은 물품인도와 동시에 대금취득이 실현되는 물품과 대금, 대금과 물품의 상환불이다. 특히 이국간에 있는 매도인과 매수인간에서 물품과 대금의 상환이 행을 가능하게 하는 합리적인 방식은 선적서류와 상환으로 현금불이 행해지는 cash against documents 이다.

무역결제의 방식은 외국환을 이용하지만 매수인이 현금송금에 대신하는 송금환어음이나 송금어음을 매도인측에게 보내 지불을 하는 원칙적방법에 의하지 않고 반대로 매도인이 매수인 앞의 환어음을 발행해 이것을 수출지의 은행에서 환급하고 매수인이 어음금액을 수입지의 은행에 지불하는 역환 방식을 채택하고 있다. 이런 역환에는 매도인 발행의 어음에 매수인이 수입하는 선적품이 담보가 되어 있는 화환제도가 이용되고 있다. 따라서 현재의 무역결제는 수출지에서의 수출화환의 체결과 매입, 수입지의 수입화환의 인수와 지불로 실행되고 있으므로 무역계약의 결제조건은 사실상 화환조건이다.

물품매매의 결제방법은 국내거래나 수입상의 방문구매시에는 현금 지불거래가 주종이나 대량의 국제매매에서는 추심결제방식과 신용장방식이 이용되고 있다.

이를 결제시기 별로 분류하면 다음과 같다.

	현 금		추 심	신용장
선 지 불	cash in advance(전불) cash with order(주문불)			red clause L/C 선대 신용장
동시지불	cash on delivery(상환불) cash on shipment(선적불)		Document againt payment 지급인도(D/P)	at sight : 일람불
후 지 불	sales on credit(외상매출) cash in deferred payment(후불)		Document against acceptance인수인도(D/A)	USANCE : 기한부지불

현금결제, 추심결제, 신용장결제는 차이가 있다. 현금결제는 거래 당사자간 혹은 대리인간에 직접 현금을 주고받는 거래다. 추심결제는 수출상의 대금추심에 대해 수입상이 결제를 해야만이 수출상이 대금수령을 할 수 있으나 신용장결제는 수출상이 수출상의 매입은행에 서류를 제시함과 동시에 혹은 만기일에 수입상의 결제와는 상관없이 대금을 수령 할 수 있다. 상세한 내용은 아래에서 설명하겠다.

(1) 현금선불(cash advance payment)

현금선불이란 cash in advance, cash before delivery(C.B.D), payment in advance, advance payment라고도 하며 상품의 인도 이전에 매수인이 대금을 현금으로 지급하는 방법이다. 계약 혹은 주문과 동시에 현금으로 지급되므로 계약불 혹은 주문불(cash with order : C.W.O)라고도 한다. 국제 거래에서는 주로 소액의 견본 매매에서 많이 사용되며 은행수표, 은행어음을 우편으로 보내거나 전신(T/T) 방법으로 송금된다.

(2) 현금인도불(cash on delivery)

물품인도와 동시에 대금을 지불하는 조건으로 동시불, 상환불, 물품 상환 현금불이라고도 한다. 무역에서는 거래 당사자가 국가를 달리하기 때문에 현실적 이용이 어려우며 여행자의 현물 구매에서 이용된다.

(3) 선적불(cash on shipment)

수출상이 선적 완료와 동시에 운송서류와 상환으로 현금을 지급하는 방법으로 서류 상환불(cash against document)이라고도 한다. 수입상이 수출상 지역 소재의 지사나 거래 은행에 미리 대금을 예치시키거나 현금을 지급하게 한 후 지사나 거래 은행에 송금하는 방식이다. 금액이 큰 무역매매에서는 이용이 거의 없다.

(4) 후불(deferred payment)

수출상이 선적을 완료하였다고 하여도 수입상은 대금을 지불하지 않고 일정기간 후에 지불하는 방식으로 외상무역이라고도 한다. 수출상에게는 대금회수의 위험이 높으나 수입상에게는 물품전매 후 지불하면 되므로 수입상에게 유리한 방법이다. 이 때 수입상의 신용이 확실한 본·지사간의 거래에 많이 이용된다.

(5) 추심결제방식(collection; without letter of credit)

지급인도조건(document against payment ; D/P)과 인수인도조건(document against acceptment ; D/A)이 있다. D/P조건은 대금지불과 상환으로 서류인도하는 조건으로 수출상이 선적 후 운송 서류와 수입상 앞 어음을 수출상의 거래은행을 경유하여 수입상의 거래은행을 통하여 수입상에게 추심을 하고 수입상이 대금을 지급할 때 서류를 인도해 준다. 수입상이 결제할 대금이 수출지 은행에 도착되었을 때 비로소 수출상은 수출대금을 수령할 수 있다. 만약 수입상이 대금을 지불치 않으며 추심은행은 서류를 수출상에게 되돌려 주면 그 책임을 다하는 것이 되며 수출상은 은행에 아무런 책임을 물을 수 없으며 수입상과 해결해야 하므로 곤란에 빠질 수 있다.

D/A조건은 D/P와 동일하게 추심되며 수입상이 어음을 인수할 의사만 있으면 서류를 인도하는 조건으로 수입상은 약정된 지불만기일에 결제하는 조건이다. 지불만기일까지 수입대금에 대한 부담이 없으며 수입품 판매 후 대금 결제를 하면 되므로 수입상에게 유리하다. 그러나 수출상은 만기일에도 수입상이 지불하지 않았을 경우는 수입상을 상대로 해결할 수밖에 없기 때문에 곤경에 빠질수 있다. 본지사간 무역에 많이 사용된다.

추심절차를 도해하면 다음과 같다.

<D/P, D/A 어음에 의한 수출입 거래과정>

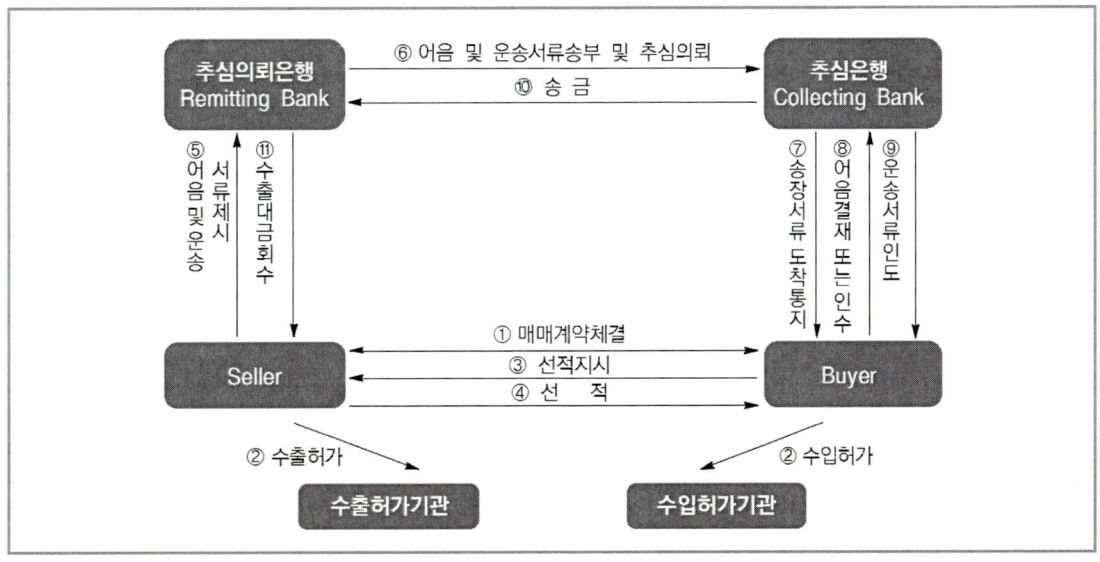

(6) 신용장 결제 조건(with letter of credit)

신용장결제는 일람불(at sight)과 기한부(usance)가 있다. 일람부는 신용장(with L/C) D/P조건이라고도 한다. 본조건은 수입지의 은행(신용장 개설은행)이 수입상의 요청으로 수익자(수출상)앞으로 신용장을 개설하면 수익자가 신용장 조건과 일치하는 서류를 개설은행 혹은 수출지 매입은행에 제시하면 수출대금을 받을 수 있다. 은행에 서류를 제시하면 신용장개설은행의 지불확약문언에 따라 추심을 기다리거나 수입상의 결제와는 상관없이 개설은행의 지불송달 기간의 환가료만 공제하고 즉시 대금을 회수할 수 있다.

USANCE는 신용장(with L/C) D/A라 할 수 있다. 은행에 어음과 서류를 인도한 후 약정된 만기일에 수출지의 당초 인수 은행에서 대금을 회수하는 조건이다. 그리고 신용장 거래에서 많이 이용되지는 않으나 수입상이 수출상에게 편의를 제공하기 위하여 신용장 금액의 일부 또는 전부를 선적서류 제시 이전에 수출상에게 대금을 지불케 하는 전대신용장(Red clause L/C)도 있다.

---

2 외국환제도

1) 외국환의 개념

외국환은 격지간거래에서 금전상의 지불을 받으려고 하는 권리자와 지불을 해야 하는 의무자가 있는 경우, 채권과 채무를 신용증권의 수수 또는 동일 효과가 있는 작용으로 결제 또는 조정하는 기능이 있다.

외국환의 종류는 첫째 환어음의 발행인이 채권자인지 채무자인지에 따라 송금환과 역환, 둘째 환기관인 은행의 영업상으로 매도환과 매수환, 셋째 무역거래의 입장에서 본 수출환과 수입환, 넷째 발행되는 어음이 담보부인지 신용어음인지에 따라 담보환과 부담보환이 있다[44].

(1) 송금환과 매도환

송금환은 송금의무자가 은행에 돈을 지불하여 은행어음을(banker's bill)을 받아서 이것을 외국의 수취인에게 보내고 수취인소재지의 지정은행에서 그 어음금을 수취시키는 은행송금(bank remittance)을 주로 한다.

재부자가 변금시불에 내신해 환어음으로 결제히는 양식이므로 순한 또는 송금환이라고 한다. 송금을 급히 필요로 하는 때는 전신환(telegraphic transfer)으로 하며 송금환도 전신환도 은행에서 보면 환을 판매하는 것이 되므로 매도환(selling exchange)이다.

---

44) 前揭書, pp.292~293.

(2) 역환과 매입환

역환은 돈을 수취해야 할 채권자측에서 역으로 외국의 지불의무자 앞으로 환어음을 발행하여 이 어음을 은행에 양도하고 대금을 얻고, 은행이 이것을 외국지불지에 보내 지불인으로부터 어음금을 징수하는 방식으로 은행에서 보면 환을 사는 것이 되는 매입환(buying exchange)이다. 이들은 환어음의 매매를 은행중심으로 보는 호칭방식으로 실질은 할인의 성질을 가지는 어음 채권의 양도이다.

(3) 담보환과 부담보환

어음에 수송중의 하물을 담보로 한 것이 화환이고 담보없는 어음이 부담보환(clean bill)으로 불리는 협의의 역환이다. 그 어음은 먼저 은행에 의해 환금되는 것으로 은행에서 보면 모두 할인어음의 성격을 갖는 매입환이 된다.

(4) 수출환과 수입환

무역결제는 대체로 화환의 방법에 의하는 것이지만 이것을 수출자의 입장에서 본 것이 수출환이고 그 수출어음은 은행의 매입시세로 환산한 후 매입된다.

동일한 것을 수입자의 입장에서 본 것이 수입환이고 그 수입어음은 은행의 판매시세로 환산한 후 지불된다.

이와 같이 어음 그 자체의 실체는 수출자발행, 수입자지불의 동일 어음이지만 수출환에서는 자국의 채권을 표시한 수출어음이므로 그것만으로 자국의 외화획득에 도움이 되고, 수입환에는 그것은 자국의 채무를 표시하는 수입어음이 되므로 외화의 유출을 초래하므로 국제금융상에서는 정반대의 결과를 낳는다.

2) 외국환어음

환어음(bill of exchange)은 채권을 가지는 자가 채무를 지는 자에 대해 그 지불기일에 어음면 기재의 금액을 자기 또는 제3자에게 지불 위탁한 유가증권으로 일종의 지불지시서이지만 그 중 상거래에 의거해 수송화물을 담보로 발행된 것이 화환어음(documentary bills)으로 그 담보물건을 표시한 선적서류를 부대하여 은행에 양도환금되므로 그것은 담보부, 타소지불, 할인어음의 성격을 갖는 것이다.

환어음의 관계자는 어음을 발행해 채권을 징수하는 수출자가 발행인(drawer), 채무을 지는 외국의 수입자가 지불인(payer)이고 그리고 어음의 명의인(drawee)이며 인수에 의해 인수인(acceptor)이 된다. 그러나 신용장의 지정에 따라서는 신용장발행은행이 명의인과 함께 지불인이 되는 경우도 있다.

또 발행인으로부터 어음을 매입하거나 또는 매입을 위탁받은 환 은행은 최초의 수취인 (payee)으로 지정되지만 수출지은행이 수입지은행에게 행하듯이 그 수취인이 이서에 의해 어음채권을 양도하면 배서인(endorser)이 양도인(transferer)이 되고 그 피배서인(endorsee)이 양수인(transferee)으로서 새로운 수취인이 된다.

환어음은 어음기한에 의해 일람불어음(sight bill)과 기한부 어음(term bill)이 있고 어음 관계자 특히 명의인이 은행이냐 개인이냐에 의해 은행어음(bank bill)과 개인어음(private bill)이 있다.

또 담보 유무에 의해 화환어음(documentary bill)과 신용어음(clean bill)이 있고 어음 면기재의 화폐의 종류에 의해 달러어음, 파운드 어음, 엔 어음 등으로 나뉜다. 그러나 무역상에서 중요한 것은 선저서류의 인도조건으로 구별되는 인수도(documents against acceptance)조건의 D.A. 어음과 지불도(documents against payment)조건의 D.P. 어음이 있다.

수출화환에서는 그 어음담보의 화물을 표시하는 선적서류를 매수인에게 인도함에 있어서 매수인의 신용의 정도에 따라서 2종으로 처리를 하고 있다. 하나는 매수인이 그 어음의 지불을 승낙한 때, 즉 단순한 어음의 인수에 의해 바로 그 서류를 인도하는 것이며, 다른 하나는 인수만이 아니고 어음금의 지불과 상환으로 서류를 인도하는 것이다.

3) 외국환 시세

외국환은 외국과의 대차를 현금으로 결제하는 대신 외국환어음의 매매라는 형식으로 결제하는 것이지만 어음관계자는 화폐제도가 다른 외국에 거주하고 있으므로 이것을 매매하는데 자국화폐와 타국화폐간에 환시세에 의한 환산이 행해진다. 이때 외국화폐를 일종의 상품으로 보고 자국의 환시장에서 얼마의 시세로 매매되는지, 즉 외국화폐로 표시한 환어음의 매매시세가 외국환시세이다.

국제간의 환어음매매를 실현하기 위해서는 우선 일국의 화폐와 상대국의 화폐의 교환비율을 정하여야 하는데 이 교환비율을 환시세(rate of exchange)라고 한다.

3 신용장 제도

1) 신용장의 개념

(1) 신용장의 성격[45]

신용장(Letter of credit)은 은행이 서래선의 요칭에 의해 일정한도의 신용을 주고 그 신용을 보증하기 위한 상용서장으로 L.C.라고 불려진다. 그러나 수신자인 수입자의 신용상태와 수익자인 수출자가 요구하는 은행신용(bank credit)의 내용에 따라 은행측의 수신조건이 똑같지 않

---

45) 前揭書, pp.305~308

으므로 넓은 의미로 L.C.로 불리는 것 중에는 그 발행은행이 법률상의 책임을 명시한 엄격한 의미의 신용장외에 법률상의 책임은 특약하지 않지만 신용장으로서의 경제적 기능을 수행할 수 있는 신용지도서와 수권서까지도 이것에 포함시키고 있다.

신용장을 광의로 보면, ① 상업매매의 결과로서 발행되는 상업신용장과, ② 해외여행자에게 금융적 편의를 제공하기 위해 발행되는 여행자 수표와 같은 비상업신용장이 있다.

또 상업신용장에는 ① 송화의 권리서류를 담보로 하는 환어음에 대해 신용이 부여되는 화환신용장과, ② 물적담보가 없는 부담보 신용장이 있다.

무역신용장이라고 하는 것은 국제무역의 결제 상의 중요한 수신기능을 갖는 상업화환신용장의 약칭으로 수출자에게는 어음매입의 권한을 주고, 발행은행은 그 어음의 지불인수 또는 지불보증의 의무를 지게하고, 발행의뢰자인 수입자에게는 무역품수입상의 편익을 제공하는 데 목적이 있다.

(2) 신용장의 독립성과 추상성

신용장개설수신계약과 무역계약간에는 실무상의 관련은 있지만 신용장관계자간에 행해지는 신용수수에 관한 계약과 무역당사자간에 행해지는 물품매매에 관한 계약은 법률관계를 달리하는 별도의 계약이다.

전자는 신용장발행은행과 그 발행의뢰인간의 신용수수계약이며, 후자는 수출자와 수입자간의 물품매매계약이다. 실무적으로 전자는 후자의 조건으로서 실천되기는 하지만, 이 양계약은 독립한 별개의 계약으로 전자의 계약 성립에 후자 계약의 존재여부는 조건이 되지 않는다. 그러므로 신용장발행이 매매계약의 결제조건에 반해서 행해져도 발행은행이 그 의뢰인과의 사이에 맺은 수신계약의 조건에 따라서 발행되었다면 신용장의 정당행사를 막을 수 없다. 이와 같이 신용장은 명백히 매매계약 등에 의거하여 발행되는 것이지만 신용장 거래 그 자체는 이들 계약과는 별개의 독립된 거래이다.

신용장통일규칙 제3조에서도 "신용장은 그 성질상 그것이 매매계약 또는 기타의 계약에 근거를 두고 있는 것이라고 하더라도 그와 같은 계약과는 별개의 거래이며 은행은 비록 그와 같은 계약에 대해 어떠한 참조조항이 신용장 속에 포함되어 있다고 하더라도 그와 같은 계약과는 아무런 관계가 없으며, 또한 그와 같은 계약에 의해서 아무런 구속도 받는 것은 아니다라고 규정하고 있다. 따라서 이를 신용장의 독립성이라고 한다.

신용장의 당사자는 매매계약 등에 의한 물품 서비스 또는 기타의 행위의 거래를 배제하여 오직 신용장면에 요구되어 있는 서류만을 고려할 것을 요청하고 있다. 즉, 신용장통일규칙 제4조에서 "신용장 거래에 있어서 모든 관계당사자는 서류의 거래를 하는 것이지 그 서류와 관계되는 물품, 서비스 또는 기타의 행위의 거래를 행하는 것은 아니다"라고 규정하고 있으며 이를 신용장의 추상성이라고 한다.

이상과 같이 신용장은 매매계약이나 기타의 계약으로부터 독립하고 있으며, 그것으로부터 추상화되어 있기 때문에 이를 신용장의 독립추상성이라고 한다. 이러한 신용장의 독립추상성은 신용장의 지급 인수 매입은행과 발행은행을 보호함에 있다.

(3) 신용장의 권리양도

신용장은 은행신용의 이용을 조건으로 한 것이지만 수익자가 권리를 타인에게 양도할 수 있는지에 대해서는 종래에는 양도성을 부인하고 있었던 것 같으나 그러나 신용장통일규칙 제48조에서는 실제의 편익을 고려해 어느 정도의 제한하에 신용장의 권리양도를 인정하고 있다. 즉, 발행의뢰인이 양도를 인정한 신용장의 발행을 의뢰하였다면 양수인은 원신용장에 정해진 모든 조건에 따라서 사용하면 1회에 한하여 양도가 가능한 것으로 되어 있다. 분할선적과 어음분할발행이 금지되지 않은 한 양도가능신용장의 분할분은 (종합하여 신용장 금액을 초과하지 아니한 범위에서) 각각 별도로 양도할 수 있으며 이러한 양도의 총합은 1회의 양도로 본다. 이 양도를 단 1회로 제한한 것은 자유로운 권리이전에 의해 신용장의 사용자가 바뀌는 것은 발행은행을 불안하게 하기 때문이다. 양도의 경우 신용장의 금액, 단가, 유효일자, 서류제시일자, 선적기간 등은 감액 또는 단축할 수 있으나 그 외의 조건은 원신용장의 조건으로만 양도할 수 있다.

2) 신용장의 유효기간

취소불능신용장에서 유효기일의 표시가 없으면 신용장개설의 통지에 그치는 것으로 간주되며 발행 사실만으로 은행에 어음의 매입과 인수, 지불을 요구할 수는 없다. 유효기간이 명시된 때에는 취소불능신용장으로서의 발행되고 통지되고 확인된 것으로 간주된다. 반대로 발행은행이 통지은행에게 의뢰인을 위해 취소불능의 신용을 개시하였다는 뜻을 수익자에게 통지하도록 지시하여도 유효기한에 대한 지정이 없으면 통지은행은 유효기한이 표시되지 않은 신용장을 작성하여 수익자에게 교부하는 것이 된다. 이 경우 수익자는 단지 신용개시의 통지를 받았음에 그치므로 신용장자체는 통지은행과 중개은행에 책임은 없으며 수익자가 신용장을 근거로 어음을 발행해도 은행은 이것을 매입 또는 인수, 지급을 보증할 의무가 없다.

그러므로, 신용장으로서의 효력이 실제로 발효되기 위해서는 발행은행이 유효기간에 관한 명확한 지시를 해야 하므로 통지은행과 중개은행이 그 지시를 받았을 때 처음으로 취소불능신용장으로써 유효하게 되고 통지와 확인이 효력을 발생하게 된다.

신용장에서 maturity 또는 validity라는 말은 이러한 강한 의미를 가지므로 명시적인 확약이 필요하다. 유효일자는 은행책임의 종점을 나타내는 것이므로 신용장에 의해 발행된 어음의 지급기일이 된다.

취소불능신용장에 선적기일의 기재가 있는 경우에도 지급, 인수 또는 매입에 대한 최종일자를 정해야 한다. 실제적으로는 목적물이 선적된 후에 대금매입이 이루어지며 선적일자와 유효일자는 약 10일의 간격으로 정해진다.

취소가능신용장도 그 유효기일은 명시해야 한다. 만약 신용장면에 유효일자가 없으면 이미 선적이 행해져 대금지불이 요구된 경우에는 취소할 수 없다는 취소가능신용장에서 적용되는 규정마저도 무의미하며 수입상은 결제를 하지 않아도 된다.

신용장 유효기한의 최종일이 to, until 또는 동의어를 수반할때 예컨대 "5월 10일까지"라고 하면 5월 10일로 명시된 그 당일을 포함한다. 또 그 최종일이 일요일 법정축제일, 지방의 휴일 또는 은행업자간에 인정된 휴일에 해당하는 경우에는 이것을 연장하여 그 익일, 즉 "다음 제1 영업일"(the first following business day)이 최종일이 된다. 이 최종일의 기일연장은 신용장만이고 화물의 선적에는 적용되지 않는다. 왜냐하면 선박 특히 정기항로선은 출항이 문제가 되지 않고 세관에서도 휴일의 임시개청과 화물취급이 가능하므로 휴일이라고 선적을 익일로 연기할 필요가 없기 때문이다.

신용장 유효기간의 개시일을 명시하지 않고 단순히 "1개월간", "6개월간"이라고 표시되어 발행된 때는 유효기간은 신용장통일규칙 제42조 c항에서 개설은행에 의한 신용장의 개설일이 그러한 기간의 계산초일로 본다.

3) 신용장의 기본형태

(1) 확인신용장과 불확인 신용장[46]

확인신용장(confirmed L.C.)과 불확인신용장은 두 가지 해석이 있다. 첫 번째로 발행은행이 신용에 의해 발행된 어음은 책임을 진다는 것을 확인한 것으로서 확인문언으로 보증 내지 서약을 한 신용장이 확인신용장이며, 반대로 발행은행이 미리 취소 및 조건변경의 권리를 유보하거나 신용장에 명문으로 어음의 인수 지불을 확인하지 않은 신용장은 불확인신용장(unconfirmed L.C.)이라는 고유의 해석이 있다. 이는 발행은행이 유효기간 내에 신용장을 임의로 취소 또는 변경하면 그 확인의 의미를 달성하지 못하므로, 확인신용장은 제멋대로 취소할 수 없는 것, 확인되지 않은 것은 취소할 수 있는 것으로 해석되어 확인은 취소불능(irrevocable), 불확인은 취소가능(revocable)과 동의어라고 하는 것이 영국의 해석이다.

또 하나의 해석은 이 관습이 미국에 들어오면서 확인을 중개은행의 확인을 의미하는 것으로 해석하고 있다. 국제상업회의소도 신용장 국제통일규칙을 제정할 때 미국 해석의 타당성을 인정하고 화환신용장의 분류를 confirmed, uncomfi- rmed의 분류를 피하고 해석이 분명한 irrevocable, revocable의 분류법을 채택하였다. 확인신용장(confirmed L.C.)은 신용장 개설은행이 개설한 신용장을 중개은행이 책임을 확인하고 어음매입을 보증한 신용장이 확인신용장이고, 중개은행의 확인이 없는 신용장을 불확인신용장(unconfirmed L.C.)이라고 하고 있다.

---

46) 前揭書, pp.308~310.

신용장의 기본형태는 3가지로 구분할 수 있다.

첫 번째는 취소불능확인신용장(irrevocable confirmed credit)이다. 이것은 발행은행에 의해 취소불능으로 발행되고 그리고 중개은행이 확인한 가장 안전한 신용장이다.

두 번째는 취소불능불확인신용장(irrevocable unconfirmed credit)이다. 이것은 발행은행은 취소불능으로 발행하였으나 중개은행이 확인하지 않는 신용장이다. 수익자가 발행은행의 신용을 신뢰하고 특별히 중개은행의 확인을 필요로 하지않는 경우에 사용되면 가장 널리 쓰인다.

세 번째는 취소가능불확인신용장(revocable unconfirmed credit)이다. 이것은 무역신용장으로서는 성격적으로 미비한 점이 있으므로 실용성이 없다고 해도 좋다.

Confirm이라는 말은 라틴어인 con 및 firmare에서 진화한 것이다. to make firm or firmer 혹은 to give new strength to를 의미하며 이미 존재하는 어떤 물건에 다시 새로운 힘을 가한다고 하는 의미인 것이므로 외국의 발행은행이 어음의 인수 지불을 약속한 것을 다시 중개은행으로 하여금 동일한 보증을 부가시킨다고 하는 미국류의 해석은 글자의 뜻으로는 정확하다.

(2) 취소가능신용장과 취소불능신용장

취소가능신용장(revocabel credit)은 발행은행이 신용장을 통하여 매수인을 위해 일정한 신용을 제공하지만, 만약의 사정으로 필요할 때는 제공한 은행신용을 취소 또는 변경할 수 있다고 하는 유보조건을 붙여 발행하는 신용장을 말한다. 매매계약에서 약정이 없으면 신용장의 종류는 매수인의 재량으로 간주되며 매수인이 취소가능신용장을 발행해도 매도인은 거부할 수 없다. 취소가능신용장은 발행은행이 수익자에게 법률상의 구속력이 있는 인수약정(legally binding under- takings)이 아니고 발행은행의 권한으로 언제라도 내용을 변경하거나 취소할 수 있으므로 이론상으로 불합리하다.

실무에서는 신용장이 변경, 취소될 때에는 발행은행이 직접 또는 중개은행을 통해 수익자에게 알리고 있지만 법률상의 의무는 아니다. 그러나 발행은행의 취소권은 동신용장에 의해 발행된 어음이 이미 매입은행에 의해 매입된 부분에 까지 소급되는 것은 아니라고 상거래상의 관습으로 이해되고 있다. 왜냐하면 취소가능이 조건으로 되어 있어도 취소의 의사가 도달되기 이전에 이미 신용장의 권한에 따라 행해진 행위가 유효하지 않다면 신용장의 실용적가치는 거의 무의미하기 때문이다.

취소불능신용장(irrevocable credit)은 발행은행이 신용장기재의 조건에 일치하는 한 그것에 의해 발행된 어음을 책임진다는 뜻을 수익자에게 확정적으로 약정(difinite undertakings)한 것이다. 신용장의 취소의 불능은 발행은행뿐만 아니라 발행의뢰인(수입자)도 취소할 수 없는 것으로 수입자가 취소하기 위해서는 수익자와 합법적인 어음소시인의 동의를 얻지 않으면 안된다. 또 수익자라고 하더라고 자유로이 취소할 수 없다. 왜냐하면 이것은 취소불능을 전제로 하여 발행된 것이므로 관계은행 가운데는 이미 원신용장의 분할은행을 한 것도 있을지도 모르고 이것에 의해 전대금융을 이루어진 것이 있을지도 모르기 때문이다.

신용장이 취소불능이 되기 위해서는 머리표시의 유무에 의하지 않고 본문 중에 인수약정의 문언의 기재에 의한다. 즉, 본「신용장조건에 따라 일치하게 발행된 어음의 발행인, 이서인, 선의의 소지인에 대해 그 어음이 제시되는 즉시 반드시 인수하고 만기일에 지불함을 약정한다.」는 문언이 있어야 한다.

(We hereby agree with the drawers, endorsers, and bona fide holders fo the drafts drawn in accordance with the terms of the credit, that the same shall be duly accepted on presentation at this office and paid at maturity)

신용장을 이용하는 수출자의 입장으로서는 이러한 인수문언을 명시한 취소불능신용장을 입수하도록 특약하는 것을 요한다. 만약, 매매계약의 이행의 착수 또는 진행 중에 기발행의 신용장이 갑자기 변경 또는 취소되면 수출자가 입는 손해는 물론 그 수출어음의 매입은행도 신용장담보의 수출전대를 하고 있으면 예측불허의 손해를 받는 일이 발생할지도 모르기 때문이다.

4) 신용장의 종류

신용장의 종류에 대해서는 이미 앞에서 설명한 확인신용장과 불확인신용장 및 취소가능신용장과 취소불능신용장 이외에도 다음과 같은 여러 종류의 신용장이 있다.

(1) 화환신용장과 무담보신용장

화환신용장(documentary L/C)은 신용장 상에 대금지급이 운송서류와 상환으로 이루어지며 주로 상품거래에서 사용된다. 무담보신용장(clean or standby L/C)은 운송서류가 없이 환어음만 제시하여도 대금을 지급하는 신용장으로 주로 운임, 보험 등 주로 서비스거래 또는 금융거래 등에서 사용된다.

(2) 상환청구가능신용장과 상환청구불능신용장

상환청구가능신용장(with recourse L/C)은 매입은행이 수익자로부터 신용장에 규정된 서류를 매입하였으나 어떤 이유로 인해 개설은행으로부터 지급을 받지 못할 경우, 수익자에게 신용장 대금의 반환을 청구할 수 있는 것을 말한다.

매입은행이 수익자에게 상환청구를 할 수 있으며 신용장 상에 상환청구에 대한 아무런 규정이 없는 경우는 상환청구가 가능하다. 상환청구불능신용장(without recourse L/C)은 상환청구가 불가능한 신용장으로 상환청구가 불가능하다는 취지의 규정이 명시된 신용장을 가리킨다. 상환청구가 허용된다고 하더라도 매입은행만이 상환청구를 할 수 있고 개설은행, 지급은행 또는 인수은행은 상환청구가 불가능하다.

(3) 지정신용장과 자유매입신용장

지정신용장(nominated or restricted L/C)은 신용장의 사용, 즉 지급, 연지급, 인수 및 매입이 특정은행에 지정된 신용장을 말한다. 신용장은 자유매입신용장을 제외하고는 지정은행을 지정하도록 규정되어 있으므로 자유매입신용장을 제외한 모든 신용장은 지정신용장이 된다. 자유매입신용장(freely negotiable L/C)은 매입이 어느 은행에서나 이루어지도록 허용된 신용장이다. 매입신용장으로 매입은행이 지정되지 않은 신용장은 모두 자유매입신용장이 된다.

(4) 지급, 연지급, 인수, 매입신용장

지급신용장(sight payment L/C)은 수익자가 신용장에 명시된 서류를 제시할 경우, 신용장 대금이 즉시 지급되도록 지정된 신용장으로 일람지급신용장이라고 한다. 지급신용장은 대부분 환어음을 제시하도록 요구되지 않지만 지급은행이 지정되어야 지급이 이루어 질 수 있다.

연지급신용장(deferred payment L/C)은 신용장 대금이 서류를 제시한 일정기간 후의 만기에 지급되도록 규정된 신용장으로 일람지급신용장과 유사하다.

인수신용장(acceptance L/C)은 서류와의 상환으로 환어음이 인수되도록 지정된 신용장을 말한다. 인수신용장의 경우 반드시 환어음이 발행되어야 하며 인수은행이 지정되어야 사용이 가능하다.

매입신용장(negotiation L/C)은 신용장상에 환어음 또는 운송서류가 매입되도록 지정된 신용장으로 매입은행이 지정되어 있으면 지정된 은행에서만 매입이 가능하고(제한신용장이라고도 함)매입은행이 지정되어 있지 않으면 어느 은행에서나 매입이 가능하다.

(5) 우편신용장과 전신신용장

우편신용장(mail confirmation L/C)은 신용장이 우편으로 개설되어 통지은행에 전달되면 통지은행은 통지번호를 부여한 후, 수익자에게 전달하는 형식을 취하는 신용장을 말한다. 우편신용장의 경우 신용장의 본문상에 'you'라는 표현이 사용되면 이는 수익자를 지칭하며, 'us'는 개설은행을 가리킨다. 전신신용장은 신용장의 내용이 전신으로 개설된 신용장을 가리킨다. 여기서 전신은 전보, 텔렉스, 팩시밀리 및 SWIFT시스템에 의하여 개설되는 경우를 모두 포함한다.

우편신용장과는 달리 신용장의 내용이 전부 전신으로 통지되며 신용장상의 내용 중 'you'라는 표현은 통지은행을 지칭한다. 때에 따라서는 신용장의 번호, 개설일자, 금액 등만 기재되어 통지되는 전신신용장이 있는데 이를 short cable이라고 하며 신용장에 필요한 내용이 모두 명시되어 있지 않기 때문에 사용이 불가능한 신용장으로 간주된다. 따라서 단순히 신용장의 개설사실을 수익자에게 통지하기 위한 정보사항으로 사전통지의 성격을 지닌다.

(6) 환어음신용장과 영수증신용장

환어음신용장(with draft L/C)은 환어음이 발행되도록 규정된 신용장으로 인수 또는 매입 신용장이 이에 해당된다. 상환청구불능신용장이라 하더라도 당해지역의 어음법이 상환을 허용할 경우 상환청구가능이 된다. 영수증신용장(payment on receit L/C)은 환어음 대신에 영수증을 첨부하도록 규정된 신용장으로 주로 일람지급신용장 또는 연지급신용장이 이에 속한다. 영수증신용장은 주로 인지대가 환어음 금액에 따라 일정한 비율로 첨부하도록 규정된 국가에서 많이 이용된다.

(7) 단순신용장과 상환신용장

단순신용장(simple L/C)은 수익자에게 신용장 대금을 지급한 지정은행에 대하여 개설은행이 직접 대금을 상환해 주는 신용장을 말한다. 대부분의 신용장이 이에 해당한다. 상환신용장(reimbursement L/C)은 수익자에게 지급한 지정은행에 대하여 개설은행 이외의 제3의 은행이 신용장 대금을 상환해 주는 신용장이다. 상환신용장은 개설은행과 지정은행간에 약정된 외화가 아닌 제3국의 통화로 거래할 경우에 주로 이용된다.

(8) 원신용장과 내국신용장

원신용장(master L/C)은 외국의 수입상이 개설한 신용장을 말하며, 수출상과 수입상간의 신용장이다. 내국신용장(local L/C)은 외국으로부터 수출신용장을 수취한 수익자의 의뢰로 국내 원신용장 관리은행이 수출물품 공급업자에게 발행해 주는 신용장이다. 수출품인수증제공이 매입조건이다.

(9) 양도가능신용장과 양도불능신용장

양도가능신용장(transferable L/C)은 수익자가 신용장 사용권의 전부 또는 일부를 제3자에게 양도할 수 있도록 허용된 신용장이다. 신용장이 양도가능이 되기 위해서는 신용장에 "transferable"이라는 용어가 명시되어야 한다. 명시가 없는 신용장이 양도불능신용장이다.

(10) 회전신용장

회전신용장(revolving L/C)은 신용장이 사용된 후 일정기간이 경과하면 자동적으로 재사용될 수 있도록 갱신되는 신용장이다. 동일한 거래선과 동일한 상품을 반복적으로 거래할 경우 새로운 신용장을 개설하는 것 보다 회전신용장을 이용하는 것이 수수료를 절감할 수 있다. 뿐만 아니라 신용장개설에 따른 예치담보를 줄일 수도 있다.

(11) 보증신용장

보증신용장(standby L/C)은 상품거래가 아닌 기타 거래 또는 금융거래에서 사용되거나 또는 대금지급을 보증하기 위하여 사용되는 신용장으로 화환신용장과는 반대되는 개념의 신용장이다. 보증신용장은 수익자가 어떤 행위를 하지 않을 경우에 지급이 이루어지도록 규정하고 있으며 무담보신용장(clean credit)을 보증신용장이라고 한다.

(12) 구상무역신용장으로서 기탁, 동시개설, 토마스신용장

기탁신용장(escrow L/C)은 수익자가 운송서류를 은행에 제시하면 은행은 신용장 대금을 지급하지 아니하고, 은행에 예치시킨 후 상대국가로부터 수입할 때 동 금액을 사용할 수 있도록 규정된 신용장이다.

동시개설신용장(back to back L/C)은 신용장조건에 수출신용장 금액만큼 수입신용장이 개설되어야 유효하도록 규정된 신용장으로 이 신용장도 구상무역거래에서 이용된다.

토마스신용장(Thomas L/C)은 신용장 조건에 신용장 금액만큼의 수입신용장을 개설하겠다는 각서가 첨부되어야 유효하도록 규정된 신용장이다.

5) 신용장 당사자와 거래절차

신용장거래에 관여하는 자들을 신용장의 당사자라고 하는데, 신용장거래에 있어서 각 당사자의 위치와 역할에 따라 다음과 같이 구분된다.

(1) 기본 당사자

① 개설의뢰인(applicant)

매매계약서상의 매수인(buyer)인 수입업자(importer)는 매매계약에서 규정한 조건에 따라 신용장의 발행을 자기의 거래은행에 의뢰하게 되는데, 신용장의 발행을 의뢰하는 수입업자를 보통 신용장발행의뢰인(applicant for the credit)이라 한다.

발행의뢰인은 은행으로부터 신용을 부여받는다는 점에서 accredited buyer(수신매수인), 신용장발행의뢰인인 동시에 개설자라는 점에서 opener(개설자), 또 화물의 수하인이라는 점에서 consignee(수하인), 어음의 결제인이라는 점에서 accountee(어음결제인) 등과 같이 그 역할과 보는 각도에 따라 여러 가지로 불려지고 있다.

② 개설은행(issuing bank or opening bank)

발행의뢰인의 의뢰를 받아 의뢰인과 신용장 발행계약에 의하여 신용장을 발행하는 은행을 개설은행 또는 발행은행이라고 한다. 발행은행은 수입업자와 거래가 있는 거래은행이며, 외국환업무를 취급하는 외국환은행이다. 그러나 때에 따라서는 매도인(수출업자)이 발행은행을 선정하는 경우도 있다.

③ 수익자(beneficiary)

수익자(또는 수혜자)라 함은 신용장 발행의뢰인이 지시에 의거하여 발행된 신용장의 수혜를 받는 자를 말한다. 수익자는 통상 신용장의 이익을 받는 수출업자인 매도인이며 화물을 선적하는 선적인이다. 또한 신용장의 사용자이므로 user라고도 하며 취결인이기 때문에 drawer(어음발행인)라고도 하며, 또한 accreditee(신용수령인), addressee(지명인)라고도 불리운다.

(2) 관련당사자

① 통지은행(notifying, advising or transmitting bank)

신용장의 발행은행은 신용장의 발행사실과 그 내용을 수익자에게 직접 통지하거나 수익자의 소재지에 있는 발행은행의 본·지점 또는 환거래은행을 경유하여 통지해야 한다. 대부분의 경우는 후자인 은행을 경유해서 통지된다. 이 통화를 행하는 은행을 통지은행이라고 부른다.

이 통지은행은 신용장에 의거하여 발행된 은행의 매입 혹은 지급에 대하여 아무런 약속도 없이 통지할 수 있으며, 또한 통지 내용의 수정에 대하여도 아무런 책임이 없다. 그러나 자기가 통지하는 신용장의 외관상의 진정성을 점검하는데 있어서 상당한 주의를 기울여야 한다.

② 확인은행(confirming bank)

신용장 발행 이외의 제3의 은행이 그 신용장에 자신이 어음의 인수 지급을 할 것이라는 약속을 추가하거나 발행은행이 어음의 인수 지급을 할 것을 보증하는 경우가 있다. 이와 같은 행위를 신용장의 확인이라고 하며, 확인을 행한 은행을 확인은행이라 하며, 이 신용장을 확인신용장(confirmed credit)이라고 한다.

③ 매입은행(negotiating bank)

매도인은 선적을 완료하면 신용장의 규정에 따라 매수인 또는 발행은행 앞으로 환어음을 발행하여 신용장에서 요구하는 서류를 첨부하여 신용장과 함께 신용장의 통지은행 또는 다른 거래은행에 그 어음의 매입을 의뢰한다. 이 어음을 매입하는 은행을 매입은행이라고 한다. 이 매입은행은 특히 신용장에서 특정한 은행이 한정되어있지 않는 한 매도인의 거래은행이면 어느 은행이라도 상관없으므로 반드시 통지은행과 일치할 필요는 없다.

④ 지급은행(paying bank)

신용장발행은행의 거래은행으로서 발행은행으로부터 당해신용장의 수익자가 발행한 환어음을 지급하도록 지시를 받는 은행을 지급은행이라고 한다. 이는 수입자 소재국의 통화가 결제통화로 되어있는 경우에 통지은행이 지급은행이 되는 경우가 많고, 또 기타 여러 가지 사유로 지급은행이 지정되는 경우가 있다. 그리고 지급은행은 반드시 수익자 소재국의 은행이 되는 것만은 아니다. 그 지급은 발행의 위탁 또는 지시에 따라 행해지는 것으로서 은행이 임의로 할인한 경우와는 다르다.

⑤ 인수은행(accepting bank)

 기한부어음(time bill, usance bill)은 어음의 지급인이 인수함으로써 어음소지인에 대한 주된 채무자로서 만기일에 지급을 할 의무를 진다. 그런데 신용장 발행은행이 수익자가 발행한 환어음의 인수인이 되지 않고, 런던이나 뉴욕 등에 있는 거래은행 또는 신용장의 통지은행 등이 어음의 인수인이 되는 경우가 있다. 이와 같은 인수인을 인수은행이라고 한다. 가령 한국에서 필리핀으로 수출할 경우, 필리핀의 신용장 발행은행은 뉴욕에 있는 거래은행으로 하여금 그 어음의 인수인으로 하는 것과 같은 것으로 결제통화가 미화(美貨)일 때 결제상 편리하다.

⑥ 결제은행(settling bank)

 신용장의 결제통화가 수입국이나 수출국의 통화가 아닌 제 3국이 통화일 때에는 발행은행의 거래은행이 발행은행의 지시에 따라 대금을 결제하는 경우가 있는데, 이 은행을 결제은행이라고 한다. 어음을 매입한 은행에 대금을 상환해 주는 은행이라고 해서 상환은행(reimbursing bank)이라고도 한다.

(3) 신용장 거래절차

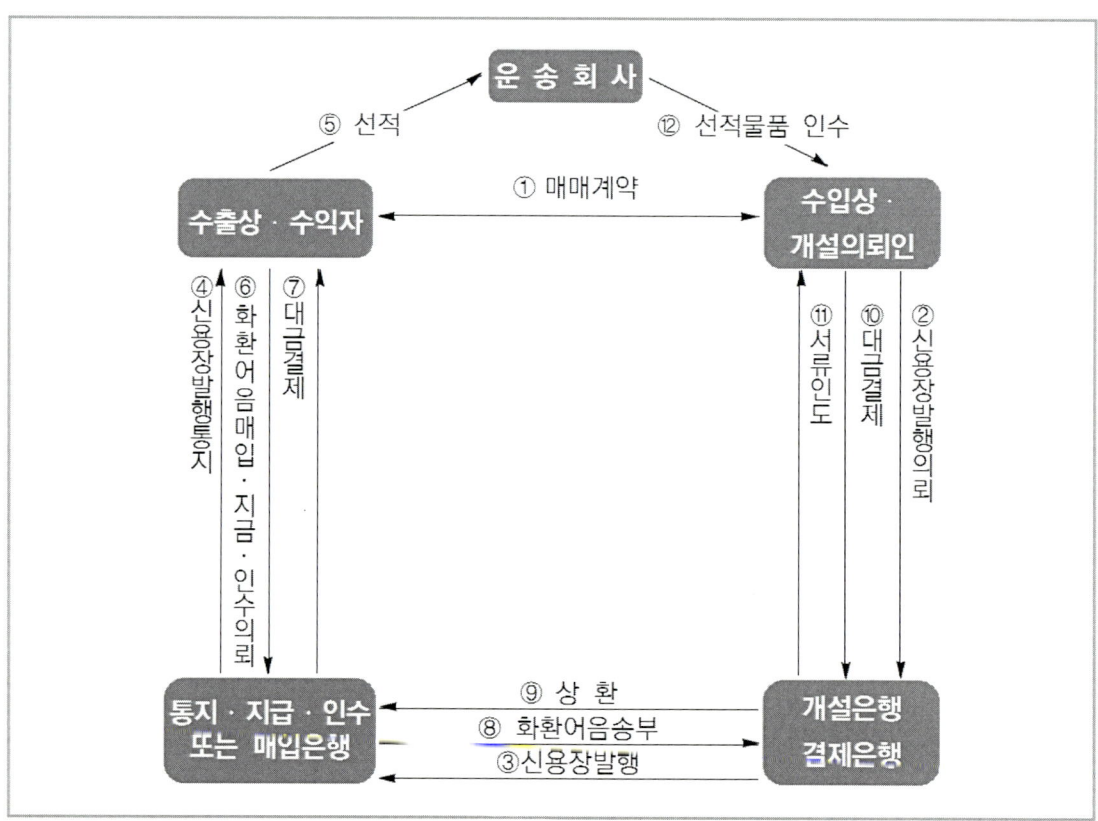

제7절 무역클레임 조건

1 무역클레임의 의의와 발생원인

1) 의의

무역클레임(Trade Claim)은 무역계약의 당사자인 매도인(Seller)과 매수인(Buyer)간에 제기되는 것으로, 당사자의 일방(Seller or Buyer)이 무역계약을 위반하여 이행하였거나 혹은 이행하지 않았을 때 이로 인하여 손해를 입는 타방 당사자가 상대방에게 손해배상을 청구하는 무역분쟁에 대한 청구(Claim for Trade Dispute)라고 한다. 따라서 무역클레임은 매도인이 매수인에게 매수인의 의무를 다하지 않았을 때 제기하는 매도인의 클레임(Seller's Claim)과 반대로 매도인의 의무 불이행에 대한 매수인의 클레임(Buyer's Claim)이 있다.

무역클레임과 관련하여 통상클레임으로 두루 사용되고 있는 용어가 있다. 불평불만(Complaint)과 분쟁(Dispute)이다.

Complaint는 피해 감정에 입각한 불평 불만으로서 객관성의 입증보다는 주관적이다. Complaint 내용에 대해 상대방에게 객관적인 측면에서 구체적인 요구나 청구의 의사표시를 한 것이 Claim에 해당된다. Complaint를 Claim으로 표기 사용하는 것은 삼가는 것이 좋다[47].

분쟁(Dispute)은 일방당사자의 클레임에 대해 당사자간에 원만히 해결에 합의되는 경우와 합의에 도달하지 못하고 다투는 경우가 있다. 상대당사자에게 아무런 다툼이 없이 받아들여져 해결된다면 분쟁이라 할 수는 없으며 다툼이 있으면 분쟁(dispute)으로 확대된다. 이와 같이 'Complain, Claim, Dispute' 현저한 차이가 있음에도 일상에서 혼돈하여 사용하는 경우가 많다. 그러나, 무역클레임이 분쟁으로 확대될 경우에는 조정, 중재, 소송이라는 제3자의 개입으로 해결할 수밖에 없으며, 이러한 경우에는 용어 때문에 사실과 다르게 인증될 수도 있고, 용어의 바르지 못한 사용은 상대에게 좋지 않은 인식을 줄 수도 있으므로 정확을 기해야 한다.

2) 발생원인

무역클레임의 발생은 당사자의 고의에 의한 클레임도 있으나, 고의성이 전혀없는 가운데서도 발생할 수 있다. 고의적인 클레임이든 아니든 간에 사전 예방을 철저히 하여야 한다. 클레임의 주된 원인은 다음과 같이 분류할 수 있다[48].

---
47) 강이수, 「무역클레임」, 삼영사, pp.17~18.
48) 정기인, 「상사중재론」, 무역경영사, 1984, pp.398~418.

(1) 국가 간의 언어, 관습, 문화 등의 차이

서울과 제주도간에 기후, 문화, 언어, 식생활, 상관습에 많은 차이가 있다. 국가간에는 그 차이가 더욱 크다. 동일 언어국가에 있어서도 지역간의 의미 차이는 상호 예측할 수 없을 정도로 심지어 오해가 생기기도 한다. 자연환경조건, 전통적인 삶의 차이 때문에 고의성이 아닌 클레임이 발생하기도 한다.

(2) 신용조사의 불충분

국가간의 거래에서는 상대방에 대한 신용파악이 쉽지 않다. 그러나 각종 신용조사 방법을 활용하여 거래상대방에 대한 재정, 규모, 신뢰도, 사장의 경영능력 및 현지시장 상황에 대한 충분한 신용조사를 함으로써 상대방의 재정이나 신용 및 고의적인 클레임을 예방할 수 있다.

(3) 무역실무지식의 부족

국제무역을 하는 실무자가 악의나 고의성이 없으면서도 무역실무에 대한 지식과 경험 부족으로 클레임이 발생하는 경우가 있다. 한국의 경우도 1970년대까지는 이로 인한 클레임이 많았으며, 대응방안으로 무역사제도, 무역업허가제도 등을 실시하기도 하였다. 요즘 무역후진국과의 교역에서 이러한 사례가 많으므로 가능하면 경험이 많은 능력있는 회사와 거래를 하거나 아니면 상대방에게 주요사안에 대해서는 주의를 환기시켜 이로 인한 클레임을 예방할 수 있도록 주의를 다 하여야겠다.

(4) 계약조건이 불명확

클레임은 계약 때부터 발생한다고 한다. 이는 계약 내용을 충분하고도 확실하게 하지 않은 데서 기인한다. 계약조건을 충분하게 하는 것은 상호간의 권리와 의무를 세부에까지 정하게 하므로 당사자간의 책임소재가 명확하기 때문에 클레임예방을 위해서도 매우 중요할 뿐 아니라 분쟁발생 후에도 신속하게 해결할 수 있다. 또한 계약 내용에 애매모호한 것도 클레임의 원인이므로 분명하고 확실히 해야 한다.

(5) 상대국법규, 국제상관습, 국제조약에 대한 무지

국제거래는 한국법에 의해서만이 이행되는 것이 아니다. 상대국에서 이행되는 모든 절차는 거래상대국의 법과 관습에 따라 진행된다. 또한 무역대금 결제와 국제운송, 국제무역 정형조건 등은 상관습에 의해 규정화되 국제 민간 기구가 중심이 되어 제정한 신용장 통일 규칙과 같은 각종 규칙과 UN에서 제정한 국제조약 등에 의해 이루어지고 있으므로 이에 대한 지식부족으로 무역클레임이 발생되는 경우도 있다. 가령 신용장 거래를 하면서 '신용장 통일 규칙'을 모르거나 '외국중재판정의 승인과 집행에 관한 UN협약'을 모르고 중재를 하거나, 미국의 무역관계법을 모르고 미국과 무역을 한다는 것은 항시 위험을 안고 있는 것이다.

(6) 도량형이나 규격이 국가간에 차이

한국의 도량형과 미국의 도량형은 전통적으로 차이가 있었다. 요즘에도 한국은 미터나 킬로그램을 미국은 인치나 파운드를 쓰고 있다. 국가마다 도량형 자체가 틀리는 경우와 도량형끼리의 환산의 오차에 의한 분쟁도 있다. 정밀품은 몇 미리의 차이도 심각하기 때문이다. 같은 도량형이라 하더라도 차이가 있는 경우도 있다. 1톤이라고 할 때, 한국은 1,000kg이나 영국은 1,016kg이고 미국은 907kg으로 매우 차이가 크다. 이런 경우는 Ton이라고만 하지 말고 Metric Ton 이라고 함으로써 상호 분쟁을 예방할 수 있다.

(7) 불가항력

화재, 지진, 폭풍, 전쟁, 내란, 수출입중단, 항만봉쇄, 선박징발 등 거래 당사자가 어떻게 할수 없는 불가항력적 사건과 동 사건으로 인하여 발생한 파생적 사고 등의 직·간접적인 사고로 계약을 이행할 수 없거나 지체할 수밖에 없는 경우에도 분쟁이 발생한다. 이런 경우는 불가항력사건에 대한 면책을 약정해야 한다.

(8) 기타 위험

수출상이나 수입상의 과오가 아닌 선박회사, 보험회사, 은행 등의 과실로 클레임이 발생하기도 한다. 운송사고 등에 대해서는 해상보험, 수출보험 등에 가입함으로서 사고에 대비할 수 있으며 선박회사의 선정, 적정포장 보험 회사의 재정상태, 은행의 신용조사 등도 중요한 점검사항이다.

2 무역클레임의 종류와 해결방법

1) 클레임의 종류

무역클레임은 클레임의 내용에 따라 품질, 수량, 포장, 선적, 운송, 대금결제, 계약 등으로 분류할 수 있다[49].
① 품질관련 클레임은 부정품질, 품질불량, 품질상이, 규격상이, 등급저하, 색상상이, 변색 등으로 기술수준이 떨어지는 국가의 제품에서 많이 발생되며 대표적인 클레임이다.
② 수량관련 클레임으로서는 선적부족(short shipment), 착하부족(short landi- ing), 중량계산상이(miscalculation of weight) 등이 있다.
③ 포장관련 클레임은 포장불량, 포장미달, 미적정포장 등이 있다.

---

49) 강이수, 「무역클레임」, 삼영사, pp.31~40.

④ 선적클레임은 지연선적(delayed shipment), 잘못선적(wrong shipment), 과다선적(over shipment) 미도착(non-delivery) 등이 있다.

⑤ 운송관련 건은 환적(transshipment), 잘못취급(wrong shipment), 분실(missing), 좀도둑(piferage), 도둑(theft) 등이 있다.

⑥ 계약클레임 건은 계약불이행, 계약취소, 계약조항불명확 등이 있다.

후진국에서는 생산기술 부족과 무역기술이 떨어져 품질, 수량 등과 같은 제품관련 클레임이 많으나 무역이 확대되고 선진화될수록 제품에 비하여 무역기술에 해당되는 계약클레임 건이 증대하는 것이 일반 추세이다. 따라서 후진국은 품질관리에 선진화될수록 계약 등의 전문성 분야에 유의의 필요성이 높다.

2) 클레임의 해결방법

(1) 당사자 합의(Amicalbe settlement)

클레임은 제3자의 개입이 없이 당사자간의 직접 협의를 통하여 해결하는 것이 가장 바람직하다. 당사자간의 합의 중에서 제3자가 개입하여 합의한 경우를 화해(和解)라고 한다. 화해는 당사자간의 합의로서 효력이 있는 것이 일반적이나 법률절차 중의 하나로 중재나 소송 중의 화해는 법적구속력이 있다. 중재심리 중에 중재인이 개입하여 합의가 된 경우는 화해중재판정이 되어 중재판정의 효력이 부여된다. 또한 법원의 소송 중에 판사가 개입하여 합의가 되는 경우는 화해판결이 되어 확정 판결의 효력이 있다.

(2) 알선(斡旋 : Intermediation)

무역계약의 불이행이나 위반이행 등과 같은 무역 불만(complain)이 있는 어느 일방의 당사자가 직접접촉 해결을 시도하였으나 상대방이 불응하거나 고의적으로 기피하는 경우가 있을 수 있다. 이때 일방당사자는 제3자에게 해결을 요청하고 제3자는 타방 당사자에게 원만한 해결을 할 것을 권유하는 것을 알선이라고 한다.

알선은 제3자가 타방당사자가 클레임을 고의적으로 기피하는 것을 막고 성의있는 해결을 권유하는 하는 것으로서 해결내용에 대해 강제성 있는 직접적인 지시는 하지 않는다. 한국은 대외신용유지가 목적이며 대외무역법에 의해 대한상사중재원이 담당하고 있다. 클레임의 90% 이상은 알선으로 해결되고 있다.

(3) 조정(調整 : Mediatlon)

전술한 알선으로 해결되지 않을 경우 제3자가 좀 더 적극적으로 개입하여 각자의 의견에 대하여 증빙자료와 경험을 바탕으로 구체적인 내용에까지 의견을 제시하면서 합의를 조정하는 것을 말한다. 예를 들어 A가 US$100,000을 청구한 건에 대해 B는 US$50,000을 제안하였으며

A는 다시 US$80,000을 요청하고 B가 US$70,000을 제안하여 A가 수락하였다면 이러한 과정이 조정이다.

(4) 조정(調停 : Conciliation)

일방당사자의 클레임 청구서와 증거에 근거, 조정관이 자유심증으로 해결방안을 제시하는데 이때 이 안을 조정안이라고 한다. 조정제도는 소비자분쟁조정제도, 의료분쟁조정제도, 보험분쟁조정제도, 증권분쟁조종제도, 언론분쟁조정제도 등이 있다. 양당사자 모두 이를 수락할 경우에는 조정안이 성립되며 법원의 화해판결과 같은 효력이 있다. 그러나 어느 일방이라고 수락하지 않으면 조정안은 성립되지 않는다.

(5) 중재(仲裁 : Arbitration)

중재란 분쟁(또는 거래)당사자간의 합의 (仲裁契約)에 따라 사법상의 법률관계에 관하여 현재 발생되어 있거나 또는 장래에 발생할 분쟁의 전부 또는 일부를 법원의 소송에 의하지 아니하고 사인(私人)인 제3자를 중재인(Arbitrator)으로 선정하여 그 중재인의 판정(Award)에 맡기는 동시에 그 판정에 복종함으로써 분쟁을 최종적으로 해결하는 자주법정제도이다.

(6) 소송(訴訟 : Litigation)

원고가 피고를 상대로 법원에 소송하는 것으로 조정과 같은 조정안에 대한 당사자의 동의나 중재와 같은 중재합의가 필요없으며 법원에 제소만 하면 된다. 그러나, 당사자의 국적이 서로 다른 무역 클레임의 경우는 재판국이 아닌 타방국가로부터는 판결의 승인과 집행을 보장받기 어려운 문제점이 있다. 중재와의 큰 차이점은 중재는 단심이며 자발적 제도이나 소송은 삼심제도이며 강제적 법정제도이다.

3 | 클레임 통지기간계약 조항

클레임 통지는 청구권 행사의 전제가 된다. 즉, 클레임 통지가 합리적인 기간을 지나서 했을 때는 청구권이 인정되지 않는 것이 보편적인 법해석이다. 계약서에 물품의 특성에 따라 당사자간의 합의로서 합리적인 기간을 정하는 것이 바람직하며, 만약 당사자간에 합의가 없는 경우는 각국법과 조약 등에서 규정하고 있는 클레임통지와 검사기간은 다음과 같다.

국 명	근 거	주 요 내 용
한국	상법69조	목적물 수령한 때 지체없이 검사하고 하자 발견 즉시 매도인에게 통지해야 함. 단, 숨은 하자는 6개월 이내 발견즉시 통지
일본	상법526조	한국과 동일
미국	통일상법2-606조	합리적 기간내(Within a reasonable time)
WARSAW OXFORD RULES	19조	합리적검사기회(reasonable opportunity of inspection), 검사 완료 후 3일 이내에 통지 (Within 3days from the completion of such inspection)
UN조약	38-39조	합리적인 기간내 검사 및 통지해야 하며 물품이 매수인에게 교부된 날로부터 늦어도 2년 이내

4 │ 클레임 통지조항

당사자간에 합의하는 클레임통지 조항은 각국간의 차이 및 상품의 특성에 따라 차이가 있으므로 다음 예문을 참고하여 상품의 특성에 맞는 기간을 계약서에 미리 규정하는 것이 바람직하다.

"Any claim or complaint by Buyer of whatever nature arising under this contract, shall be made in cable within one week after arrival of the cargo in the destination port. Full particulars of such claim shall be made in writing and forwarded by air mail to seller within 15 days after cabling. Buyer must submit with such particulars as public surveyor's report, when the quality and or quantity of merchandise is in dispute."

(이 계약에서 발생된 모든 클레임은 상품이 목적항에 도착된 후 1주일 이내에 매수인이 매도인에게 제기하여야 한다. 그 클레임에 대한 상세한 내용은 전신후 15일 이내에 항공편으로 매도인에게 송부되지 않으면 안 된다. 또한, 매수인은 그 분쟁이 품질 또는 수량에 관한 것일 때에는 공인검정기관의 검사보고서를 첨부하여야 한다.)

제8절 중재조건

1 중재의 개념과 장점

1) 중재의 개념

중재란 사법상의 권리 및 기타 법률관계에 대한 분쟁을 당사자간의 합의에 의하여 법원의 소송절차에 의하지 아니하고 사인인 제3자를 중재인으로 선정하여 그 분쟁의 해결을 중재인의 결정에 맡기는 동시에 최종적으로 그 결정에 복종함으로써 분쟁을 해결하는 제도를 말한다.

국제간의 무역이 국제사회에서 일반화됨에 따라 무역분쟁은 매우 많아졌다. 그러나 무역분쟁을 법원의 소송으로 해결하는 것은 현실적으로 부적당하여 UN에서는 국제간의 상거래 분쟁을 원만하게 해결하기 위하여 「외국 중재 판정의 승인과 집행에 관한 유엔 협약」을 1958. 6. 10. 뉴욕에서 채택하였으며 우리나라도 1973년 이에 가입함으로써 중재판정이 가입국 상호간에 승인되고 집행을 보장받을 수 있게 되었다. 이후 계속 발전되고 국제간에 그 이용이 확대되어 오늘날 국제간의 상거래 분쟁에 대한 해결수단으로 자리잡게 되었다.

2) 중재의 장점

중재는 법원의 다음과 같은 몇가지의 소송이 갖지 못한 장점일수 있으며 국제분쟁에서는 그 특징이 더욱 뚜렷하다[50].

(1) 자주적 분쟁해결제도

영국의 Clive M.Schmitthoff 박사는 그의 저서 「The Export Trade」에서 중재(arbitration)는 재판(litigation)보다 낫고 조정(conciliation)은 중재보다 나으며, 분쟁의 예방은 조정보다 낫다고 기술하고 있다. 중재가 소송보다 낫다고 하는 가장 주된 근거는 소송이 강제적인데 비해 중재는 자발적인 분쟁해결로서 당사자간의 우의적인 해결이라는 점이다. 중재는 양당사자간에 자발적으로 중재계약을 하며, 중재계약에서의 약정에 따라 제3자를 중재인으로 선정하고 스스로의 약정에 따라 선임된 중재인이 내리는 판정에 상호복종하고 이를 행하는 제도로 당사자간의 합의에 의한 자주적 해결방법이다. 따라서 당사자간의 중재합의가 없으면 중재를 할 수

---

50) 고범준, 「국제상사 중재법 해설」, 대한상사중재원, pp.37~40.

없다. 소송보다는 당사자간의 의견존중과 자유스러운 분위기속에서 상호호양의 정신에 의해 자유스러운 주장을 할수 있으며 중재가 끝난 뒤에도 우호적 거래가 지속될 수 있다.

(2) 분쟁을 신속하게 해결

중재는 한 번의 판정으로 종결된다. 소송은 3심제를 운영하고 있으나 중재는 중재인이 내린 판정은 중재판정이 취소되지 않는 한 최종이다. 뿐만 아니라, 소송은 1심법원인 지방법원의 판결도 재판일정에 밀려 1년을 넘기는 경우가 대부분이다. 그러나 중재는 중재가 개시된 날로부터 3개월 이내에 최종판정을 하도록 중재법에서 규정하고 있어 매우 신속하게 분쟁을 해결할 수 있다.

(3) 법원의 확정판결의 효력

"중재판정은 법원의 확정판결과 동일한 효력이 있다."라고 중재법에서 규정하고 있다. 중재판정은 법원에서 확정된 판결과 동일한 효력이 있어 승인과 집행이 보장된다.

(4) 중재는 전문가에 의한 판정

중재인은 법원의 소송처럼 법률가만이 아니라 분야별 전문가로 구성되어 있다. 다툼의 문제가 제품의 품질에 대한 문제라면 특정품 전문가, 금융거래상의 문제라면 금융전문가가 중재인이 되어 사건을 심문하고 판정하기 때문에 사건에 대한 전문적 지식뿐만 아니라 동업계의 일반적 관행까지 감안된 중재판정이 가능하다.

(5) 중재는 비밀이 보장

법원의 재판이 공개재판원칙인데 비하여 중재는 당사자 일방이라도 동의가 없으면 공개하지 않는다. 특정부분에 대한 비밀노출방지 및 분쟁으로 인한 기업신용보호 등이 목적이므로 기업의 보호를 기할 수 있다.

(6) 비용이 저렴

국제간의 무역분쟁은 대부분 금액이 고액이다. 중재는 최소한의 관리비용과 중재인 수당 및 실지소요된 출장비 등만을 내면되기 때문에 중재 비용이 저렴하다. 특히 변호사 선임이 필요하지 않은 경우가 많으며 신속히 끝나기 때문에 법원소송처럼 승소하고도 많은 재판비용의 발생으로 실익이 없는 경우는 거의 없다.

(7) 외국에서도 승인과 집행

중재판정은 국제적으로는 '외국중재판정의 승인 및 집행에 관한 UN조약'(The Convention on

the Recognition and Enforcement of Foreign Arbitral Awards : 약칭으로 'New York'협약이라 한다. 1958년 채택, 1973년 한국가입, 2008. 8. 1. 현재 142개국이 가입하였으며 국제적으로 효력이 있다. 이 조약의 주된 내용은 UN조약 가입국간에는 자국판정이 아니라 하더라도 상호주의 원칙에 의해 중재판정의 승인과 집행이 보장된다.

우리나라는 이 협약에 가입할 때 한국법상 상사관련 분쟁에 한하고, 또 상호 체약국인 경우에 한해서 이 협약을 적용한다고 유보 선언하였다.

<뉴욕협약가입국 현황>

Algeria	Cyprus	Kenya	San Marino
Antigua and Barbuda	Czech Republic	KOREA	Saudi Arabia
Argentina	Denmark	Kuwait	Senegal
Australia	Dijbouti	Latvia	Singapore
Austria	Dominica	Lesotho	Slovakia
Bahrain	Ecuador	Lithuania	Slovenia
Bangladesh	Egypt	Luxemburg	South Africa
Bardbados	Estonia	Macedonia Rep.of	Spain
Belarus	Finland	Madagascar	Sri Lanka
Belgium	France	Malaysia	Sweden
Benin	Georgia	Mali	Switzerland
Bolivia	Germany	Mexico	Syrian Arab Rep.
Bosnia & Herzegovina	Ghana	Monaco	Tanzania, Unite Rep.of
Botswana	Greece	Mongolia	Thailand
Bulgaria	Guatemala	Morocco	Trinidad and Tobago
Burkinal Faso	Guinea	Netherlands	Tunisia
Cambodia	Haiti	New Zealand	Trukey
Cameroon	Holy See(Vatican)	Niger	Uganda
Canada	Hungary	Nigeria	Ukrain
CentralAfrican Rep.	India	Norway	United Kingdom
Chile	Indonesia	Panama	U.S.A.
China, PR	Ireland	Peru	Uruguay
Colombia	Israel	Philippines	Uzbekistan
Costa Rica	Italy	Poland	Venezuela
Cote d'Ivoire	Japan	Portugal	Vietnam
Croatia	Jordan	Romania	Yugoslavia
Cuba	Kazakstan	Russian Federation	Zimbabwe

▶ 확대적용지역

- Australia : Australian Antarctic Territory, Chritsmas land, Cocos(Keeling) Islands, Enderberry Island, Norfolk Island.

- China : Hong Kong

- Denmark : Faeroe Islands, French Polynesia, New Caledonia, St. Pierre et Miquelon, Wallis and Futuna Islands.

- Netherlands : Netherlands Antilles.

- United Kingdom : Bermuda, Cayman Islands, Gibraltar, Guemsey, Hong Kong, Isle of Man.

- U.S.A : American Samoa, Cantion Island, Guam, Puerto Rico, Virgin Islands, Wake Islands.*E1 Salba dor, Pakistan : 서명후 비준하지 않음.

2 │ 중재합의의 대상

1) 중재합의

(1) 중재합의의 의의

중재는 분쟁을 법원에 판결에 의하지 않고 당사자의 합의(agreement)로 중재에 의하여 신속하게 해결하는 절차를 말한다(중재법 제3호 제1조)라고 규정하고 있다. 따라서, 당사자의 합의는 중재의 기초가 되는 것이며 당사자는 합의의 내용에 구속된다는 중재합의는 계약상의 분쟁인지의 여부에 관계없이 일정한 법률관계에 관하여 당사자간에 이미 발생하였거나 장래발생할 수 있는 분쟁의 전부 또는 일부를 중재에 의하여 해결하는 당사자의 합의를 말한다[51].

일반적으로 합의는 당사자의 의사의 일치 또는 2인 내지 수인에 의한 상호수락 표명을 의미하며, 계약은 이러한 합의에 대하여 위반하였을 경우에는 손해배상청구 또는 구제수단이 강행가능(enforceable)하도록 되어 있는 경우를 말한다.

우리나라에서는 중재합의는 '서면에 기명·직인한 것이거나, 계약 중에 중재조항이 기재되어 있거나, 교환된 서신 또 전보, 전신, 팩스, 기타통신수단에 의하여 교환된 문서에 중재조항이 기재된 것이어야 하다'(중재법 제8조 제3항)라고 규정하고 있다. 이와 같이 서면에 의한 합의를 요구하는 것은 합의 위반에 대한 구제수단의 강행이 가능하도록 하기 위함이다.

---

51) 중재법 제3조(정의) 2호 참조.

(2) 중재합의의 방식과 내용

중재합의의 방식은 한국중재법·미국중재법·영국중재법·뉴욕협약에서 모두 서면에 의한 합의(agreement in writing)를 규정하고 있다. 이는 중재는 중재합의가 기초가 되기 때문에 중재합의를 입증할 수 있는 증거로써 서면이 소망스럽기 때문이다. 구두합의를 양당사자가 인정한다 하더라도 추후 중재판정의 승인과 집행을 위해서도 중재절차가 진행되기 전에 서면합의를 갖추어야 하며 구두합의만으로 중재절차를 진행하는 것은 현실적으로 매우 위험하다.

중재합의내용은 중재부탁합의, 이외에도 중재인(또는 경제기관) 중재절차, 준거법 등이 있으며 중재절차진행을 위하여 기타 절차상의 내용도 있다. 그런데 중재합의내용이 복잡하여 당사자간에 이를 구체화한다는 것은 쉬운 문제가 아니다. 따라서 상설중재기관에서는 중재규칙과 중재인 명부 등을 구비하고 있으며 권장하는 표준중재조항, 중재부탁합의서 서식을 활용함으로써 중재계약의 확실성을 기할 수 있을 뿐만 아니라 시간과 노력을 절약할 수 있다.

A. 국내중재계약 조항
"이 계약으로부터 발생되는 모든 분쟁은 대한상사중재원에서 중재에 의해 최종적으로 해결한다"

B. 국제중재계약조항
매매계약이나 분쟁발생 후에 한국에서 중재를 하는 것이 가능할 때는 대한상사중재원의 중재조항을 삽입하면 거리, 시간 등에서 유리할 것이다. 그렇지 않으면 피고지주의 중재조항이 바람직하다.

a) 대한상사중재원 중재조항
"이 계약으로부터 또는 이 계약과 관련하여 또는 이 계약의 불이행으로 말미암아 당사자간에 발생하는 모든 분쟁, 논쟁 또는 의견차이는 대한민국 서울에서 대한상사중재원의 상사중재규칙 및 대한민국법에 따라 중재에 의하여 최종적으로 해결한다. 중재인(들)에 의하여 내려지는 판정은 최종적인 것으로 당사자 쌍방에 대하여 구속력을 가진다"

(All disputes, controversies, or differences which may arise between the parties out of or in relation to or in connection with this contract, or for the breach thereof, shall be finally settled by arbitration in Seoul, Korea in accordance with the Commercial Arbitration Rules of the Korean Commercial Arbitration Board and under the Law of Korea. The award rendered by the arbitrator(s) shall be final and binding upon both parties concerneed.

b) 피신청인주의 중재조항의 예

　(예1) "이 계약과 관련하여 발생하는 모든 분쟁은 피신청인의 국가에서 중재로 최종
　　　　해결한다.

　　　　(All disputes that may arise under or in relaition to this contract shall be finally
　　　　settled by arbitration in the country of respondent)

　(예2) 한, 일 기업간의 예

　　　　만일 피신청인이 (한국기업)일 경우 대한상사중재원에서, 만일 피신청인이(일
　　　　본기업)일 경우 일본국제상사중재협회에서 진행한다."

　　　　(All disputes related to this contract shall be finally settled by arbitration in the
　　　　country of the respondent. In case the respondent is a Korean enterprise, the
　　　　arbitration shall be held at the Korean Commercial Arbitration Board. In case the
　　　　respondent is a Japaneses enterprise, the arbitration shall be held at the Japan
　　　　Commercial Arbitration Association.)

2) 중재의 대상

　중재부탁의 대상은 당사자가 처분할 수 있는 '사법(私法) 상의 법률관계에 관하여 현재 발생
하여 있거나 또는 장래에 발생할 분쟁의 일부 또는 전부'를 그 대상으로 하고 있다(중재법 제3
조 제1호 내지 제2호). 여기서 사법(private law)이란 공법(public law)의 상대개념으로 개인간의
관계로 형사사건, 비송사건, 가사심판사건, 강제집행사건, 행정소송사건 등은 중재부탁의 대
상이 될 수 없다. 법률관계(legal relation)란 인간의 사회생활관계 중에서 법이나 법적보장을
받을 수 있는 것으로서 당사자가 임의로 처분할 수 있는 것이 그 대상이다.

　그리고 분쟁이 발생한 뒤에 중재부탁합의를 한 경우는 당연히 중재대상이 되며, 거래관계계
약서에 향후 거래에서 발생할 수도 있고 발생하지 않을 수도 그리고 어떤 종류의 분쟁이 발생
할지 모르는 상태에서 전부 혹은 특정부분에 대해서 미리 중재부탁합의를 한 경우도 중재대
상이 된다. 후자의 사전중재합의는 재판을 받을 권리를 사전에 박탈한다는 이유로 효력을 인
정할 수 없다는 주장도 있으나 개인의 자유의사에 의한 계약은 보장되고 지켜져야 한다는 취
지에서 중재계약의 효력이 있다는 주장이 지배적이다.

　중재부탁의 범위는 대한상사중재원의 표준중재조항 "All disputes, controversies or differences
which may arise between the parties, out of or in relation to or in connection with this contract
or for the breach thereof ......"에서 살펴볼 때, 분쟁의 종류는 모든 분쟁(disputes), 논쟁
(controversies), 그리고 의견차이(differences)라고 규정하고 있다. Disputes로만 있을 때는 계약
서조항 해석에 대해 의견이 다를 경우에는 분쟁이 아니기 때문에 중재대상이 아니라는 논란
이 될 수 있으나 논쟁과 의견 차이를 넣어둘 경우에는 다툼의 여지가 없다.

계약과 관련해서, out of contract(계약으로부터)는 계약을 직접 증거로 하여 발생하는 분쟁으로 가장 좁은 의미이다. in relation to(계약과 관계하여)는 계약과 밀접한 관계가 있는 뜻으로 out of 보다는 범위가 넓다. in connection with(계약과 관련된)은 계약과 간접적으로 관련된 것까지로 in relation to보다도 넓다. 그리고 for the breach of (계약의 불이행)는 진술한 세 가지 경우가 계약의 이행과 관련한 분쟁의 출처라면 for the breach of는 위반의 원인이라고 할 수 있다.

중재합의의 효력

첫째는 법원에 직소하는 것이 금지된다.

중재법 제9조 제1항에는 '중재 합의의 대상인 분쟁에 관하여 소가 제기된 경우에는 피고가 중재합의 존재의 항변을 하는 때에는 법원은 그 소를 각하 하여야 한다. 다만 중재합의가 부존재·무효이거나 효력을 상실하였거나 그 이행이 가능한 경우에는 그러하지 아니하다.'라고 규정하고 있다. 뉴욕협약 제2조 제3항에서도 '당사자가 본조에서 말하는 합의를 한 사항에 대하여 제소되었을 경우에는 협약국의 재판소는 그 합의가 무효이거나 실효하였거나 또는 이행 불능인 것이라고 인정되는 경우를 제외하고 당사자 일방의 요구가 있으며 중재에 부탁하여야 한다는 것을 당사자에게 명령하여야 한다'라고 규정하고 있다. 즉, 중재계약은 당사자간의 계약자유원칙에 따라 중재에 의하여 최종적으로 해결하며 중재판정에 복종할 것임을 서면으로 합의하였기 때문에 법원에 직소가 금지된다[52].

둘째는 최종해결의 효력이다.

중재법 35조는 "중재판정은 당사자간에 있어서는 법원의 확정판결과 동일한 효력이 있다'라고 규정하고 있다. 확정판결이란 상급재판소에서 판결이 취소될 가능성이 없다. 즉, 당사자가 2심이나 3심에 제소를 않거나 2심이나 3심에서 확정된 경우를 말한다. 중재는 단심으로 바로 확정되기 때문에 확정 판결의 효력이 있는 것이다.

셋째는 외국중재판정의 승인과 집행에 관한 효력이다.

한국은 뉴욕조약에 이미 1973년에 가입하였다. 동협약가입국간에는 상호간에 승인과 집행을 보장하고 있으며 아울러 우리 헌법 제5조에서도 조약은 국내법과 동일한 효력을 가지고 있음을 규정하고 있어 한국에서 내려진 중재판정은 동조약에 가입한 외국에서 승인과 집행이 보장되며 호혜주의 원칙에 따라 뉴욕조약가입 외국에서 내려진 중재판정도 한국은 승인하고 집행을 보장하고 있다.

---

52) 前揭書, pp.76~79.

4 중재인과 중재절차

1) 중재인

(1) 중재인의 정의

중재인이란 당사자의 합의로 중재판정을 내릴 권한이 부여된 제3자를 말하며 RUSSEL은 "The arbitrators are persons indifferently chosen to determine the matters in controbersy according to their own minds, whether They be matters of law or fact...."

(중재인들이란 법률문제이거나 사실문제여부를 불문하고 분쟁을 자기자신의 의사에 따라 결정하도록 공평하게 선정된 사람들이다.)라고 정의를 내리고 있다.

(2) 중재인의 수와 결정방법

중재인은 중재판정부를 구성하고, 중재판정부는 단독중재인이나 2인 이상으로 구성되며 중재판정부에서 중재판정을 내린다. 중재인의 수나 결정방법은 당사자합의로 정할 수 있으며 별도의 합의가 없는 경우는 중재법과 대한상사중재원의 중재규칙에서는 사무국이 1인 혹은 3인을 선정하도록 규정하고 있다.

(3) 중재인 기피

중재법에서 중재인은 중재절차를 공정하게 진행하고, 그 수락한 중재임무를 성실하게 수행하여야 할 신의성실의 의무가 있으며, 객관적으로 타당한 중재판정을 내릴 의무가 있다. 따라서 중재인이 되어달라고 요청받은 자 또는 선정된 중재인은 자신의 공정성이나 독립성에 관하여 의심을 야기할 수 있는 사유가 있을 때에는 지체없이 이를 당사자에게 고지하여야 하며 (중재법 제13조 제1항). 그리고 중재인은 제1항의 사유가 있거나 당사자들이 합의한 중재인의 자격을 갖추지 못한 이유가 있은 때에는 한하여 기피할 수 있다. 다만 당사자는 자신이 선정하였거나 선정절차에 참여하여 선정한 중재인에 대하여는 선정후에 알게된 사유에 한하여 기피신청을 할 수 있다. 중재인 기피신청은 중재판정부가 구성된 날 또는 사유를 안 날로부터 15일 이내에 중재판정에 기피신청을 해야 한다. 이 경우 기피신청을 받은 중재인이 사임하지 아니하거나 상대방 담당자가 동의하지 아니하면 중재판정부가 결정을 해야하며 중재판정부가 기피를 받아들이지 않으면 결과통지를 받은 날로부터 30일 내에 법원에 기피신청 할 수 있다. 이 경우에는 중재절차를 진행 중재판정을 내릴 수 있으며 법원의 기피결정은 항고할 수 없다.

(4) 중재인의 권리와 의무

중재인은 중재계약에 따라 중재판정을 내리는 권리와 의무가 있다. 중재인이 중재판정을 내리기 위해서는 당사자 또는 제3자의 출두를 요구(중재규칙 제34조)할 수 있다. 그리고 진술서 또는 증거서류의 제출을 요구할 수 있으며(동규칙35조 및 42조제2항) 이에 대한 신빙성과 유용성을 자유심증으로 판단하여 중재판정을 내릴 수 있다(동규칙 42조 제5항). 중재판정과 관련하여 필요한 경우는 법원에 협조도 요청할 수 있다(법 제10조 및 규칙 42조 3항).

중재인은 중재판정이 취소의 대상이 되지 않도록 선량한 관리자의 주의를 다하여야 하며, 중재판정문의 작성·서명날인·정본의 송달·원본의 법원에의 이송보관 등을 해야할 의무까지 가지고 있다.

2) 중재절차

(1) 중재절차 상의 기한

중재절차기한은 크게 3가지로 분류할 수 있다.

① 청구권 주장을 위한 기한(time limits for asserting claims)

하자담보기한에 해당하는 것으로 클레임제기 기한이라고 할 수 있다. 우리상법에서는 매수인은 목적물을 수령한 때는 지체없이 이를 검사해야하며 하자발견 즉시 통지를 발송해야 한다(단, 숨은 하자는 6개월). 즉시 통지를 발송하지 않았을 때는 계약해체, 대금감액, 손해배상을 청구하지 못한다고 규정하고 있으며 이때 지체없이(without delay) 또는 즉시 (immediately)라는 표현이 청구권 주장을 위한 기한이다. 계약서에 사용되는 클레임 제기기한의 설정예문이다.

"Any claim shall be advised by telegrah or cable to the seller within 15 days after the arrival of the goods at the destination.?

(모든 클레임은 목적지에 물품이 도착한 후 15일 이내에 전신 또는 전보로 매도인에게 통지해야 한다.)

② 중재신청을 위한 기한(time limits for demanding arbitration)

법원에서는 제소기한(limitation of action)이라 하며 일반적으로 매도인이 매수인에게 물품을 교부한 날로 부터 혹은 매수인이 이행을 거부한 날로부터 기산하며, 한국민법에서는 수량부족은 1년(제574조), 목적물의 하자는 6개월(제582조)이다. 미국통일상법전(제2-725조)에서는 4년. 국제물품매매계약에 관한 UN조약에서는 4년(예외적으로 최장10년)으로 규정하고 있다.

③ 중재판정을 위한 기한(time limits for rendering award)

대한상사중재원의 중재규칙에서는 별도의 합의가 없는 한 심리종결일로부터 30일 이내에 판정해야하며 신속절차를 합의하였거나 2천만원 이하의 국내중재인 경우에는 10일 이내에 판정하여야 한다라고 규정함으로써 신속화를 기하고 있다.

(2) 중재심리절차

중재심리절차(coduct of hearing)는 중재서기가 제1차 심리에서 사건과 당사자를 호명한때로부터 개시하여 중재판정부가 당사자의 주장 및 입증이 끝났다고 인정하여 심문의 종결을 선언할 때까지의 절차를 말한다.

중재심리는 사건개황을 파악하기 위한 예비회담을 거친 후 3회 정도의 심리가 개최되며 비공개를 원칙으로 한다. 당사자 일방이 정당하게 통지 또는 고지되었음에도 심리에 출석하지 아니하는 경우에는 심리를 그대로 진행하는 일방당사자 불출석의 일방적 심리도 가능하다. 심리종료를 선언하였다 하더라고 중재인은 직권에 의하여 또는 어느 일방이 합당한 이유를 제시하여 심리를 요청하면 심리를 재개할 수 있다.

5 | 중재판정과 취소

1) 중재판정

중재판정이란 중재계약의 당사자가 부탁한 분쟁을 해결하기 위하여 중재인이 내리는 최종적 결정(final decision)을 의미한다.

중재판정은 종국성(finality), 확정성(definitness), 확실성(certainty), 완결성(con- clusiveness) 등의 성질을 갖춘 것이어야 하며, 분쟁의 공명정대한 해결로서 사건을 종결할 수 있어야 한다.

중재판정범위는 계약범위 내에서 이루어져야 한다. 계약의 현실이행, 공정하고 정당한 배상과 기타의 구제를 명할 수 있으며, 중재요금·경비·중재인 수당 및 기타 비용의 부담비율을 명할 수 있다.

중재판정의 형식은 반드시 서면이어야 하며 판정문에는 주문과 이유 및 작성년월일과 중재지를 기재하여 중재인이 서명날인하여야 한다. 그러나, 화해중재판정은 이유의 요지는 요구하지 않는다.

2) 중재판정의 확정과 취소의 소

중재판정은 당사자간에 있어서는 법원의 확정판결과 동일한 효력을 가진다(중재법 제35조)고 규정하고 있으며, 이때 법원의 확정판결이란 통상의 불복신청으로 취소할 수 없는 상황에 달한 판결을 말한다.

중재판정의 취소는 법원의 판결에 의하여서만 가능하며 중재판정의 취소를 위해 법원에 재판을 신청하는 것을 중재판정 취소의 소라고 한다. 취소의 소에 의해서 취소가 될 때까지는 중재판정은 효력이 유지되며, 중재판정이 취소될 수 있는 사유는 중재법(동법 제36조)에서 다음과 같이 규정하고 있다.

① 중재판정의 취소를 구하는 당사자가 다음 각목의 1에 해당하는 사유를 증명하는 경우
    ㉮ 중재합의의 당사자가 그 준거법에 의하여 중재합의당시 무능력자이었던 사실 또는 중재합의가 당사자들이 지정한 법에 의하여 무효이거나 그러한 지정이 없는 경우에는 대한민국의 법에 의하여 무효인 사실
    ㉯ 중재판정은 취소를 구하는 당사자가 중재인의 선정 또는 중재절차에 관하여 적절한 통지를 받지 못하였거나 기타의 사유로 인하여 본안에 관한 변론을 할 수 없었던 사실
    ㉰ 중재판정이 중재합의의 대상이 아닌 분쟁을 다룬 사실 또는 중재판정이 중재합의의 범위를 벗어난 사항을 다룬 사실. 다만 중재판정이 중재합의의 대상에 관한 부분과 대상이 아닌 부분으로 분리될 수 있는 경우에는 대상이 아닌 중재판정부분만을 취소할 수 있다.
    ㉱ 중재판정부의 구성 또는 중재절차가 이 법의 강행규정에 반하지 아니하는 당사자 간의 합의에 따르지 아니하거나 그러한 합의가 없는 경우에는 이 법에 따르지 아니하였다는 사실.
② 법원이 직권으로 다음 각목의 1에 해당하는 사유가 있다고 인정하는 경우
    ㉮ 중재판정의 대상이 된 분쟁이 대한민국의 법에 따라 중재로 해결될 수 없는 때
    ㉯ 중재판정의 승인 또는 집행이 대한민국의 선량한 풍속 기타 사회질서에 위배되는 때

중재판정 취소의 판결은 법원이 중재판정문을 수정할 권한은 없으며 오직 중재판정을 취소하거나 중재인에게 반송할 수 있을 뿐이다.

동취소의 소는 중재판정 정본 (정정·해석·추가판정의 정본)을 받은 날로부터 3월 이내에 제기하여야 하며, 중재판정의 승인과 집행판결이 확정된 후에는 중재판정 취소의 소를 제기할 수 없다.

6   외국중재판정의 승인과 집행

외국중재판정의 승인과 집행에 관한 UN조약(New York협약)에서 각 가입국은 다음의 제조건하에서 중재판정은 구속력 있는 것으로 승인하고 또한 그 판단이 원용되는 영역의 절차 규칙에 따라 이를 집행하여야 한다(제3조)고 규정하고 있다.

승인(recognition)이란 특정한 법률관계 또는 사항에 대하여 공적인 권위 또는 권한에 의하여 그 존재와 정당함을 확인·비준 또는 시인하는 행위이며, 집행(enforcement)이란 강제집행을 지칭하는 법률용어로 사법상의 청구권을 국가권력의 행사에 의하여 만족시킬 것을 목적으로 하는 법률상의 절차를 뜻한다. 승인과 집행은 승인과 집행을 요구받는 국가의 관할법원에 신청해야 하며(New York 협약 제5조), 중재판정문·중재합의서와 함께 당해국가의 언어의 번역문을 제출해야 한다.

7 | 중재비용

중재비용은 원칙적으로는 무료이다. 그러나 실제 진행상의 이유 때문에 국가마다 상이하다. 한국의 대한상사중재원은 중재기관의 관리요금(administrative fees), 중재인보수(arbitrators remueration or allowances) 및 중재인 혹은 당사자의 요구에 의한 조사·증언·번역·출장예비수당·숙박료 등의 기타비용(other expenses) 등으로 구분하여 신청인으로부터 예납을 받고 있으며 체감률이 적용된다. 중재판정시에 신청금액에 대한 승소율에 따라 양당사자에게 판정으로 부과된다.

제4장 국제물품매매계약법과 정형무역조건

제1절 국제물품매매계약법
제2절 정형무역조건(Incoterms)

제1절 국제물품매매계약법(Vienna Sales Convention)

1 비엔나 협약의 역사

유엔은 세계 각국에 산재해 있는 무역에 대한 각기 다른 법과 관습 등을 점차적으로 조화시켜 결국에는 하나의 통일된 국제 거래법을 제정하여 전세계가 하나의 법에 의하여 무역을 할 수 있도록 함으로서 무역을 발전시키고 세계 인류의 후생을 증진시킨다는 목표 하에 유엔 총회의 결의로 1966. 12. 17 국제거래법 위원회 (UNCITRAL)를 탄생시켰다.

동 위원회는 국제물품 매매에 관한 협약을 성안하여 10년 이상의 토의와 연구를 거쳐 1980. 4. 10 비엔나 UN 외교관 회의에서 합의 채택 (비엔나 협약이라 불리어짐)된 후 1988. 1. 1 동 협약의 효력이 발생되었다. 한국은 그동안 가입을 검토해오다가 2004. 2. 17 유엔사무총장에게 가입서를 기탁하였으며, 1년 후인 2005. 3. 1부터 발효가 되었다.

한국은 동 협약의 발효로, 세계 무역시장에 보다 적극적으로 동참함으로서 무역국가로서의 한국의 위상이 재확립되었으며, 준거법 적용의 불안정성 또한 해소되어, 차후 한국의 무역이 신장될 수 있는 계기가 되었다. 하지만, 한편으로 동 협약과 국내법이 서로 상충되거나 동 협약에 대한 숙지 부족으로 손해를 보거나 어려움에 처할 수 있는 문제점도 있다.

그 동안의 동 협약에 대한 직역과 해설, 특정분야 연구 등은 발표된 적이 있으나, 그 내용이 너무 전문적이어서 일반인들은 본 협약 내용을 쉽게 이해할 수 없는 문제점이 있었다. 따라서, 본 고에서는 원문에 충실한 직역보다는 가능한 목차 순서대로 담아 본 협약 전 내용을 쉽게 이해할 수 있도록 하는 데 그 목표를 두고 정리하였다.

1) 적용의 범위

본 협약은 상이한 국가 내에 영업소가 있는 당사자 간의 물품매매계약에 적용된다.

(1) 상이한 국가 내에 영업소가 있는 당사자간 매매 (제 1조)

거래의 당사자인 매도인과 매수인이 동일 국가 내에 영업소를 두고 있는 국내거래는 적용 대상이 아니며 서로 다른 국가에 영업소를 두고 있는 매도인과 매수인간의 국제거래에 적용 된다. 그리고 상이한 국가라 하더라도 본 협약의 적용 대상이 되기 위해서는 영업소 소재 국가 모두가 본 협약에 가입을 해야된다. 만약 1개국만 가입하고 1개국은 가입하지 않은 경우에는 당사자간의 계약에서 가입국의 법률을 준거법으로 약정한 경우에만 해당된다. UN 협약은 가입국에 있어서는 국내법과 동일한 구속력이 있기 때문이다. 그러나, 계약 체결시 한 당사자의 외국 영업소 사실을 몰랐을 경우에는 적용 대상이 안되며 당사의 국적이나 계약의 민사적 상사적 성격은 적용 결정에 있어 고려 사항이 아니다.

(2) 물품 매매계약 (제 2-5조)

본 협약의 대상은 물품을 제조하거나 생산하기로 하는 물품 매매계약에 적용되며, 노역이나 서비스 즉, 노동, 저작권, 의장권, 특허권 서비스 등의 거래는 본 협약의 대상이 아니다. 물품 매매라 하더라도 매수인이 매도인에게 재료의 실질적인 부분을 공급하는 조건으로 매도인이 제조·생산하여 수입하기로 하는 가공무역과 같은 물품 매매계약은 본 협약이 적용되지 않는다. 노동이나 서비스 등이 압도적인 비중을 차지하는 경우는 물품 매매로 볼 수 없기 때문이다.

그리고 각국 개별법으로 특수하게 관리되고 있는 다음 여섯 가지도 동 협약의 제외 대상이다. ① 개인용, 가사용, 가족용의 물품 (계약시 사용 목적을 알지 못한 경우는 관계없음), ② 경매 물품, ③ 강제집행, 기타 법률상의 권한에 의한 물품, ④ 주식, 지분, 투자증권, 유통증권, 통화, ⑤ 선박, 항공기, ⑥ 전력 등이다.

계약의 성격상 ① 당사자간의 계약과 계약 조항 또는 관습, ② 물품의 소유권에 미치는 효력, ③ 제조물 책임 등에 관한 사항은 당사자간 계약자유원칙과 각국의 특수법을 인정하는 원칙에서 본 협약은 관여하지 않으며 계약의 성립, 매도인과 매수인의 권리 의무에 대하여 규율한다.

2) 적용상의 일반원칙

본 협약의 적용을 위한 해석에 있어 유의해야 할 일반원칙

① 당사자 자치의 원칙 : 당사자는 본 협약의 전부 또는 일부를 배제하거나 부분 변경을 할 수 있다.
② 국제성과 통일성 촉진의 원칙 : 본 협약이 국제성과 국제적인 통일성 추구의 목표에 맞게 해석 해야한다.
③ 신의 성실의 원칙 : 무역에서 신의성실의 원칙 준수하는 해석
④ 국제사법상의 원칙 : 일반원칙에 따라 해석할 수 없는 경우에는 준거법에 따라 해석
⑤ 당사자 의도의 원칙 : 당사자의 의도를 알 수 있는 경우에는 당사자의 의도에 따라 해석
⑥ 합리적인 자의 해석의 원칙 : 당사자 의도 파악이 어려운 경우에 동일 상황의 동일 부류에 속하는 합리적인 자의해석에 따른 해석
⑦ 상관습 구속의 원칙 : 당사자간의 관습이나 널리 주지된 무역관습은 묵시적으로 당사자의 계약으로 적용하기로 한 것을 본다.
⑧ 입증방식 자유의 원칙 : 서면, 구두, 증언 등 여하한 수단도 무방하다.
단, 계약이나 특정 국가의 국내법상 서면을 요구한 경우에는 서면으로 해야 하며, 이때 서면은 전보, 텔렉스도 포함된다.

3 | 계약의 성립

청약에 대하여 상대방이 동의를 표시하는 진술이나 모든 행위로 승낙을 함으로서 계약은 성립한다.

1) 청약

(1) 청약과 청약의 유인 (제 14조)

특정인을 상대로 하는 제의가 그 내용이 충분히 명확하고 승낙이 있으면 구속된다는 의사가 표명되어 있으면 청약이 되며, 제의가 물품명, 수량, 가격이 확정되거나 될 수 있으면 충분히 명확한 것으로 본다. 제의의 상대가 특정되지 않은 일반인을 상대로 하는 경우에는 청약의 유인으로서 청약이 아니다. 그러나, 승낙이 있으면 계약이 성립된다는 명문 규정이 있으면 청약으로 본다.

(2) 청약의 효력 발생시기와 청약철회 (제 15조)

청약은 상대방에게 도달한 때 효력이 발생하며, 취소불능 청약이라 하더라도 청약철회 통지가 청약통지보다 이전이나 동시에 상대방에게 도달한 경우에는 청약은 철회된다.

또한, 현재 한국법에서 우편이나 전보 발신의 경우는 발신주의를 채택하고 있으며 확정청약의 경우는 청약철회도 할 수 없기 때문에 서로 상충된다. 본 협약이 발효될 경우 특별법 우선 원칙에 의거 본 협약이 우선 적용됨을 유의해야 한다.

(3) 청약취소와 청약거절 (제 16~17조)

상대방이 승낙통지를 발송하기 이전에 청약자의 청약취소가 상대방에게 도달하는 경우에는 청약이 취소된다. 그러나, 청약 내용에 승낙의 확정시기가 명기되어 있거나 취소불능이 명기된 확정 청약은 청약취소가 불가능하다. 또한, 상대방이 청약취소불능인 것으로 신뢰하는 것이 합리적인 경우로서 청약을 신뢰하고 행동하였을 경우에도 청약취소가 불가능하다.

취소불능청약으로 유효기간이 남아있더라도 청약거절통지가 청약자에게 도달할 때는 청약의 효력은 상실된다.

2) 승낙

(1) 승낙과 반대청약 (제 18조 1항, 제 19조)

청약에 대한 동의 표시의 진술이나 행위는 승낙이 되며 침묵은 승낙이 아니다. 그러나, 당사자간의 관행상 승낙통지가 없더라도 물품발송이나 대금지급이 승낙의 행위로 인정되는 경우는 승낙이 된다.

청약에 대하여 조건을 추가, 제한, 변경하여 승낙하는 경우는 청약의 거절로서 반대청약이 된다. 특히, 실질적인 변경에 해당되는 가격, 결제, 품질, 수량, 인도장소, 인도시기, 상대 당사자에 대한 책임범위, 분쟁해결조건 등의 변경은 반대청약이 되며 실질적인 변경이 아니면 청약자가 과도하게 지체함이 없이 반대를 통지 않는 한 승낙이 되며 변경 내용이 계약 조건이 된다.

(2) 승낙의 효력발생 시기 (제 18조 2항)

승낙기간이 규정되어 있는 경우에는 동 기간 내에, 기간이 정하여지지 않은 경우에는 합리적인 기간 내에 청약자에게 승낙이 도달한 때 효력이 발생한다. 이때, 합리적인 기간을 판단할 때는 청약자의 통신수단, 거래상황을 고려해야 하며 구두 청약은 즉시 승낙해야 한다.

(3) 승낙의 수락기간과 지체승낙 (제 20~21조)

승낙의 수락기간 산정에 있어서 기산일은 ① 전보문은 전보문을 발신할 때, ② 서한문은 서한 표시일자 (서한 표시일자가 없는 경우는 봉투 표시일자), ③ 전화·텔렉스 등 동시통신 수단일 때는 상대방에게 도달한 때로부터 기산하며 공휴일과 비영업일이 기간 중에 있을 때는 기간에 산입되나 말일에 해당될 때는 다음에 오는 첫 번째 영업일까지 연장된다.

지체승낙의 경우 청약자가 승낙자의 지체승낙을 인정하는 통지를 한 경우에는 유효하다. 승낙의 지체가 승낙자의 과실이 아닌 통신사정 등임을 청약자가 알 수 있는 경우에는 청약자가 청약실효통지를 하지 않는 한 승낙이 효력이 있다.

(4) 승낙의 철회 (제 22조)

승낙이 도착되어 효력이 발생하기 이전이나 동시에 승낙철회 통지가 청약자에게 도달한 경우에는 승낙철회가 된다.

(5) 청약, 승낙, 기타 의사표시의 도달 시점 (제 24조)

① 구두 등 직접 전달된 때
② 상대방의 영업소나 우편주소로 전달되었을 때
③ 영업소나 우편주소가 없을 때는 상주적인 거소로 전달된 때이다.

---

4 | 물품의 매매

1) 총칙

(1) 본질적인 계약위반의 정의와 효과

당해 계약을 상대방이 기대할 수 있는 권리를 실질적으로 박탈하는 불이익을 초래하는 계약위반을 본질적 계약위반이라 한다. 동일부류에 속하는 합리적인 자가 예측할 수 없었던 계약위반은 해당되지 않으며 계약해제, 대체품 요구, 감액청구, 손해배상청구와 같은 구제수단을 강구할 수 있다. (제25조) 계약해제는 상대 당사자에게 통지함으로서 효력이 발생한다. (제26조)

(2) 통신의 지연오류, 미도착에 대한 발신자의 권리 주장권

본 협약에서 별도의 명문 규정이 없는 한 (제 48조 4항에서 매도인의 불이행에 대한 보완통지의 경우 매수인이 수령하지 않으면 효력이 없음), 상황에 맞는 통신을 하였다면 지연, 오류, 미도착을 이유로 발신자의 권리 주장이 박탈되지 않는다. (제 27조)

(3) 특정이행판결 배제 의무

본 협약 46조와 62조 등에서 매수인과 매도인의 의무이행 요구권을 인정하고 있으나 관할 재판소의 국내법상 특정의무이행을 요구하지 않고 있으면 특정이행판결을 내려야 할 의무가 있는 것은 아니다. (제 28조)

(4) 계약 당사자 합의에 의한 계약 변경·해지

계약은 당사자의 합의로만 변경 또는 해지할 수 있으며 서면 변경주의를 채택한 경우에는 서면만이 유효하나 특정사항에 대해 서면이 아닌 행동으로도 신뢰를 준 경우가 있는 경우에는 서면주의만 주장할 수 없다.

2) 매도인의 의무

매도인은 계약과 본 협약의 요구에 일치하는 물품을 인도하고 관계서류를 교부하고 소유권을 이전해야 한다.

(1) 계약 일치품의 인도

매도인은 계약에서 요구하는 수량, 품질, 명세의 물품을 계약에서 요구하는 방법으로 용기에 담거나 포장을 하여 인도하여야 한다. (제 35조 1항)

1) 계약 일치품의 요건과 매도인의 면책 (제 35조 2항 및 3항)

계약일치품의 요건은 ① 동일품의 통상적인 사용 목적에 적합할 것, ② 특정 목적에 적합할 것, ③ 견본 또는 표본품의 품질을 보유할 것, ④ 통상적인 혹은 적합한 방법으로 포장한 제품을 말한다. 단, 계약 당시 매수인이 위 요건에 충족되지 않는다는 것을 알고 있었던 경우에는 매도인은 책임에서 면책된다.

2) 물품인도 방법 (제 31~32조)

① 운송을 수반하는 경우에는 매도인은 하인, 운송서류 등으로 목적물을 특정하여 매수인에게 탁송통지를 해야한다. 이 경우 매도인에게 운송계약이나 부보 의무가 있을 때는 통상적인 조건으로 운송 및 보험계약을 체결해야 하며, 계약 의무가 없는 경우라 하더라도 계약에 필요로 하는 정보를 매수인에게 제공하여야 한다. ② 운송을 수반하지 않은 경우에는 양당사자가 알고 있는 장소에서 매수인이 임의 처분할 수 있는 상태에 두어야 하며, ③ 매도인의 영업장소 인도일 때는 영업장소에서 매수인의 임의처분 상태에 두어야 한다.

3) 물품인도 시기 (제 33조)

① 기일이 확정된 경우는 확정된 기일에, ② 기간이 확정된 경우에는 당해 기간 이내에, ③ 기타 기일과 기간이 확정되지 않은 경우는 합리적인 기간 이내이다.

4) 계약일치의 판단시점 (제 36조)

물품의 계약일치의 판단시점은 매도인이 매수인에게 위험을 이전하는 시점이며 이 때까지 존재하고 있는 불일치만 매도인의 책임이며 이후의 불일치는 매수인의 책임이다. 또, 위험이전 이전에 발생된 불일치가 이후에 발견된 불일치와 보증계약조항에 해당되는 경우에는 매도인의 책임이다.

5) 제 3자의 권리청구권이 없는 물품의 인도 (제 41~44조)

매도인은 전매, 사용, 영업소가 있는 국가에서 소유하고 있는 공업소유권, 지적소유권에 대하여 제 3자가 권리를 주장할 수 있는 물품을 인도해서는 안된다. 단, 계약 체결 시에 매수인이 이미 알고 있었거나, 매수인이 요구한 기술설계, 의장도안, 기타 명세서에 따라 매도인이 행함으로서 발생된 제 3자의 권리주장은 면책된다. 매수인은 공업소유권 위반사실을 알았을 때는 합리적인 기간 내에 통지해야 하나 매도인이 이미 알고 있는 경우는 통지의무가 면제된다. 통지 의무를 위반하여도 합리적인 변명을 할 수 있다면 상실 이익을 제외한 손해배상은 청구할 수 있다.

6) 인도기일 이전 제공물품의 보완 (제 37조)

매도인은 인도 만기일까지는 매수인의 불편과 비용발생을 초래하지 않는 한 수락품 인도, 수량부족품 보전, 불일치품 대체 인도 등의 보완을 할 수 있다. 그러나, 매수인은 손해배상권은 보유한다.

(2) 서류교부 의무 (제 34조)

매도인이 서류를 교부해야할 의무가 있는 경우에는 계약에 정해진 기일, 장소, 방식으로 서류를 교부하여야 한다. 매도인은 서류교부 만기일까지는 서류의 결함을 보완할 수는 있으나, 매수인은 손해배상청구권을 보유한다.

3) 매수인의 의무

매수인은 계약 및 본 협약이 정하는 바에 따라 물품대금을 지급하고 물품인도를 수령하여야 한다.

(1) 물품대급 지급

① 대금지급 방법 (제 54~56조 및 59조)

매수인은 계약에 따라 매도인의 요구가 없더라도 지급 날짜에 자발적으로 지급해야 한다. 지급의무에는 지급조치와 절차이행도 포함되며, 지급방법을 정하지 않은 경우는 동종물품의 무역거래에서의 일반적인 지급방법을 묵시적으로 참고하기로 한 것으로 본다. 중량에 따라 대금결정을 하기로 하고 중량기준을 정하지 않은 경우는 순중량을 기준으로 한다.

② 대금지급 장소 (제 57조)

ⓐ 특정장소 지급의무의 경우는 특정 장소에서 지급해야 하며, ⓑ 장소 약정이 없는 경우는 매도인의 영업소이며, ⓒ 물품 및 서류교부와 동시에 지급해야 하는 경우는 교부가 행해진 장소이다.

③ 대금지급 시기 (제 58조)

ⓐ 지급기일이 지정되어 있으면 동 일자에 지급해야 하며, 지급기일 약정이 없는 경우는 물품 또는 서류를 매수인이 처분 가능한 상태에 두었을 때 지급하며, ⓑ 운송을 수반하는 경우에는 대금지급과 물품 또는 서류를 동시 교환하는 조건으로 물품을 발송할 수 있으며, ⓒ 매수인이 물품검사 기회를 가질 때까지는 대금을 지급할 의무가 없다. 그러나 ⓐⓑ와 검사 기회를 양립할 수 없는 즉, CIF 조건의 경우는 검사는 도착시점이나 지급은 매입은행 서류제시시점과 같은 경우는 해당되지 않는다.

(2) 인도의 수령 (제 60조)

인도의 수령이란 인수장소 통지, 선복예약 통지 등의 모든 행위와 물품을 수령하는 행위를 말한다.

(3) 물품검사와 불일치품 통지의무 (제 38~40조)

매수인은 상황에 따라 실행 가능한 최단 기간 내에 물품을 검사해야 한다. 운송수반의 경우는 목적지 도달까지 검사를 연기할 수 있으며, 검사 기회를 가질 수 없는 상태에서 목적지를 변경한 경우로서 매도인이 목적지 변경을 예측할 수 있었다면 물품검사는 목적지 도착 때까지 연장된다.

매수인은 물품의 불일치를 발견한 후 합리적인 기간 내에 물품 불일치 내용을 통지해야 하며 보증기간과 양립하는 경우를 제외하고는 여하한 경우에도 2년 이내에 통지해야 한다. 매수인이 통지의무를 위반한 경우는 물품불일치를 원용할 수 없다. 그러나, 매도인이 물품불일치를 알고 있었던 경우에는 매도인은 매수인의 물품검사의무와 통지의무를 원용할 수 없다.

4) 위험이전

위험이 매수인에게 이전한 후의 물품의 멸실 또는 손상은 매수인의 대금지급의무를 면제하지 아니한다. 단, 멸실 또는 손상이 매도인의 작위 또는 부작위에 의한 것일 때는 그러하지 아니하다. (제 66조)

(1) 운송수반의 경우 위험이전 (제 67조)

특정장소 물품인도의무일 때는 특정장소에서 운송인에게 교부된 때 위험이 이전되며, 특정장소 물품인도의무가 아닐 때는 첫 번째 운송인에게 인도한 때에 이전된다. 운송인에게 물품을 인도한 후 운송서류를 보유하고 있다해도 위험이전에는 영향이 없으며 매수인의 물품으로 특정화할 때까지는 위험이 이전되지 않는다.

(2) 운송 중인 물품의 위험이전 (제 68조)

운송 중인 물품에 대하여 매매계약이 체결된 때는 계약 체결 시에 이전된다. 그러나, 운송서류가 발행된 경우는 물품 인도시점으로 소급하여 위험이 이전된다. 하지만, 계약 체결 시 이미 멸실, 손상된 것을 매도인이 알고 있는 경우는 당해 멸실과 손상은 매도인의 위험 부담이다.

(3) 운송과 상관없는 물품의 위험이전 (제 69조)

매수인이 물품을 수령한 때 위험이 이전된다. 매수인이 합리적인 기간 내에 수령하지 않은 경우는 매수인의 처분 가능 상태에서 수령 위반을 범한 때부터 위험이 이전된다.

매도인의 영업소 이외의 장소에서 수령의무가 있는 경우에는 인도 이행시기가 도래하고 또한 당해 장소에서 물품이 매수인의 임의 처분할 수 있는 상태에 놓여있다는 것을 알았을 때 위험이 이전된다.

계약 체결 시 물품이 특정되지 아니한 경우에는 계약 목적물로 특정될 때까지는 매수인의 처분 가능상태에 놓여진 것으로 보지 않는다.

5) 매도인과 매수인의 구제 수단

(1) 매도인의 계약 위반에 대한 매수인의 구제 수단 (제 46~52조)

① 매도인의 의무이행 청구 (제 46조 1항)
② 대체품 인도 청구 (제 46조 2항)
③ 불일치 보완 청구 (제 46조 3항)
④ 의무 이행을 위한 합리적인 추가 기간 설정 (제 47조 1항)
⑤ 본질적인 계약 위반과 추가 기간 중 의무 불이행의 경우 계약 해제 청구 (제 49조 1항)

⑥ 계약 일치품과 불일치품의 인도 당시 가격차액에 비례하는 금액 감액 청구 (제 50조)

⑦ 인도부족과 불일치가 본질적인 계약위반을 초래하는 경우에는 계약해제 청구 (제 51조)

⑧ 약정일 이전에 인도된 물품에 대한 수령 거절권 (제 52조 1항)

⑨ 초과수량 인도된 경우 수령 거절권이 있으며, 수락한다면 계약 금액 비율로 대금 지급 (제 52조 2항)

(2) 매수인의 계약 위반에 대한 매도인의 구제 수단

① 매수인의 의무이행 청구 (제 62조)

② 의무이행을 위한 합리적인 추가기간 설정 (제 63조)

③ 본질적인 계약 위반과 추가 기간 중의 의무 불이행의 경우 계약 해제 청구 (제 64조)

④ 계약상 매수인이 물품의 형태, 치수, 명세를 지정하도록 되어 있는 경우에는 명세 등의 지정권 (제 65조)

6) 매도인과 매수인의 공통사항

(1) 이행 이전의 계약위반과 할부이행 계약위반

① 상대방의 계약 이행 능력 또는 이행 신뢰성의 중대 결함으로 이행 능력이 없는 것이 확신되거나 이행 준비와 이행 중의 행위로 볼 때 이행 의사가 없는 것이 명백하면 의무 이행을 정지할 수 있다. (제 71조 1항) 전 항의 사유가 명백하기 전에 이미 매도인이 물품을 발송한 상태에서 서류를 수중에 가지고 있다면 물품 교부를 정지시킬 수 있으며 (제 71조 2항), 이행정지를 한 당사자는 상대방에게 즉시 통지를 하여야 하며 상대방이 이행을 위한 적절한 보장이 제공되면 이행을 계속해야 한다. (제 71조 3항) 그리고, 계약 이행일 이전이라도 당사자 일방이 본질적인 계약 위반을 범할 것이 명백한 경우에는 계약 해제를 할 수 있다. 이 경우, 상대방에게 적절한 보장을 제공할 수 있도록 하는 합리적인 통지를 해야 한다. 단, 의무 불이행자가 불이행 통보를 한 경우는 통지 의무가 면제된다. (제 72조)

② 할부 인도계약의 경우, 어느 할부 부분의 의무 불이행이 할부 부분의 본질적인 계약 위반이 되면 당해 부분에 대해 계약 해제 할 수 있으며, 어느 부분의 불이행이 장래 부분에 대한 본질적인 계약 위반 발생의 충분한 근거가 될 때는 장래 부분도 계약 해제 할 수 있으며, 계약 당시 의도하였던 목적을 달성할 수 없을 때는 인도부분과 장래부분 모두 계약 해제 할 수 있다. (제 73조)

(2) 손해배상금

손해배상액은 예상이익을 포함하며 계약 위반으로 상대방이 입은 손실액과 동등한 금액으로 구성되며 예견 가능했던 손실액을 초과할 수 는 없다. (제 74조) 계약 해제 후 대체 구입하거나 전매한 경우에는 계약 금액과 대체 금액의 차이 혹은 계약금액과 전매가격의 차액에 74조에 의한 여타 배상액을 보상받을 수 있으며 (제 75조), 대체나 전매를 하지 않은 경우는 계약금액과 계약 해제 시의 시가와의 차액에 74조의 배상액을 보상받을 수 있다.

그러나, 손실 경감을 위하여 합리적인 조치를 취해야 하며 조치를 취하지 않은 경우에는 경감되어야 할 금액을 손해배상청구 금액에서 감액 청구할 수 있다.

(3) 이자

대금지급 지연의 경우 이자를 받을 권리가 있으며 다음 면책 사유에 해당될 때라도 손해배상청구권은 면책되나 이자청구는 면책되지 않는다. (제 78조)

(4) 면책

당사자의 의무불이행이 그의 힘으로 어쩔 수 없는 장애 (an impediment beyond one's control)가 원인이 되어 발생한 것으로서 계약 시에 예측하여 방지 극복하는 것이 불가능한 경우에는 장애가 존재하는 동안 면책된다. 계약 이행을 위하여 고용한 제 3자가 동일한 원인에 기인한 경우에도 면책된다. 불이행 당사자는 장애사실을 합리적인 기간 내에 통지해야 하며, 본 면책은 손해배상 청구권만 면제되기 때문에 정부의 외환지급 정지명령에 의하여 수입대금 지급이 정지된 경우에는 동 조치가 풀리면 대금 지급뿐만 아니라 78조에 의한 이자 지급은 하여야 한다.

(5) 계약 해제의 효과

당사자들의 의무이행으로부터 면제된다. 그러나, 정당한 손해배상의무, 분쟁해결조항의무, 당사자의 권리, 의무계약 조항은 영향을 받지 않는다(제 81조 1항). 해제 후 상호 반환해야 할 것이 있는 경우 동시 이행해야 한다. (제 81조 2항) 매수인이 수령 당시와 동등한 상태로 물품을 반환할 수 없는 경우는 계약 해제나 대체품 요구권리가 상실된다(제 82조 1항). 그러나, 손해배상권은 상실되지 않는다(제 83조). 동등품 반환 불가사유가 매수인의 작위 또는 부작위에 의한 책임이 없거나 검사결과 멸실·손상된 경우 그리고 불일치 발견 전에 통상의 영업과정상 매각되었거나 소비 또는 변형된 경우에는 권리 상실에 해당되지 않는다(82조 2항). 그리고, 매수인은 반환해야 할 품목에서 발생된 이익이 있는 경우에 계약 해제나 대체품을 요구하였을 때는 동 이익금은 매도인에게 반환해야 한다.

(6) 물품의 보관

매수인의 물품수령 지연으로 매도인이 물품을 점유하고 있을 때는 매도인은 합리적인 물품 보존조치를 취하고 보상을 받을 때까지 물품유치권이 있으며, 매수인이 물품 수령 후 물품 거절을 행사하고자 할 때는 합리적인 물품 보존조치를 취하고 매도인으로부터 보상을 받을 때까지 물품유치권이 있다. (제 86조 1항)

물품 보존조치를 취해야 할 의무가 있는 자는 상대방의 비용으로 창고에 기탁할 수 있으며 (제 87조), 상대방의 보상조치가 불합리하게 지체될 경우에는 통지 후 매각할 수 있으며, 매각 당사자는 보존매각비용을 공제한 잔액은 정산하여야 한다. (제 88조)

5 종합적 특징

이상에서 국제물품 매매계약에 관한 UN 협약을 살펴보았다. 동 협약의 특징으로는 성문법적인 대륙법과 불문법적인 영미법을 적절하게 조화시켜 균형을 유지하려고 노력하였다. 그러나, 전세계를 성문법으로 하나로 통일시킨다는 것은 간단한 과제가 아니다. 따라서 성문법적 조항보다 당사자간 합의, 기존의 상관습 등을 모두 수용하였을 뿐만 아니라, 본 협약마저도 당사자 자치원칙에 따라 배제·변경을 허용하고 있다. 근본 정신은 현실 관행을 바탕으로 한 합리적인 판단에 두고 있다는 점을 알 수 있다.

본 협약은 미국, 중국 등 교역량이 많은 세계 주요국가 62개국이 가입한 명실상부한 국제협약으로 준거법 협상의 부담은 줄었으며, 이전에는 상대국의 모든 법을 숙지해야 하나, 동 협약만 숙지해도 되는 용이한 점도 있다. 이에 본 협약에 대한 충분한 준비로 보다 완벽한 계약을 하고 이행을 할 수 있다면 무역은 촉진될 것이며 분쟁을 줄여나가는 효과도 있을 것으로 기대된다.

제2절 정형무역조건(Incoterms)

1 개요

국제무역의 당사자간에는 가격 및 계약조건의 해석에 대해 각국의 역사, 풍속, 습관, 화폐, 법률의 상이성 때문에 분쟁의 소지가 있어 구체적으로 통일된 규칙의 제정이 요구되었다.

이에 따라 국제상업회의소(International Chamber of Commerce ; ICC)와 국제법률협회(International Law Association)는 국제상업회의소의 무역거래조건위원회(Trade Terms Committee)의 조사를 토대로 무역거래조건의 해석에 관한 국제규칙(International Rules for the Interpretation of Trade Terms ; INCOTERMS, 1936)을 제정하게 되었다. 이후 정형거래조건의 해석에 관한 규칙은 1953년 1967년 1976년 1980년에 개정하였다. 그리고 EDI제도 도입과 복합운송수단의 일반화에 대응하기 위하여 'INCOTERMS 1990'이 탄생되었으며, 최근 관세자유지역확대, 전자상거래증대 및 운송관습의 변화에 부응하여 13개 거래조건의 정의를 단순화하고 명확하게하기 위하여 인코텀스2000이 새로이 탄생되었다.

'INCOTERMS'는 국제무역거래조건의 불확실성으로 인한 거래상의 마찰을 줄이기 위해 매매당사자들의 의무와 책임을 명료하게 규정한 것으로 무역의 발전에 크게 기여하여 왔으나 국제조약이 아니므로 당사자들의 합의가 있어야 적용된다.

'Incoterms 2000'의 특징은 Incoterms 1990에서 규정한 ① 매도인의 영역에서 계약물품을 매수인에게 이양하는 "E"조건(EXW ; 적출지인도조건) ② 매수인이 지명한 운송수단에 매도인이 계약물품을 인도하는 "F"조건(FCA, FAS, FOB ; 운송비미지급인도조건), ③ 매도인이 목적지까지의 운송계약은 하나 그 운송기간에 대한 위험은 부담하지 않는 "C"조건(CFR, CIF, CPT, CIP ; 운송비지급인도조건), ④ 목적지까지 계약물품을 인도하는데 필요한 모든 비용과 위험을 매도인이 부담하는 "D"조건(DAF, DES, DEQ, DDU, DDP ; 양륙지인도조건)의 구분에 따른 바탕위에서 애매하거나 불합리한 내용을 더욱 명확하게 하였다.

<INCOTERMS 2000의 제조건>

Group E 출하지인도조건	EXW	작업장인도(Ex Works)
Group F 주운송비미지급 인도조건	FCA	운송인인도(Free Carrier)
	FAS	선측인도(Free Alongside Ship)
	FOB	본선인도(Free On Board)
Group C 운송비지급 인도조건	CFR	운임포함인도(Cost and Freight)
	CIF	운임·보험료포함인도(Cost, Insurance and Freight)
	CPT	운송비지불인도(Carriage Paid To)
	CIP	운송비·보험료지불인도(Carriage and Insurance Paid To)
Group D 도착지인도조건	DAF	국경인도조건(Delivered At Frontier)
	DES	착선인도(Delivered Ex Ship)
	DEQ	부두인도(Delivered Ex Quay)
	DDU	관세미지급인도(Delivered Duty Unpaid)
	DDP	관세지급인도(Delivered Duty Paid)

'INCOTERMS 2000' 규정하고 있는 13가지 조건은 위의 표에 나타나 있는 바와 같다. 13가지 조건중에서 행상운송과 내수로운송에만 적합한 조건은 FAS, FOB, CFR, CIF, DES, DEQ 이며, 모든 운송형태(any mode of transport) 즉 복합운송을 포함한 어떤 운송방식에 이용가능한 조건은 EXW, FCA, CPT, CIP, DAF, DDU, DDP 조건이다.

이상의 13가지 조건 각각의 무역조건에 대하여 Seller 와 Buyer의 의무를 다음과 같이 각각 10항으로 규정하고 있다.

<Seller의 의무와 Buyer의 의무>

Seller의 의무	Buyer의 의무
계약과 일치하는 물품의 제공	대금지급
허가, 승인 및 통관절차	허가, 승인 및 통관절차
운송계약 및 보험계약	운송계약 및 보험계약
인도	인도의 수령
위험의 이전	위험의 이전
비용의 분기	비용의 분기
Buyer에의 통지	Seller에의 통지
인도증명, 운송서류 또는 이와 동등한 전신문	인도증명, 운송서류 이와 농능한 선신분
점검, 포장, 화인	물품검사
기 타	기 타

그러나 2010년 국제상업회의소는 국내와 국제거래조건의 사용에 대한 ICC규칙인 "인코텀즈(Incoterms®) 2010" 개정하였으며 2011년부터 시행되는 「Incoterms® 2010」에서는 모든 형태 운송방식규칙과 해상 및 내수로 운송규칙으로 2개 그룹의 11개 조건으로 변경되었다. 모든 운송방식규칙은 EXW, FCA, CPT, CIP, DAT, DDP의 7개 조건이며, 해상 및 내수로 운송규칙은 FAS, FOB, CFR, CIF의 4개 조건이다. Incoterms 2000에서의 DAF, DES, DDU가 DAP로 흡수되고, DEQ가 DAT 변경됨으로서 13개 조건이 11개 조건이 되었다. 그리고 CFR, CIF조건에서의 위험이전이 ship's rail에서 on board the vessel로 바뀌었다.

인코텀즈 2020은 2019. 9. 10 발간 후 2020. 1. 1부터 시행되었으며, 매도인과 매수인의 의무는 2010에서 일부 변경되어 아래와 같다.

<2020 매도인과 매수인의 의무>

매도인의 의무		매수인의 의무	
A1	일반의무	B1	일반의무
A2	인도	B2	인도의 수령
A3	위험이전	B3	위험이전
A4	운송	B4	운송
A5	보험	B5	보험
A6	인도/운송서류	B6	인도의 증거
A7	수출/수입통관	B7	수출/수입통관
A8	점검/포장/하인표시	B8	점검/포장/하인표시
A9	비용분담	B9	비용분담
A10	통지	B10	통지

Incoterms 2020의 주요 개정사항은
① 개별규칙 내 조항순서 변경
② CIP 최대 부보의무 cf. CIF 최소 부보의무 유지
③ FCA상 본선적재 표기 선하증권
④ DAT ⇒ DPU로 명칭변경
⑤ FCA/DAP/DPU/DDP에서 매도인/매수인 자신의 운송수단에 의한 운송 허용
⑥ 운송/비용조항에 보안관련 의무 삽입
⑦ 사용자를 위한 설명문
⑧ 소개문(introduction) 강화

2 | 정형무역조건(Incoterms② 2020)별 매도인과 매수인의 의무

1) 모든운송방식규칙

(1) EXW : Ex Works(공장인도) 조건

① 일반의무
- 매도인은 매매계약에 일치하는 물품 제공 및 상업송장과 그 밖에 계약에서 요구될 수 있는 일치성에 관한 증거제공 의무
- 매수인은 매매계약에 따라 물품대금을 지급할 의무를 부담
- 합의가 없다면 양 당사자가 제공해야 할 서류를 종이서류 또는 전자적 방식으로 제공 가능

② 인도와 위험이전
- 매도인이 물품을 매도인의 공장이나 창고와 같은 지정장소에서 매수인의 처분 하에 놓였을 때 물품이전에 관한 매도인의 위험(파손이나 훼손)이 매수인에게 이전된다.

③ 운송계약
- 매수인이 운송계약을 체결함
- 매수인의 요청에 따라 매수인의 매도인은 운송계약을 위한 정보를 매수인에게 제공해야 한다.

④ 보험
- 매도인은 매수인에 대하여 보험계약 체결의 의무를 부담하지 않음
- 매수인은 매도인에 대하여 보험계약 체결의 의무를 부담하지 않음
- 매수인의 요청에 따라 매도인은 보험계약을 위한 정보를 매수인에게 제공해야 함.

⑤ 운송서류/인도의 증거
- 매도인은 운송서류를 매수인에게 제공할 의무가 없음
- 매수인은 물품의 인도를 수령하였다는 적절한 증거를 매도인에게 제공해야 함

⑥ 수출/수입통관의 의무
- 매수인이 수출국/통과국/수입국 통관의 의무를 부담
- 매도인은 매수인이 수출국/통과국/수입국의 통관절차에 관한 서류 및/또는 정보를 취득히는데 매수인에게 협력해야 함

⑦ 점검/포장/하인의 표시
- 매도인은 물품을 인도하기 위한 목적에서 필요한 점검작업(품질점검, 용적측량, 중량 측정, 수량계수)에 드는 비용을 부담

⑧ 비용부담
- 매도인은 물품이 인도된 때까지 물품에 관한 모든 비용을 부담
- 매수인은 물품이 인도된 때부터 물품에 관한 모든 비용을 부담
- 매수인은 수출통관, 통과국 및 수입통관에 부과되는 모든 관세, 세금 등을 부담
- 매수인은 물품을 수령하지 않아 발생하는 추가비용을 부담

⑨ 통지
- 매도인은 매수인이 물품을 수령할 수 있도록 하는데 필요한 통지를 해야 함
- 매수인은 물품을 수령할 장소/시기를 충분한 통지를 매도인에게 해야 함

(2) FCA : Free Carrier (운송인 인도) 조건

① 일반의무
- 매도인은 매매계약에 일치하는 물품 제공 및 상업송장과 그 밖의 계약에서 요구될 수 있는 일치성에 관한 증거제공 의무
- 매수인은 매매계약에 따라 물품대금을 지급할 의무를 부담
- 합의가 없다면 양 당사자가 제공해야 할 서류는 종이서류 또는 전자적 방식으로 제공 가능

② 인도와 위험이전
- 인도의 지정장소가 매도인의 영업구내인 경우 물품이 매수인이 제공한 운송수단에 적재된 때 물품이전에 관한 매도인의 위험(파손이나 훼손) 부담이 매수인에게 이전된다
- 인도의 지정장소가 매도인의 영업구내가 아닌 경우에는 물품이 매도인의 운송수단에 실린 채 양하 준비된 상태로 매수인이 지정한 운소인 또는 제3자의 처분에 놓인 때 물품이전에 관한 매도인의 위험(파손이나 훼손) 부담이 매수인에게 이전한다.

③ 운송계약
- 매수인이 운송계약을 체결할 의무를 짐
- 매수인의 요청에 따라 매도인은 운송계약을 위한 정보를 매수인에게 제공해야 함

④ 보험
- 매도인은 매수인에 대하여 보험계약 체결의 의무를 부담하지 않음
- 매수인은 매도인에 대하여 보험계약체결의 의무를 부담하지 않음
- 매수인의 요청에 따라 매도인은 보험계약을 위한 정보를 매수인에게 제공해야 함

⑤ 운송서류/인도의 증거
- 매도인은 자신의 비용으로 물품이 인도되었다는 통상적인 증거를 제공해야 함
- 매도인은 매수인의 요청에 따라 매수인의 위험과 비용으로 매수인이 운송서류를 획득하는데 협력해야 함

- 물품이 적재되었음을 기재한 운송서류(예 본선적재 선하증권)가 필요한 경우 매수인은 자신의 위험과 비용으로 운송서류를 매도인에게 발행하도록 운송인에게 지시해야 하며 매도인은 그 서류를 매수인에게 제공해야 함

⑥ 수출/수입통관의 의무
- 매도인은 수출통관의 의무를 부담하며 이에 대한 비용을 부담
- 매수인은 통과국 및 수입국 통관을 위해 부과되는 절차와 비용을 부담

⑦ 점검/포장/하인의 표시
- 매도인은 물품을 인도하기 위한 목적에서 필요한 점검작업(품질점검, 용적측량, 중량측정, 수량계수)에 드는 비용을 부담

⑧ 비용부담
- 매도인은 물품이 인도된 때까지 물품에 관한 모든 비용을 부담
- 매수인은 물품이 인도된 때부터 물품에 관한 모든 비용을 부담
- 매도인은 수출통관에 부과되는 모든 관세, 세금 등을 부담
- 매수인은 통과국 및 수입통관에 부과되는 모든 관세, 세금 등을 부담
- 매수인은 물품을 수령하지 않아 발생하는 추가비용을 부담

⑨ 통지
- 매도인은 물품을 인도하였다는 사실 또는 물품을 수령하지 않았다는 사실을 매수인에게 통지해야 함
- 매수인은 물품을 수령할 장소/시기/운송인 등에 대한 충분한 통지를 매도인에게 해야함

(3) CPT : Carriage Paid To (운송비 지급인도) 조건

① 일반의무
- 매도인은 매매계약에 일치하는 물품 제공 및 상업송장과 그 밖의 계약에서 요구될 수 있는 일치성에 관한 증거제공 의무
- 매수인은 매매계약에 따라 물품대금을 지급할 의무를 부담
- 합의가 없다면 양 당사자가 제공해야 할 서류는 종이서류 또는 전자적 방식으로 제공 가능

② 인도와 위험이전
- 매도인이 매도인과 계약을 체결한 운송인에게 물품을 인도하거나
- 그렇게 인도된 물품을 조달하여 물리적 점유를 이전함으로써 물품이전에 관한 위험(파손이나 훼손)을 매수인에게 이전한다.

③ 운송계약
- 매도인이 지정 목적지까지의 운송계약을 체결할 의무를 짐

④ 보험
- 매도인은 매수인에 대하여 보험계약 체결의 의무를 부담하지 않음
- 매수인은 매도인에 대하여 보험계약 체결의 의무를 부담하지 않음
- 매수인의 요청에 따라 매도인은 보험계약을 위한 정보를 매수인에게 제공해야 함

⑤ 운송서류/인도의 증거
- 매수인의 요청이 있는 경우 매도인은 자신의 비용으로 운송에 관한 통상적인 서류를 매수인에게 제공해야 함
- 운송서류가 유통가능한 향식(negotiable form)으로 발행된 경우에는 원본의 전통(full set)이 매수인에게 제공되어야 함
- 매도인에 의해 제공된 서류가 계약에 일치할 때에는 매수인은 운송서류를 인수해야 함

⑥ 수출/수입통관의 의무
- 매도인은 수출통관의 의무를 부담하며 이에 대한 비용을 부담해야 함
- 매수인은 통과국 및 수입국 통관을 위해 부과되는 절차와 비용을 부담

⑦ 점검/포장/하인의 표시
- 매도인은 물품을 인도하기 위한 목저게서 필요한 점검작업(품질점검, 용적측량, 중량측정, 수량계수)에 드는 비용을 부담

⑧ 비용부담
- 매도인은 물품이 인도된 때까지 물품에 관한 모든 비용을 부담
- 매도인은 운송비용을 부담
- 매도인은 양하비용을 부담하지 않음
- 매도인은 수출통관에 부과되는 모든 관세, 세금 등을 부담
- 매수인은 물품이 인도된 때부터 물품에 관한 모든 비용을 부담
- 매수인은 물품을 수령하지 않아 발생하는 추가비용을 부담
- 매수인은 통과국 및 수입통관에 부과되는 모든 관세, 세금 등을 부담

⑨ 통지
- 매도인은 물품이 인도되었음을 매수인에게 통지해야 함
- 매도인은 매수인이 물품을 수령할 수 있도록 하는데 필요한 통지를 해야 함
- 합의가 된 경우 매수인은 물품을 수령할 장소/시기를 충분한 통지를 매도인에게 해야함

(4) CIP : Carriage and Insurance Paid To (운송비·보험료지급인도) 조건

① 일반의무
- 매도인은 매매계약에 일치하는 물품제공 및 상업송장과 그 밖의 계약에서 요구될 수 있는 일치성에 관한 증거제공 의무
- 매수인은 매매계약에 따라 물품대금을 지급할 의무를 부담
- 합의가 없다면 양 당사자가 제공해야 할 서류는 종이서류 또는 전자적 방식으로 제공 가능

② 인도와 위험이전
- 매도인이 매도인과 계약을 체결한 운송인에게 물품을 인도하거나
- 그렇게 인도된 물품을 조달하여 물리적 점유를 이전함으로써 물품이전에 관한 위험(파손이나 훼손)을 매수인에게 이전한다.

③ 운송계약
- 매도인이 지정 목적지까지의 운송계약을 체결할 의무를 짐

④ 보험
- 매도인은 매수인에 대하여 보험계약 체결의 의무를 짐
- ICC(Institute Cargo Clause) A 약관에 따른 적하보험 가입
- 매매계약과 동일한 통화이어야 하며 매매대금의 110% 이상으로 부보되어야 함
- 매도인은 부보의 증거를 매수인에게 제공해야 함

⑤ 운송서류/인도의 증거
- 매수인의 요청이 있는 경우 매도인은 자신의 비용으로 운송에 관한 통상적인 서류를 매수인에게 제공해야 함
- 운송서류가 유통가능한 형식(negotiable form)으로 발행된 경우에는 원본의 전통 (full set)이 매수인에게 제공되어야 함
- 매도인에 의해 제공된 서류가 계약에 일치할 때에는 매수인은 운송서류를 인수해야 함

⑥ 수출/수입통관의 의무
- 매도인은 수출통관의 의무를 부담하며 이에 대한 비용을 부담해야 함
- 매수인은 통과국 및 수입국 통관을 위해 부과되는 절차와 비용을 부담

⑦ 점검/포장/하인의 표시
- 매도인은 물품을 인도하기 위한 목적에서 필요한 점검작업(품질점검, 용적측량, 중량측정, 수량계수)에 드는 비용을 부담

⑧ 비용부담
- 매도인은 물품이 인도된 때까지 물품에 관한 모든 비용을 부담

- 매도인은 운송비용을 부담
- 매도인은 양하비용을 부담
- 매도인은 수출통관에 부과되는 모든 관세, 세금 등을 부담
- 매수인은 물품이 인도된 때부터 물품에 관한 모든 비용을 부담
- 매수인은 물품을 수령하지 않아 발생하는 추가비용을 부담
- 매수인은 통과국 및 수입통관에 부과되는 모든 관세, 세금 등을 부담

⑨ 통지
- 매도인은 물품이 인도되었음을 매수인에게 통지해야 함
- 매도인은 매수인이 물품을 수령할 수 있도록 하는데 필요한 통지를 해야 함
- 합의가 된 경우 매수인은 물품을 수령할 장소/시기를 충분한 통지를 매도인에게 해야함

(5) DAP : Delivered at Place (도착지 인도) 조건

① 일반의무
- 매도인은 매매계약에 일치하는 물품제공 및 상업송장과 그 밖의 계약에서 요구될 수 있는 일치성에 관한 증거제공 의무
- 매수인은 매매계약에 따라 물품대금을 지급할 의무를 부담
- 합의가 없다면 양 당사자가 제공해야 할 서류는 종이서류 또는 전자적 방식으로 제공 가능

② 인도와 위험이전
- 물품이 지정 목적지에서 도착 운송수단에 적재된 채 양하준비된 상태로 매수인의 처분에 놓였을 때 물품이전에 관한 매도인의 위험(파손이나 훼손)이 매수인에게 이전된다.

③ 운송계약
- 매도인이 지정 목적지까지의 운송계약을 체결할 의무를 짐

④ 보험
- 매도인은 매수인에 대하여 보험계약 체결의 의무를 부담하지 않음
- 매수인은 매도인에 대하여 보험계약 체결의 의무를 부담하지 않음
- 매수인은 매도인의 요청에 따라 매도인의 위험과 비용으로 매도인이 부보하는데 필요한 정보를 매도인에게 제공해야 함

⑤ 운송서류/인도의 증거
- 매도인은 자신의 비용으로 매수인이 물품을 수령할 수 있도록 하는데 필요한 서류를 제공해야 함
- 매수인은 매도인이 제공한 서류를 인수해야 함

⑥ 수출/수입통관의 의무
- 매도인은 수출통관 및 통과국(수입국 제외) 통관에 관한 의무와 비용을 부담
- 매수인이 수입통관 의무를 부담

⑦ 점검/포장/하인의 표시
- 매도인은 물품을 인도하기 위한 목적에서 필요한 점검작업(품질점검, 용적측량, 중량 측정, 수량계수)에 드는 비용을 부담

⑧ 비용부담
- 매도인은 물품이 인도된 때까지 물품에 관한 모든 비용을 부담
- 매도인은 운송비용을 부담
- 매도인은 양하비용을 부담하지 않음
- 매도인은 수출국/통과국 통관에 부과되는 모든 관세, 세금 등을 부담
- 매수인은 물품이 인도된 때부터 물품에 관한 모든 비용을 부담
- 매수인은 수입통관에 부과되는 모든 관세, 세금 등을 부담

⑨ 통지
- 매도인은 매수인이 물품을 수령할 수 있도록 하는데 필요한 통지를 해야 함
- 합의가 된 경우 매수인은 물품을 수령할 장소/시기를 충분한 통지를 매도인에게 해야함

(6) DPU : Delivered at Place Unloaded (도착지 인도) 조건

① 일반의무
- 매도인은 매매계약에 일치하는 물품제공 및 상업송장과 그 밖에 요구될 수 있는 일치성에 관한 증거제공 의무
- 매수인은 매매계약에 따라 물품대금을 지급할 의무를 부담
- 합의가 없다면 양 당사자가 제공해야 할 서류는 종이서류 또는 전자적 방식으로 제공 가능

② 인도와 위험이전
- 물품이 지정 목적지에서 도착 운송수단으로부터 양하된 상태로 매수인의 처분에 놓였을 때 물품이전에 관한 매도인의 위험(파손이나 훼손)이 매수인에게 이전된다.

③ 운송계약
- 매도인이 지정 목적지까지의 운송계약을 체결할 의무를 짐

④ 보험
- 매도인은 매수인에 대하여 보험계약 체결의 의무를 부담하지 않음
- 매수인은 매도인에 대하여 보험계약 체결의 의무를 부담하지 않음
- 매수인은 매도인의 요청에 따라 매도인의 위험과 비용으로 매도인이 부보하는 데 필요한 정보를 매도인에게 제공해야 함.

⑤ 운송서류/인도의 증거
- 매도인은 자신의 비용으로 매수인이 물품을 수령할 수 있도록 하는데 필요한 서류를 제공해야 함
- 매수인은 매도인이 제공한 서류를 인수해야 함

⑥ 수출/수입통관의 의무
- 매도인은 수출통관 및 통과국(수입국 제외) 통관에 관한 의무와 비용을 부담
- 매수인이 수입통관의 의무를 부담

⑦ 점검/포장/하인의 표시
- 매도인은 물품을 인도하기 위한 목적에서 필요한 점검작업(품질점검, 용적측량, 중량측정, 수량계수)에 드는 비용을 부담

⑧ 비용부담
- 매도인은 물품이 인도된 때까지 물품에 관한 모든 비용을 부담
- 매도인은 운송비용을 부담
- 매도인은 수출국/통과국 통관에 부과되는 모든 관세, 세금 등을 부담
- 매도인은 양하비용을 부담
- 매수인은 물품이 인도된 때부터 물품에 관한 모든 비용을 부담
- 매수인은 수입국 통관에 부과되는 모든 관세, 세금 등을 부담

⑨ 통지
- 매도인은 매수인이 물품을 수령할 수 있도록 하는데 필요한 통지를 해야 함
- 합의가 된 경우 매수인은 물품을 수령할 장소/시기를 충분한 통지를 매도인에게 해야 함

(7) DDP : Delivered Duty Paid (관세지급인도) 조건

① 일반의무
- 매도인은 매매계약에 일치하는 물품제공 및 상업송장과 그 밖의 계약에서 요구될 수 있는 일치성에 관한 증거제공 의무
- 매수인은 매매계약에 따라 물품대금을 지급할 의무를 부담
- 합의가 없다면 양 당사자가 제공해야 할 서류는 종이서류 또는 전자적 방식으로 제공 가능

② 인도와 위험이전
- 물품이 지정 목적지에서 수입통관 후 도착 운송수단에 실어둔 채 양하준비된 상태로 매수인의 처분에 놓였을 때 물품이전에 관한 매도인의 위험(파손이나 훼손)이 매수인에게 이전된다.

③ 운송계약
- 매도인이 지정 목적지까지의 운송계약을 체결할 의무를 짐

④ 보험
- 매도인은 매수인에 대하여 보험계약 체결의 의무를 부담하지 않음
- 매수인은 매도인에 대하여 보험계약 체결의 의무를 부담하지 않음
- 매수인은 매도인의 요청에 따라 매도인의 위험과 비용으로 매도인이 부보하는데 필요한 정보를 매도인에게 제공해야 함

⑤ 운송서류/인도의 증거
- 매도인은 자신의 비용으로 매수인이 물품을 수령할 수 있도록 하는데 필요한 서류를 제공해야 함
- 매수인은 매도인이 제공한 서류를 인수해야 함

⑥ 수출/수입통관의 의무
- 매도인은 수출통관, 통과국 수입통관에 관한 의무와 비용을 부담

⑦ 점검/포장/하인의 표시
- 매도인은 물품을 인도하기 위한 목적에서 필요한 점검작업(품질점검, 용적측량, 중량측정, 수량계수)에 드는 비용을 부담

⑧ 비용부담
- 매도인은 물품이 인도된 때까지 물품에 관한 모든 비용을 부담
- 매도인은 운송비용을 부담
- 매도인은 양하비용을 부담하지 않음
- 매도인은 수출국/통과국/수입국 통관에 부과되는 모든 관세, 세금 등을 부담
- 매수인은 물품이 인도된 때부터 물품에 관한 모든 비용을 부담

⑨ 통지
- 매도인은 매수인이 물품을 수령할 수 있도록 하는데 필요한 통지를 해야 함
- 합의가 된 경우 매수인은 물품을 수령할 장소/시기를 충분한 통지를 매도인에게 해야 함

2) 해상 및 내수로 운송규칙

(1) FAS : Free Alongside Ship (선측인도) 조건

① 일반의무
- 매도인은 매매계약에 일치하는 물품 제공 및 상업송장과 그 밖의 계약에서 요구될 수 있는 일치싱에 관한 증거제공 의무
- 매수인은 매매계약에 따라 물품대금을 지급할 의무를 부담
- 합의가 없다면 양 당사자가 제공해야 할 서류는 종이서류 또는 전자적 방식으로 제공 가능

② 인도와 위험이전
  • 매도인이 지정 선적항에서 매수인이 지정한 선박의 선측부두 또는 바지(barge)에 물품이 놓인 때 또는 그렇게 인도된 물품을 조달한 때 물품이전에 관한 매도인의 위험(파손이나 훼손)이 매수인에게 이전한다.

③ 운송계약
  • 매수인이 지정 목적지까지의 운송계약을 체결할 의무를 짐

④ 보험
  • 매도인은 매수인에 대하여 보험계약 체결의 의무를 부담하지 않음
  • 매수인은 매도인에 대하여 보험계약 체결의 의무를 부담하지 않음
  • 매수인의 요청에 따라 매도인은 보험계약을 위한 정보를 매수인에게 제공해야 함

⑤ 운송서류/인도의 증거
  • 매도인은 자신의 비용으로 운송에 관한 통상적인 증거를 매수인에게 제공해야 함
  • 그러한 증거가 운송서류가 아닌 경우 매도인은 매수인의 위험과 비용으로 매수인이 운송서류를 취득하는데 협력을 제공해야 함

⑥ 수출/수입통관의 의무
  • 매도인은 수출통관의 의무를 부담하며 이에 대한 비용을 부담해야 함
  • 매수인은 통과국 및 수입국 통관을 위해 부과되는 절차와 비용을 부담

⑦ 점검/포장/하인의 표시
  • 매도인은 물품을 인도하기 위한 목적에서 필요한 점검작업(품질점검, 용적측량, 중량측정, 수량계수)에 드는 비용을 부담

⑧ 비용부담
  • 매도인은 물품이 인도된 때까지 물품에 관한 모든 비용을 부담
  • 매수인은 물품이 인도된 때부터 물품에 관한 모든 비용을 부담
  • 매수인은 수출통관에 부과되는 모든 관세, 세금 등을 부담
  • 매수인은 통과국 및 수입통관에 부과되는 모든 관세 세금 등을 부담
  • 매수인이 지정한 선박이 정시에 도착하지 않거나 물품을 수령하지 않아 발생하는 추가 비용을 부담

⑨ 통지
  • 매도인은 물품이 인도되었음을 매수인에게 통지해야 하거나 지정된 선박이 합의된 시기 내에 물품의 인도를 수령하지 않은 사실을 매수인에게 통지해야 함
  • 매수인은 매도인에게 운송과 관련한 정보(보안요건, 선작명, 적재지점 등)를 충분히 통지를 해야 함

(2) FOB : Free On Board (본선인도) 조건

① 일반의무
  * 매도인은 매매계약에 일치하는 물품 제공 및 상업송장과 그 밖의 계약에서 요구될 수 있는 일치성에 관한 증거제공 의무
  * 매수인은 매매계약에 따라 물품대금을 지급할 의무를 부담
  * 합의가 없다면 양 당사자가 제공해야 할 서류는 종이서류 또는 전자적 방식으로 제공 가능

② 인도와 위험이전
  * 매도인이 지정 선적항에서 매수인이 지정한 선박에 물품을 적재된 때 또는 그렇게 인도된 물품을 조달한 때 물품이전에 관한 매도인의 위험(파손이나 훼손)이 매수인에게 이전한다.

③ 운송계약
  * 매수인이 지정 목적지까지의 운송계약을 체결할 의무를 짐

④ 보험
  * 매도인은 매수인에 대하여 보험계약 체결의 의무를 부담하지 않음
  * 매수인은 매도인에 대하여 보험계약 체결의 의무를 부담하지 않음
  * 매수인의 요청에 따라 매도인은 보험계약을 위한 정보를 매수인에게 제공해야 함

⑤ 운송서류/인도의 증거
  * 매도인은 자신의 비용으로 매수인에게 물품이 인도 통상적인 증거를 매수인에게 제공해야 함
  * 그러한 증거가 운송서류가 아닌 경우 매도인은 매수인의 위험과 비용으로 매수인이 운송서류를 취득하는데 협력을 제공해야 함

⑥ 수출/수입통관의 의무
  * 매도인은 수출통관의 의무를 부담하며 이에 대한 비용을 부담해야 함
  * 매수인은 통과국 및 수입국 통관을 위해 부과되는 절차와 비용을 부담

⑦ 점검/포장/하인의 표시
  * 매도인은 물품을 인도하기 위한 목적에서 필요한 점검작업(품질점검, 용적측량, 중량측정, 수량계수)에 드는 비용을 부담

⑧ 비용부담
  * 매도인은 물품이 인도된 때까지 물품에 관한 모든 비용을 부담
  * 매수인은 물품이 인도된 때부터 물품에 관한 모든 비용을 부담

- 매도인은 수출통관에 부과되는 모든 관세, 세금 등을 부담
- 매수인은 통과국 및 수입통관에 부과되는 모든 관세, 세금 등을 부담
- 매수인이 지정한 선박이 정시에 도착하지 않거나 물품을 수령하지 않아 발생하는 추가 비용을 부담

⑨ 통지
- 매도인은 물품이 인도되었음을 매수인에게 통지해야 하거나 지정된 선박이 합의된 시기 내에 물품의 인도를 수령하지 않은 사실을 매수인에게 통지해야 함
- 매수인은 매도인에게 운송과 관련한 정보(보안요건, 선박명, 적재지정 등)를 충분한 통지를 해야 함

(3) CFR : Cost and Freight (운임포함인도) 조건

① 일반의무
- 매도인은 매매계약에 일치하는 물품제공 및 상업송장과 그 밖의 계약에서 요구될 수 있는 일치성에 관한 증거제공 의무
- 매수인은 매매계약에 따라 물품대금을 지급할 의무를 부담
- 합의가 없다면 양 당사자가 제공해야 할 서류는 종이서류 또는 전자적 방식으로 제공 가능

② 인도와 위험이전
- 매도인은 자신이 계약한 선적항의 본선에 물품을 적재한 때 또는 그렇게 인도된 물품을 조달한 때 물품이전에 관한 매도인의 위험(파손이나 훼손)이 매수인에게 이전한다.

③ 운송계약
- 매도인이 지정 목적항까지의 운송계약을 체결할 의무를 짐

④ 보험
- 매도인은 매수인에 대하여 보험계약 체결의 의무를 부담하지 않음
- 매수인은 매도인에 대하여 보험계약 체결의 의무를 부담하지 않음
- 매수인의 요청에 따라 매도인은 보험계약을 위한 정보를 매수인에게 제공해야 함

⑤ 운송서류/인도의 증거
- 매도인은 자신의 비용으로 매수인에게 합의된 목적항에서 통상적인 운송서류를 매수인에게 제공해야 함
- 운송서류가 유통 가능한 형식(negotiable form)으로 발행된 경우 원본의 전통(full set)을 매수인에게 제공해야 함
- 매수인은 운송서류가 계약에 일치할 때에는 이를 인수해야 함

⑥ 수출/수입통관의 의무
- 매도인은 수출통관의 의무를 부담하며 이에 대한 비용을 부담해야 함
- 매수인은 통과국 및 수입국 통관을 위해 부과되는 절차와 비용을 부담

⑦ 점검/포장/하인의 표시
- 매도인은 물품을 인도하기 위한 목적에서 필요한 점검작업(품질점검, 용적측량, 중량측량, 수량계수)에 드는 비용을 부담

⑧ 비용부담
- 매도인은 물품이 인도된 때까지 물품에 관한 모든 비용을 부담
- 매도인은 운송비용을 부담
- 매도인은 수출통관에 부과되는 모든 관세, 세금 등을 부담
- 매도인은 부선료, 부두사용료를 포함한 양하비용을 부담하지 않음
- 매수인은 물품이 인도된 때부터 물품에 관한 모든 비용을 부담
- 매수인은 통과국 및 수입통관에 부과되는 모든 관세, 세금을 부담
- 매수인은 물품을 수령하지 않아 발생하는 추가비용을 부담

⑨ 통지
- 매도인은 물품이 인도되었음을 매수인에게 통지해야 함
- 매도인은 물품을 수령할 수 있도록 하는데 필요한 통지를 해야 함
- 매수인은 지정 목적항 내에 물품을 수령할 지점 등에 대하여 충분한 통지를 해야 함

(4) CIF : Cost, Insurance and Freight (운임 · 보험료 포함인도) 조건

① 일반의무
- 매도인은 매매계약에 일치하는 물품제공 및 상업송장과 그 밖의 계약에서 요구될 수 있는 일치성에 관한 증거제공 의무
- 매수인은 매매계약에 따라 물품대금을 지급할 의무를 부담
- 합의가 없다면 양 당사자가 제공해야 할 서류는 종이서류 또는 전자적 방식으로 제공 가능

② 인도와 위험이전
- 매도인은 자신이 계약한 선적항의 본선에 물품을 적재한 때 또는 그렇게 인도된 물품을 조달한 때 물품이전에 관한 매도인의 위험(파손이나 훼손)이 매수인에게 이전한다.

③ 운송계약
- 매도인이 지정 목적지까지의 운송계약을 체결할 의무를 짐

④ 보험

- 매도인은 매수인에 대하여 보험계약 체결의 의무를 짐
- ICC(Institute Cargo Clause) C 약관에 따른 적하보험 가입
- 매매계약과 동일한 통화이어야 하며 매매대금의 110% 이상으로 부보되어야 함
- 매도인은 부보의 증거를 매수인에게 제공해야 함

⑤ 운송서류/인도의 증거

- 매도인은 자신의 비용으로 매수인에게 합의된 목적항에서 통상적인 운송서류를 매수인에게 제공해야 함
- 운송서류가 유통가능한 형식(negotiable form)으로 발행된 경우 원본의 전통(full set)을 매수인에게 제공해야 함
- 매수인은 운송서류가 계약에 일치할 때에는 이를 인수해야 함

⑥ 수출/수입통관의 의무

- 매도인은 수출통관의 의무를 부담하며 이에 대한 비용을 부담해야 함
- 매수인은 통과국 및 수입국 통관을 위해 부과되는 절차와 비용을 부담

⑦ 점검/포장/하인의 표시

- 매도인은 물품을 인도하기 위한 목적지에서 필요한 점검작업(품질점검, 용적측량, 중량측정, 수량계수)에 드는 비용을 부담

⑧ 비용부담

- 매도인은 물품이 인도된 때까지 물품에 관한 모든 비용을 부담
- 매도인은 운송비용을 부담
- 매도인은 수출통관에 부과되는 관세, 세금 등을 부담
- 매도인은 부선료, 부두사용료를 포함한 양하비용을 부담하지 않음
- 매수인은 물품이 인도된 때부터 물품에 관한 모든 비용을 부담
- 매수인은 통과국/수입국 통관에 부과되는 모든 관세, 세금 등을 부담
- 매수인은 물품을 수령하지 않아 발생하는 추가비용을 부담

⑨ 통지

- 매도인은 물품이 인도되었을 때 매수인에게 통지해야 함
- 매도인은 물품을 수령할 수 있도록 하는데 필요한 통지를 해야 함
- 매수인은 지정 목적항 내에 물품을 수령할 지점 등에 대하여 충분한 통지를 해야 함

제5장 무역계약서 작성

제1절 무역계약서 작성 기초지식
제2절 국제무역계약서
제3절 국내무역계약서

05

제1절 무역계약서 작성 기초지식

1 무역계약서의 종류

계약서의 표제(title)는 계약(contact), 합의서(agreement), 노트(note), 약정서(memorandom), 각서(undertake) 등 어떤 명칭을 사용하더라도 명칭에 의하여 구속력에 차이가 없다. 합의된 내용에 따라 계약의 내용이 결정된다. 다시 말해 제목에 상관없이 법률적으로 판단하여 계약으로 효력이 성립되는 것이라면 법률적인 성질은 계약서이다.

무역계약서는 계약당사자의 국적이 한국소재 일방 당사자를 중심으로 타방 당사자가 내국인이냐 외국인이냐에 따라 국내계약과 외국계약으로 구분할 수 있다. 또한 계약의 대상이 물품이라면 물품계약, 용역이라면 용역계약 등으로 분류할 수 있으며, 계약의 주체와 내용에 따라서는 다음과 같이 네가지로 구분할 수 있다.

첫째는 계약대상인 물품, 용역 또는 기술 등에 대하여 각각 혹은 복합으로 매도인과 매수인 간에 매도인은 계약대상을 공급하고, 매수인은 적정한 대가를 지급하고, 계약대상의 소유권이나 사용권을 이양받는 계약으로 가장 주된 계약이다. 물품의 수출입 관련계약서, 건설공사계약서, 플랜트 수출입계약서, 라이센스계약서, 합작투자계약서 등이 있다.

둘째는 주된 계약품을 생산하거나 집하하기 위하여 국내외로부터 원자재나 완제품을 구매하거나 직접 생산하지 않고 계약품의 전부 또는 일부에 대하여 계약서가 있다.

셋째는 수출이나 수입의 적극적인 개척을 위하여 현지에 대리점이나 판매점을 두기 위하여 계약을 체결하는 계약서도 있다.

넷째는 수출입의 이행을 위하여 운송계약, 보험계약, 신용장개설 의뢰약정계약 등도 있다.

이와 같이 무역계약은 그 종류가 다양하고 그 내용도 복잡하므로 어느 하나로 설명할 수가 없다. 그러므로 무역에서 이루어지는 무역계약서의 작성실무에 대해서는 일반적으로 사용이 많은 계약의 종류를 표준모델로 설명하고 있다. 계약실무 담당자는 표준모델의 무조건적 모방보다는 이를 숙지한 후 거래의 내용에 맞게 적절하게 작성하고 계약을 체결함으로써 계약으로 인한 분쟁이나 손해를 방지하고 만족한 거래가 이루어질 수 있도록 함이 바람직하다.

현대계약법에서는 구두계약도 계약이므로 문서로 꼭 작성할 필요는 없지만 계약내용에 대한 잘못된 이해를 피하고 분쟁 발생시의 증거를 확보하기 위하여 계약조건을 명확하게 기록한 후 양당사자가 서명하거나 날인한 계약서를 작성할 필요가 있다. 격지에 있는 당사자가 계약을 하는 경우에는 텔렉스나 팩스를 통하여 합의된 내용으로 계약서를 작성하여 작성자가 먼저 서명을 한 정·부(正·副) 2통을 상대방에게 송부하고 상대방이 서명한 부본(duplication)을 발송받아 각각 1통씩 보관하는 것이 일반적이다.

계약은 구두, 텔렉스, 우편과는 상관없이 청약에 대해 승낙이 있으면 성립되고 구속력도 있다. 그러나 상담에 있어 합의는 하나 정식계약은 계약서를 작성하여 서면으로 하고 싶을 때는 청약이나 승낙할 때 계약서 작성요건(acceptance subject to contact)으로 할 수 있으며 이러한 조건부일 때는 정식계약서가 작성되어 양당사자가 서명을 할 때까지는 계약의 효력은 발생하지 않는다.

1924년 영국의 Chillinggworth와 Eshe사건의 판례에서, C와 D가 말의 경매문서에 서명을 하면서 계약은 C의 변호사가 작성한 정식계약서에 의한다는 조건이었다. 후에 C의 변호사가 계약서를 작성하고, D의 변호사도 동계약서에 동의를 하였지만 D가 서명을 거부했다. 이에 C와 D를 상대로 소송을 제기하였지만 재판소는 계약서에 서명을 할 때까지는 계약은 존재하지 않는다고 판결했다.

그러나 이후에 Subject to contact 조건이 있어도 모든 계약 조항이 합의가 된 경우에는 계약 성립이 인정되는 판례가 나타나고 있어 이를 확실하게 하기 위해서는 다음 예문과 같이 보다 강하고 명확한 표현을 하는 것이 바람직하다. 즉, It must be understood that no agreement enforceable at law is made until the exchange of contact has taken place. (계약서의 교환이 행해질 때까지는 법적으로 강재력이 있는 합의가 성립되지 않은 것으로 양해되어야 한다)

계약서는 하나의 형식으로 통일된 것이 아니며 회사마다 품목마다 각기 다르다. 그러나 보통 표면과 이면으로 서식화되어 있으며, 표면은 계약서의 선면(face)을 말하며, 이면(back)은 계약서의 뒷면을 말한다. 전면은 계약표제, 계약당사자, 품목, 계약번호, 일자와 같은 기본적 사항과 거래마다 내용이 바뀌는 수량, 단가, 선적일자와 같은 내용 및 당사자의 서명 등으로 구성되며 개별거래조건이라고도 하는데 이면은 특별한 경우를 제외하고는 계속되는 거래에 동일한 거래조건에 해당하는 일반적인 사항, 즉 품질보증, 불가항력, 특허 상표 침해로부터의 면책, 클레임 제기기간, 중재조항, 준거법 등으로 구성되므로 일반거래조건(General terms and condition)이라고 하며, 당사자 일방이 제시하는 조건이므로 이면약관이라고 하며 계약의 한 부분이다.

1) 표면 계약서의 구성

계약서의 표면은 일반적으로 아래와 같이 구성되어 있다.

Model A

(1) 계약서 발행자의 상호, 주소, 팩스, 전화번호
(2) 계약서의 표제(title of agreement)
(3) 계약서 번호(Contract No.), 발행일자(Date), 참조번호(Ref. No.)
(4) 계약서 전문(Non-operative part)
(5) 계약서 본문(operative part)
    ⓐ 상품(commodity)
    ⓑ 품질(Quality)
    ⓒ 수량(quantity)
    ⓓ 단가(unit price)와 총액(Total amount)
    ⓔ 지불조건(Terms of payment)
    ⓕ 선적시기(Time of shipment) 및 선적지(place of shipment)
    ⓖ 도착지(Destination)
    ⓗ 포장(Parking)
    ⓘ 중량(Weighting)의 결정방법(Net of Gross Weight)
    ⓙ 하인(marking)
    ⓚ 보험(Insurance)
    ⓛ 검사(Inspection)
(6) 이면약관과의 관계문언
(7) 계약승낙문언
(8) 당사자의 서명 및 반송문언

Model B

(1) 계약서 표제(Title of Agreement)

(2) 전문(Non-operative part)

　　ⓐ 일자

　　ⓑ 당사자

　　ⓒ 설명조항(whereas Clause)

(3) 본문(operative part)

　　ⓐ부터 ①까지는 Model A의 (5)와 동일함

(4) 계약승낙문언

(5) 당사자의 서명

2) 각 조항별 설명

(1) 계약서 발행자의 상호주소, 팩스 및 전화번호

계약서 표면 머리 부분에 회사명을 약간 큰 글자로 인쇄한다. 회사마크를 같이 넣기도 하며 기업이념이나 상징적 문구도 넣는다. 회사에 대한 선전의 성격도 담고 있다. 아래에 조그만 글씨로 주소, 우편사서함, 전화 및 팩스번호를 인쇄한다. 상호와 회사마크 부분에는 색깔을 달리하기도 한다.

(2) 계약서의 표제

(1)번 밑 중앙에 큰 글자로 인쇄한다. 계약서의 이름인 표제는 Sales Note, Purchase Note, Sales Agreement, Confirmation of Sale, Export Agreement, Com- mission Agency Agreement, Distributorship Agreement 등과 계약의 성격에 따라 다양하다.

(3) 계약서번호(Contract No.), 발행일자(Date), 참조번호(Ref. No)

계약서번호는 계약서에 부여되는 번호로 사람의 주민등록번호와 같다. 발행일자는 사람의 생년월일과 같으며, 참조번호는 계약서가 작성되기 전에 팩스나 텔렉스로 계약성립이 이루어진 경우에 팩스와 텔렉스 번호로 계약성립의 근거를 밝히는 데 목적이 있다.

(4) 계약서전문(Non-operative part)

계약서의 전문은 계약서의 표제에 따라 그 내용이 상이하다.

Sales Note인 경우

> We, as seller, hereby agree to sell you, as Buyer, the goods subject to the following terms and conditions :
>
> (매도인으로서의 당사는 매수인으로서의 귀사에 대해 본계약서로써 다음 조건에 따라 상품을 판매할 것을 동의한다)

Purchase Note

> We, as Buyer, agree to purchase the following goods from you as seller, on the terms and conditions hereinafter set forth and on the reverse side hereof :
>
> (매수인으로서 당사는 이하 본 계약서에 규정된 조건과 본계약서의 이면조건으로 매도인인 귀사로부터 다음 상품을 구입할 것을 동의한다)

본 조항의 경우는 이면약관 관계문언이 포함되어 있으므로 Model A의 (6)번과 Model B의 (4)번은 생략해도 된다.

Export Areement의 경우

> This Agreement, entered into this on the seventh day of August, 1988 by and between Kyungwon Trading Co. Ltd. a coporation duly organized and existing under the law of Republic of Korea and having its principal office of business at San #18, Bogjung-dong, Sujung-gu, Sungnam-city, Kyunggi-do, Korea(hereinafter refrred to as seller) and Havard Import Co. Ltd. a coporation duly organized and existing under the laws of New York State and having its principal office of business of at 131, 42-st, 24-Ave, New York, N.Y. 10001, U. S. A.(hereinafter referred to as Buyer)
>
> [본 계약은 1998. 8. 7. 한국법에 의거 설립되어 현존하는 법인으로서 주된 영업소를 한국 경기도 성남시 수정구 복정동 산 18번지에 두고 있는 경원무역주식회사(본 계약 중에는 이하에서 매도인이라고 칭함)와 뉴욕주법에 의해 설립되어 현존하는 법인으로서 주된 영업소를 미국 뉴욕주(우편번호 10001) 뉴욕시 24번로 42번가 131번지에 두고 있는 하바드 수입 주식회사(본 계약 중에는 이하에서 매수인이라고 칭함)간에 체결되었다.]

본 조항의 경우는 Model B의 (2)전문에 해당되며 본 조항이 들어가는 경우에는 Model A에서의 (1)과 (3)은 생략되어도 무방하다.

(5) 계약서 본문(operative part)

① 상품(Commodity)은 Item. Goods. Description 등으로 표시되며 매매의 대상이 되는 상품명을 기재한다.

② 품질(Quality)은 상품의 품질. 등급(Classification). 규격(Specification) 등 3장에서 설명한 품질조건을 기재한다.

③ 수량(Quantity)은 3장에서 설명한 수량의 단위로 표시한다.

④ 가격(Price)은 단위당 단가(unit price)와 계약수량에 대한 합계총액(Total amount)을 표시하고 동시에 정형거래조건을 합계 표시한다. 예를들면 ⓐUS$200 per M/T CIF New York.(CIF 뉴욕조건으로 MT당 단가 미화 500달라)

⑤ 지불조건(Terms of payment) 매수인의 대금지불조건으로 취소불능신용장조건일 경우에는 By an irrevocable letter of credit which to be opened by October 30, 1998과 같이 기재한다.

⑥ 선적시기(Time of Shipment)는 매도인의 선적시기로서 3장에서 설명한 선적조건 중에서 합의 된 대로 표시해야하며 선적지(place of shipment)혹은 선적항(port of shipment)도 표시한다.

⑦ 도착지(Destination)

통상은 본선이 도착할 항구(port of destination)를 기재한다. 그러나 수입국의 하역항에서 다시 육상운송을 하는 경우는 인도지와 항구를 Dallas via Huston, Texas와 같이 휴스톤 항구를 경유하여 달라스에서 인도한다로 표시한다.

⑧ 포장(packing)은 3장의 포장조건에서 설명한 바와 같이 포장결함이 있거나 적절하지 못한 경우는 보험으로도 보상받지 못하므로 유의해야 한다.

⑨ 중량(Weighting)은 수량이 중량으로 결정되는 경우는 순중량(net weight)인지 포장포함총중량(Gross weight)을 송장에 표기한 것인지를 명확하게 해야 한다.

⑩ 하인(Marking)은 하역에 혼돈을 방지하고 매수인에 의한 전매나 소비의 편의를 위해서도 중요하다.

⑪ 보험(Insurance)은 매도인이 보험을 들어야 하는 경우는 보험조건을 명확히 해야 한다. 보험금액은 계약금액의 10% 증액이 보통이다.

⑫ 검사(Inspection) 상품의 품질이 계약조건에 합치하는지를 매수인이 확인하기 위하여 선적 전에 매수인이 지명하는 대리인이나 제3의 검사기관에 상품을 검사시키는 경우가 많으므로 검사기간과 검사비용의 부담자를 기재해야 한다.

예를 들면, Inspection by Lloy's Inspection Co, Ltd. prior to shipment shall be taken as fianl, whose inspection fee is for buyer's account.

(선적전의 로이드검사소의 검사가 최종이며 검사비용은 매수인의 비용이다.)

(6) 이면약관과의 관계문언

표면계약 아래 부분에는 통상적으로 아래와 같은 이면약관이 본계약의 일부임을 표시하는 문언이 인쇄되어 있다. 또한 표면조항과 이면약관이 서로 모순이 있을 때는 표면조항이 우선

함도 기재하고 있다. 즉, 아래 예문에서와 같은 표면계약 우선이라는 규정이 없을 때는 이면약관이 일반조항인데 비해 표면계약은 특약조항이므로 표면계약이 우선한다. 또한 글자작성에 있어서는 손으로 쓴 조항이 가장 우선하며 다음이 타이프한 것 그리고 인쇄된 순이다.

예문 1) Refer to general terms and conditions on back hereof
2) See general terms and conditions set forth on the reverse hereof, which forms an integral part of this contract. In the event of any discrepancy or inconsistancy between the above special terms and conditions shall prevail

(7) 계약승낙문언

계약승낙문언은 이면약관 관계문언 밑에, 당사자 서명란 위에 인쇄되며 보통 1)Accepted, 2)Accepted and agreed, 3)Agreed and Confirmed 와 같이 표시된다.

(8) 당사자 서명 및 반송문언

계약서 표면에 제일 아래 부분에는 매도인과 매수인의 서명란이 있으며, 서명란 바로 위에 란에는 반송문언이 있다. 이 반송문언은 계약작성자가 발송한 두 통중에서 한 통은 서명을 한 후 반송해 달라는 문언으로 보통 please sign and return one copy로 표기하고 있다.

3) 이면약관의 구성

이면약관은 일반적으로 일반조건, 즉 "general terms and conditions"로 표제되며 표제 밑에 The Sales specified on the face hereof shall be subject to the following terms and conditions : 라고 표기함으로써 이면약관이 표면계약에 일부임을 규정하는 이면 약관의 계약문언이 있으며 본문으로는 보통 다음과 같이 구성되어 있다.

① 표제(Title)
② 이면약관의 계약문언
③ 본문

ⓐ 수량	ⓑ 선적	ⓒ 지불	ⓓ 증가비용	ⓕ 보험
ⓖ 포장	ⓘ 검사	ⓙ 특허	ⓚ 보증	ⓛ 클레임
ⓜ 불가항력	ⓝ 중재(or 관할법원)		ⓞ 무역조건	ⓟ 준거법

이면약관의 계약문언은 계약의 조건에 따라 The Sale, The Purchase 등과 같은 부분만 서로 차이가 있으며 주된 내용은 표현의 차이일뿐 동일하다. 그리고 본문의 각 조항별 내용은 다음에 설명하는 각종 계약서별 이면약관에서 상술하겠다.

제2절 국제무역계약서

1 수출입계약서

수출입거래의 주류는 세계 어느 나라도 물품의 수출과 수입, 즉 국가간의 물품의 매매다. 우리나라도 예외가 아니며 국제거래를 행하고 있는 기업의 대부분이 물품의 매매계약을 체결하고 이것을 실행하고 있다. 기업은 대부분 구두, 전화, 텔렉스, FAX 인터넷 등으로 계약이 성립되고 있으며 자사용의 계약서식을 이용하여 계약체결을 하고 있지만 일부 기업은 이들 서식을 구비할 수 없는 실정이다.

우리들의 의식 속에 간단한 매매계약은 계약서를 작성할 것까지도 없다 라든가 계약서를 작성해서 상대에게 서명을 요구하면 인정미가 없게 비추어져 모처럼의 계약을 놓칠 수도 있다. 라고 하는 등의 생각이 지배적이다. 그러나 뭔가 문제가 생겼을 때에 상황을 판가름하는 것은 서면계약이므로 각 회사는 자사용의 서식을 준비해서 수출 및 수입에 활용함으로써 안정적인 무역을 하고 싶어 한다.

매매계약은 복잡하여 경험이 많은 실무자가 아니면 이해가 어렵다. 더욱이, 국가 간의 매매계약은 대단히 심오하여 연구하는 것이 쉬운 일이 아니다.

매매는 아주 옛날부터 행해져 온 것으로서 각국마다 매매법 및 거래관행이 존재하고 있어 이들이 오히려 국제매매계약을 어렵게 하고 있다. 또 매매의 대상물품도 일차상품에서 고도의 기술산업까지 있으며 거래금액도 일국의 국가예산에 맞먹을 정도의 큰 액수도 있다. 뿐만 아니라 전형적인 매매에 하청, 위탁 등이 계약형태가 맞물려 있는 복잡한 거래도 있다.

수출계약과 수입계약은 법적으로 구별할 수 있는 것은 아니며, 하나의 계약이 수출자 측에서 보면 수출계약이 되고, 수입자 측에서 보면 수입계약이 된다. 그렇지만 실무적으로는 수출자측이 자기에게 불리하지 않도록 매매계약서를 작성하고 그것에 수입자가 서명하면 정식계약으로서 유효한 것을 수출계약이라고 통칭하고 있다. 이것과 반대로 수입자측이 작성한 것을 수입계약서라고 통칭한다.

법적으로는 같을지라도 수출자와 수입지의 책임범위, 위험부담, 수속업무상의 편의 등은 수출계약서와 수입계약서에서 큰 차이가 난다. 수출자와 수입자의 권리의무관계가 그 양계약서 간에 크게 다르므로 같은 매매계약이라고는 해도 별도의 계약서로 생각할 수밖에 없다.

실무계에서 사용되고 있는 전형적인 것이 여기에 게재한 서식이다. 우리나라 기업이 각사가 작성해서 사용하고 있는 서식은 부적절한 것이 많다. 기본적 지식이 없이 타사의 서식을 그대로 인용하고 있기 때문이다. 상사가 사용하는 좋은 서식이 제조업체에게도 좋은 서식이 된다고는 할 수 없다. 대기업용의 서식을 소기업이 모방해도 부적절하며 기계업체의 서식을 화학품 업체가 그대로 이용하는 것도 위험하다. 요컨대 전지전능하게 어떤 용도로도 통용되는 서식은 존재하지 않는다고 할 수 있다. 아래에서 간단하게 각종 서식에 대해 설명하겠다.

Ⅰ. 매도서(Sales Note)

이 경우의 노트(Note)는 매매에 대해 당사자가간에 협의한 사항을 기록해둔 서면이며 통고서(通告書)라고 해도 좋다. 노트(Note)를 발행한 측이 서명한 후에 상대방 당사자의 확인 서명을 요하는 형식이 일반적이다. 한국법에서는 매매계약은 구두로도 성립하고 그 성립만 인정되면 효력이 있음을 원칙으로 한다. 한편 영미법계의 국가에서는 일정액 이상의 매매계약에 있어서는 서면계약 없이는 강제력(enforceability)이 없는 것으로 하는 국가가 있어 이 서식은 영미법계의 서면계약의 필요성으로부터 생긴 것으로 생각된다. Note라고 말하지만 실질적으로는 계약서(Contract Form)라고 봐야 한다.

계약서의 표면은 발행때마다 일정형식에 타이프로 쳐서 완성하고, 이면은 노트(Note)를 발행한 측의 일반거래 제조건이 인쇄되어 있다. 매매계약의 요소는 표면만으로 충분하지만 법적인 권리의무관계에 대해서는 이면에 기재된 제조건 이면약관(General Terms and Conditions)에 의해 지배받게 된다.

수출자측이 발행한 것을 매도서(Sales Note), 수입자측이 발행한 것을 구매서(Purchase Note)라고 하며 당연히 발행자측에게 유리하게 되어 있다. 이 종류의 서식작성의 포인트는 정해진 지면에 어떻게든 효율적으로 자사를 보호하는 규정을 넣는 것이다.

MODEL 1 : SALES NOTE

SALES NOTE

Contract No._____

Date : _____
Your Ref. No._____
Our Ref. No._____

We, as seller, hereby agree to sell you, as Buyer, the goods subject to the following terms and conditions :

```
SHIPMENT :
DESTINATION :
PAYMENT :
PACKING AND MARKING :
COMMODITY :
QUANTITY :
QUALITY :
UNIT PRICE :
TOTAL PRICE :
INSURANCE :
INSPECTION :


Refer to general terms and conditions on back hereof :
Accepted :


Buyer : _____                    seller : _____
```

GENERAL TERMS & CONDITIONS(일반조건)

The sale specified on the face hereof shall be subject to the following terms and conditions

----

본 계약서의 표면에서 규정하고 있는 판매는 아래의 일반조건에 따른다.

☞ 본 이면약관인 일반조건은 표면에서 규정하고 있는 매도계약의 조건임을 규정하고 있다.

1) Quantity(수량)

Quantity shall be subject to a variation of 10% plus or minus at Seller's option.

수량은 매도인의 재량으로 10%의 증감 변동을 조건으로 한다.

☞ 수량의 증감변동허용 조건으로 보통 5%이다. 포장 단위의 매매가 아닌 경우로서 수량 증감이 예측되는 매매에서는 수량의 과부족으로 인한 분쟁을 예방하기 위해서는 필요한 조건이다. 특히, bulk 화물과 원목 등은 수량의 과부족 허용조항이 요구된다. 이것은 매노인을 안전하게 한 조항이다.

2) Shipment(선적)

Shipment within the time stipulated shall be subject to freight being available. In case of FOB terms, Buyer is bound to give shipping instructions in time and to provide necessary shipping space, otherwise, Seller may dispose of the goods for Buyer's account and risk. In case of shipment in installments, each lot shall be regarded as separate and independent contract. Date of bill of lading is to be taken as date of shipment. Any additional freight and extra charges incidental to such cause or causes as prescribed in paragraph 8 shall be borne by Buyer.

규정시기 내의 선적은 선편확보를 조건으로 한다. FOB조건의 경우, 매수인은 적절한 시기내에 선적지시를 해야하고, 필요한 만큼의 선적 공간을 제공할 의무가 있다. 매수인의 이러한 조치가 없는 경우에는 매도인은 매수인의 비용과 위험으로 상품을 선적할 수 있다. 할부선적의 경우, 각 선적의 단위(lot)는 별개의 독립적 계약으로 간주된다. 선하증권의 날짜는 선적일자로 해석된다. 8조에서 규정하고 있는 원인에 의하여 발생되는 모든 추가 운임과 특별비용은 매수인이 부담해야 한다.

☞ FOB조건에서 매수인은 선편을 확보하여 선적에 지장이 없는 충분한 기간을 두고 매도인에게 통지하도록 하는 것과 이의 지체나 불이행으로 인한 비용과 위험부담으로 규정함으로써 선편사정에 의한 선적지연의 책임은 매수인임을 분명히 하고 있다. 선적일자는 선하증권일자로 함으로써 선적일자의 해석에 대한 시비를 없앴다. 매도인의 선적관련 책임을 명확하게 한 매도인에게 유리한 조항이다.

3) Payment(지급)

The payment shall be made by means of an irrevocable and confirmed letter of credit without recourse, in favor of and satisfactory to Seller. The letter of credit shall cover the full contract amount, shall be established through a prime bank 30days prior to the contracted shipping date, shall be negotiable on sight draft and shall be valid for negotiation of the relative draft, for at least fifteen (15) days after the last day of the month of shipment. The letter of credit shall authorize reimbursement to Seller for any expense incurred by Seller on account of Buyer pursuant hereto, and shall authorize partial avail against partial delivery. If Buyer fails to establish the letter of credit as foregoing. Seller may immediately cancel the contract. Any bank charges arising in connection with payment hereunder shall be borne by Buyer. In the event of late payment of any amount due hereunder, Seller shall, in addition to any other remedies, be entitled to interest at the maximum rate allowed by law in the country of Buyer. Seller shall retain, for security purpose, full title to all goods covered thereby until Seller has received the full contract amount therefor.

대금지불은 매도인을 수혜자로 하고 매도인에게 만족을 주는 상환청구불능, 취소불능 확인 신용장을 수단으로 한다. 신용장은 총계약금액을 커버하여야 하며 계약된 선적 일자 30전에 일류 은행을 통하여 개설해야 하며, 일람불어음은 매입가능하여야 하고 선적월의 최종일자 후 빨라도 15일 간은 관련 어음의 매입이 유효하여야 한다. 신용장은 본 계약에 따라 매수인의 비용을 매도인이 부담한 것을 매도인에게 상환이 이루어 지도록 수권되어야 하며, 분할선적에 대해서도 분할이 용이하게 수권되는 것이어야 한다. 매수인이 전기한 신용장을 개설하지 않을 경우는 매도인은 즉시 계약을 해제할 수 있다. 본 계약서 상의 대금 지급과 관련하여 발생하는 모든 은행비용은 매수인의 부담이다. 본 계약서에 기인한 모든 금액의 지급이 지연될 경우, 매도인은 모든 배상 조치에 추가해서, 매수인 국가의 법률에서 허용하는 최대율의 이자를 보상받을 권리 를 가진다. 매도인은 본 계약서의 총금액을 수령할 때까지는 위험보증의 목적으로 본 계약에 의한 모든 상품에 대해 전권을 가진다.

☞ 신용장 조건은 상환청구불능, 취소불능, 확인 신용장으로 선적일 30일 이전에 개설해야 하며 어음개시 유효일자는 최소 15일 이상의 일람불결제조건이어야 한다. 그리고 매수 인을 위해 매도인이 부담한 비용에 대한 결제의 수권, 분할선적 허용, 매수인의 신용장 개설 불이행에 따른 매도인의 계약해제권 대금지급관련 은행수수료의 매수인 부담, 대 금지급지연에 따른 배상과 이자기준 및 대금지급 시까지 매도인의 선적품에 대한 권리 등 매도인에게 유리한 내용을 상세히 규정하고 있다.

4) Insurance & Freight(보험과 운임)

Insurance shall be effected by seller on ICC(A) at one hundred ten percent(110%) of the invoice amount in case of CIF terms. War risk and/or any other risks additional to the foregoing shall be covered only at the specific request of Buyer and at Buyer's expense. Any unforeseen increase in freight and/or insurance premium subsequent to the date of the contract shall be for Buyer's account.

보험은 CIF 조건인 경우에 송상금액의 110%로 ICC(A)조건으로 매도인이 부보해야 한 다. 앞의 위험에 추가하는 전쟁위험 그리고/혹은 기타의 위험들은 단지 매수인의 특정 요청과 비용으로만이 부보한다. 본 계약일자 이후의 운임 그리고/혹은 보험료의 예상 치 못한 금액의 증가는 매수인의 비용으로 한다.

☞ 보험조건, 보험가입금액을 규정하고 있으며 전쟁위험 등의 보험가입조건, 예상 밖의 추가보험 및 운임증가분에 대한 책임도 확실하게 하고 있다.

5) Import Licences(수입면허)

> Buyer is responsible for obtaining any necessary import license and should do same in good time in order to avoid becoming liable for demurrage and other trouble stipulated herein.
>
> ---
>
> 매수인은 모든 필요한 수입면허를 취득해야할 의무가 있고, 본계약에서 규정한 체선료 그리고 기타 명기된 문제점들에 대한 책임 부담을 회피하기 위하여 적절한 시기에 면허를 취득해야 한다.

☞ 수입상의 수입면허취득의 지연으로 인하여 발생할 수 있는 채선료 등의 책임을 피할 수 있도록 규정한 것으로 수출상에게 안전한 조항이다.

6) Inspection(검사)

> Export inspection by Korean Authorities, manufacturers or Seller shall be considered as final. When Buyer appoints special inspection, Buyer must at the time of contract inform Seller of the name of the appointed inspector, and bear all inspection expenses.
>
> ---
>
> 한국 당국, 제조업자 혹은 수출자의 수출검사는 최종적인 것으로 간주된다. 매수인이 특별 검사를 지적하였을 때는 매수인은 반드시 계약시기에 지정 검사자의 이름을 매도인에게 알려주어야 하며 모든 검사비용을 부담하여야 한다.

☞ 정부, 제조자, 수출자의 수출검사가 최종이라는 선적지품질조건을 규정하고 있다. 그리고 매수인이 특별검사를 원할 때는 계약시점에 검사자를 지명할 것과 검사비용 부담을 부과하고 있다.

7) Industrial Property Right(산업소유권)

> Seller is not responsible for any infringement with regarded to patent, utility model, trademark, design or copyright, of third party in any country. Nothing herein contained shall be construed as transferring any technology including patent, utility model, trademark, design or copyright on or relating to the goods. All such rights are to be expressly reserved to true and lawful owners thereof. In case any patent dispute and/or claim arises in

connection with the goods, Seller may cancel, make null and void the contract at its discretion and hold itself free from any liability arising therefrom

---

어느 국가이든 매도인은 제삼자의 특허, 실용신안, 상표, 의장 혹은 저작권에 관련된 침해에 대해 책임을 지지 않는다. 본 계약 내용에는 상품에 관련된 특허, 실용신안, 상표, 의장 혹은 저작권을 포함한 모든 기술을 양도하는 것으로 해석하지 않는다. 모든 당해 권리는 진정한 법적인 소유자가 명시적으로 보유하는 것으로 한다. 계약품과 관련된 모든 특허분쟁 그리고/혹은 청구가 발생하는 경우에는 매도인은 자유재량으로 계약을 해제 무효화할 수 있으며 이로부터 발생되는 모든 책임으로부터도 면책된다.

☞ 매도인은 수출품의 특허권 등에 대한 침해에 대해서는 수입상이 요구한 것이기 때문에 책임이 없음을 확실하게 하고 있다. 본 계약에 포함된 특허권 등은 양도되는 것으로 해석하지 않고, 특허분쟁이 발생하면 매도인은 계약해지 권한과 면책 권한이 있음을 규정하고 있다.

8) Liability(책임)

No party is liable for incidental or consequential damages for any cause, whether breach of the contract, torts, statutory remedies or otherwise, with respect to the contract or performance or non-performance of any provision hereof.

어느 당사자도 본 계약이나 본 계약서 조항의 이행 혹은 불이행과 관련된 계약위반, 불법행위, 법적구제, 기타 문제가 원인이 된 우발적이거나 우발사고의 결과로서의 손해에 대해서는 책임이 없다.

☞ 우발사고에 대해서는 쌍방에게 책임이 없음을 규정하고 있다.

9) Claim(클레임)

Buyer has no right to claim until the relative payment is fully made. Any claim shall be transmitted to Seller by telex, telegram or cable within fourteen (14) days after the arrival of the goods at the port of destination, except that claim relating to latent defects shall be transmitted to Seller by the same means within seven (7) days after such defects are discovered, but not later than six (6) months after the said arrival. Each claim shall be confirmed by letter which, accompanied by a proof certified by a qualified surveyor, shall be dispatched to Seller by airmail within fifteen (15) days after telexing, telegraphing or cabling. Any claim not meeting these requirements shall be deemed to have been waived by Buyer.

매수인은 관련 대금 지급이 정히 이루어질 때까지는 클레임을 제기할 권리가 없다. 모든 클레임은 텔렉스, 텔레그램 혹은 케이블로 도착항에 물건이 도착한 후 14일 이내에 매도인에게 발송되어져야 하며, 단, 숨은 하자와 관련한 클레임은 물품 도착일 후 6개월 이내의 기간 중에 그러한 하자의 발견 후, 7일 이내에 동일한 방식으로 매도인에게 발송해야 한다. 각 클레임은 자격있는 검사원의 검사 증명서가 첨부된 서식으로 확인되어야 하며, 텔렉스와 텔레그래핑 혹은 케이블 이후 15일 이내에 항공우편으로 매도인에게 발송되어져야 한다. 이러한 요구들에 부합하지 않는 클레임은 매수인이 포기한 것으로 간주된다.

☞ 클레임 통지기간, 수단 그리고 클레임 입증방법 등을 규정하고 있다.

10) Force Majeure(불가항력)

Seller shall not be held responsible for the delay in shipment or non-delivery of the goods due to Force Majeure, which might occur during the process of manufacturing in the course of loading or transit. Seller shall advise Buyer immediately of the occurrence mentioned above. And within fourteen(14) days thereafter, Seller shall send by airmail to Buyer an evidence thereof. Under such circumstances, Seller, however, are still under the obligation to take all necessary measures to hasten the delivery of the goods. In case the accident lasts for more than ten(10) weeks, Seller shall have the right to cancel the contract.

매도인은 제조공정 중, 선적 혹은 운송과정에서 발생할 수 있는 불가항력 때문에 상품의 선적지연이나 혹은 인도불능에 대해서는 책임이 없다. 매도인은 매수인에게 즉시 상기 언급한 사건을 통지해야 한다. 그리고 사건발생후 14일 이내에 매도인은 매수인에게 사건의 증거를 항공우편으로 발송하여야 한다. 하지만 그러한 상황에서도 매도인은 상품의 인도를 서두르기 위하여 필요한 조치들을 해야할 의무가 있다. 10주 이상 지속되는 사건의 경우에는 매도인이 계약을 해제할 권리를 가진다.

☞ 불가항력에 대한 매도인의 면책, 매도인의 통지의무, 매도인의 계약해제권을 규정함으로서 불가항력 사고에 대해 매도인이 책임 한계를 명확히 하고 있다.

11) Arbitration(중재)

All disputes, controversies, or differences which may arise between the parties hereto, out of or in relation to or in connection with the contract, or for the breach thereof, shall be finally settled by arbitration in seoul, Korea in accordance with the Commercial Arbitration Rules of the Korean Commercial Arbitration Board and under the law of Korea. The award rendered by the arbitrators shall be final and binding upon both parties concerned.

본 계약으로부터, 본 계약과 관련하여 또는 본 계약의 불이행으로 당사자들간에 발생하는 모든 분쟁, 논쟁 또는 의견차이는 대한민국 서울에서, 대한상사중재원의 상사중재규칙과 대한민국법에 따라 중재에 의하여 최종 해결한다. 중재인(들)에 의하여 내려지는 판정은 최종적인 것으로 당사자 쌍방에 대하여 구속력을 가진다.

☞ 중재범위, 중재지, 중재규칙, 중재기관, 중재판정의 최종확정성과 구속성을 규정하고 있다.

12) Trade Terms(무역조건)

All trade terms provided in the contract shall be interpreted in accordance with the latest Incoterms of the International Chamber of Commerce.

계약에서 규정하고 있는 모든 무역조건은 국제상업회의소의 최근 인코텀즈에 따라 해석해야 한다.

☞ 무역조건의 해석은 최근 인코텀스에 따른다는 것을 규정하고 있다.

13) Governing Law(준거법)

The contract shall be governed as to all matters, including validity, construction and performance, by and under the laws of Korea.

계약은 효력, 해석과 이행을 포함한 모든 사항들에 대해 한국법에 의해 지배된다.

☞ 계약의 효력, 해석, 이행 등에 대한 판단을 한국법을 준거법으로 하도록 채택하고 있다.

Ⅱ. 매도확인서(Confirmation of Sale)

매매계약은 구두로 성립되어 효력이 발생되는 국가가 많으며 우리나라도 마찬가지이다. 구두계약은 제조건이 애매하므로 후일 입증하기 어려워 그 제조건들을 서면으로 확인하는 것이 적절하며 이러한 목적으로 매매계약확인서가 이용된다.

MODEL 2 : CONFIRMATION OF SALE

CONFIRMATION OF SALE

TO : XYZ Import Co., Ltd.

ABC Trading Company, as seller, hereby confirms having sold to you the undermentioned goods subject to the following terms and conditions :

DESCRIPTION	
QUALITY	
QUANTITY	
UNIT PRICE	
AMOUNT	
PACKING	
SHIPMENT	
DESTINATION	
PAYMENT	
INSURANCE	
INSPECTION	

YOUR REF. :

OUR REF. :

CONFIRMED : BUYER :   SELLER :

DATE :

GENERAL TERMS & CONDITIONS(일반조건)

The sale specified on the face hereof shall be subject to the following terms and conditions :

본 계약서의 표면에 규정한 판매는 아래의 제조건에 따른다.

☞ 앞의 Sale Note와 동일하다.

Ⅲ. 구매서(Purchase Note)

GENERAL TERMS & CONDITIONS

The Purchase specified on the face hereof shall be subject to the following terms and conditions :

본 계약서의 표면에서 규정하고 있는 구매는 아래의 제조건을 따른다.

☞ 2개의 모델과 차이점은 sale 아닌 purchase로 매수인이 매수인의 입장에서 발행하였기 때문에 매수인에게 유리한 조건이 많다.

MODEL 3 : PURCHASE NOTE

Puchase Note

Contract No._____

Ref. Yours : _____

Ref. Ours : _____

Date : _____

Dear Sirs,

We, as buyer, agree to purchase the following goods from you Seller, on the terms and conditions hereinafter set forth and on the reverse side hereof :

COMMODITY	QULITY	QUANTITY	UNIT PRICE	AMOUNT	REMARKS

SHIPMENT :   DESTINATION :

PACKING :   PAYMENT :

Accepted and agreed :

_____   _____

            (Seller)   (Buyer)

Ⅳ. 구매확인서(Confirmation of Purchase)

MODEL 4 : CONFIRMATION OF PURCHASE

CONFIRMATION OF PURCHASE

SEOUL,_____19_____

Your Ref.
Our Ref.

This is to confirm our purchase from you, and your sale to us on the following terms and conditions hereof :

_____

Description of Goods

Quality

Quantity

Price

Shipment   Time :   Port :
Description
Packing
Payment

Insurance
Inspection
See general terms and conditions on the reverse hereof :
Agreed and Confirmed :

SELLER :   BUYER :

(Please sign and return one copy)

GENERAL TERMS & CONDITIONS

The Purchase specified on the face hereof shall be subject to the following terms and conditions :

본 계약서의 표면에서 규정하고 있는 구매서는 다음의 제조건에 따른다.

☞ Confirmation of Sale과의 차이점은 매수인이 발행하는 구매확인서이므로 매수인에게 유리한 조항이 많다는 점이다.

Ⅴ. 수출계약서(Export Agreement)

수출과 수입에 관련된 서식은 비교적 전형적인 수출입에 이용되나 매매에서 인쇄된 서식은 제조건이 매매의 제조건이 충족될 수 없다. 이러한 경우 거래할때마다 수출계약서 또는 수입계약서를 특별히 작성할 필요가 있다. 수출계약서와 수입계약서는 천차만별이지만 본서에서는 일반적으로 자주 사용되고 여러 범위의 매매에 사용할 수 있는 것을 게재하였다.

MODEL 5 : EXPORT AGREEMENT

This Agreement made in Seoul, Korea this May 5, 1998, and entered into between Hanyang Trading Co., Ltd. with its head office at San #17, Hengdang-dong, Sungdong-gu, Seoul, Korea (hereinafter called Seller) and ABC Trading Co., Ltd. with its head office at 18, Broadway, New York. N.Y., 10002. U.S.A. (hereinafter called Buyer).

본 계약은 한국 서울에서 1988년 5월 5일 대한민국 서울특별시 성동구 행당동 산18번지)에 본사를 두고 있는(이하 매도인이라 한다.) 한양무역주식회사와 미국 뉴욕주 뉴욕시 브로드웨이 18번지에 본사를 두고 있는(이하 매수인이라 한다.) ABC무역주식회사간에 작성하고 체결되었다.

☞ 본 계약서는 전자의 4개의 계약서와 다른 점이 전자는 일방 당사자가 작성하나 본 계약서는 양 당사자 같이 합의된 내용으로 작성한다는 점이다. 그러므로 그 내용구성도 표면과 이면약관으로 구분되지 않는다.

WITNESSETH(아래의 사항들을 증명한다.)

Ⅵ. 수입계약서(Import Agreement)

　수입계약서의 내용이 바로 앞의 수출계약조항과 차이가 있는 것은 매도인이 아닌 매수인이라는 점이며 매수인의 입장에서 작성된 점이 많다는 점이다. 해설은 생략하겠다.

MODEL 6 : IMPORT AGREEMENT

This Agreement, made and entered into this (　　　) day of (　　　　　　) by and between (　　　　), a company duly organized and existing under law of (　　　　) and having its principal place of business at (　　　　　　) (hereinafter referred to as Seller) and (　　　　　　), a company duly organized and existing under the laws of (　　　　　　) and having its principal place of business at (　　　　　) (hereinafter referred to as Buyer).

본 계약은 (　)년 (　)월 (　)일에 (　　)법에 의거하여 설립되어, 현존하는 법인으로, 그 주된 영업소를 (　　　)에 두고 있는 (　　　　　)(본 계약에서 이하 매도인이라 칭한다)와, (　　)법에 의거하여 설립되어, 현존하는 법인으로 그 주된 영업소를 (　　　)에 두고 있는 (　　　)(본 계약에서 이하 매수인이라 칭한다)와의 사이에 체결되었다.

Witnesseth That : (아래의 사항을 증거로 한다.)

The parties hereto agree as follows
(본 계약서에서 당사자들은 아래와 같이 합의한다.)

대리점계약 관계서식에 대해서 살펴보면, 각 기업은 어떻게 하면 광범위하고 효율적인 활동을 할 수 있는지에 대하여 고심하고 있다. 경제사회에서 각 기업의 단독활동능력은 한계가 있다. 그래서 각 기업은 타인의 능력을 이용하는 활동방식을 취하고 있으며 그 대표적인 것이 대리점제도의 이용이다. 대리점제도는 특히 기업의 판매활동능력의 보충으로 국내외에서 이용되고 있다. 국내에서의 대리점제도의 이용은 대리점을 지명하는 측도, 대리점이 되는 측도 같은 국가라는 공동기반에 존재하기 때문에 비교적 별탈없이 행해지고 있다. 그러나 국제적인 대리점제도의 이용은 국내처럼 단순하게 행해질 수가 없다. 역시 다른 국제거래와 마찬가지로 각 국가에 따라 법률, 관습, 가치관, 사회제도, 정치체제 등이 다르므로 예기치 않은 장애가 있을 수 있기 때문이다.

어느 쪽이라도 대리점제도는 타인의 능력을 이용하는 기업을 성공시키기 위해 존재한다. 통상, 능력을 제공하는 대리점은 대리상(代理商)을 전문으로 하는 회사이거나, 자연인이다. 이들 업자는 타인(본인)의 사업을 원조하는 것 자체로 이익을 얻는 것이나 자기의 이익추구만에 열중하여 본인의 이익추구는 2차(二次)로 될 수도 있다. 반대로 본인 쪽도 대리점을 이용하다가 이용가치가 없어지면 간단하게 제거해 버리기도 한다. 이점이 제일 큰 문제로, 양자간의 조정(調整)을 위해 상세한 계약서가 작성되게 된다고 말해도 과언이 아니다.

대리점계약(Agency Agreement)과 판매점계약(Distributorship Agreement)은 엄격히 구별할 필요가 있다. 실업계에서는 대리점이라고 하면 판매점을 포함해서 표현하거나 그 결과로서 대리점계약안에 판매점계약을 넣는다. 그렇지만 본래의 대리점은 본인에게서 위임(또는 준위임)을 받아 본인을 위해 일체의 행위를 하고 그 대가로써 수수료라는 이익을 얻는 계약업자를 가리킨다. 한편, 판매점은 타인으로부터 계속적으로 물품을 구입하여 그것을 재판매해서 이익을 얻는 계약업자를 가리킨다.

대리점계약은 대리점의 권한으로 볼 때 크게 두 가지로 나눌 수 있다. 그 하나는 대리점에게 법적인 대리권(특히 본인을 위해 타인과 계약을 체결할 권리)을 부여하는 계약이다. (이러한 대리업자를 계약대리상이라고 한다). 또 하나가 대리점에 법적인 대리권을 부여하지 않는 계약이다. (이러한 대리업자를 매개(媒介)대리상이라고 한다). 이것을 표시하면 다음과 같이 된다.

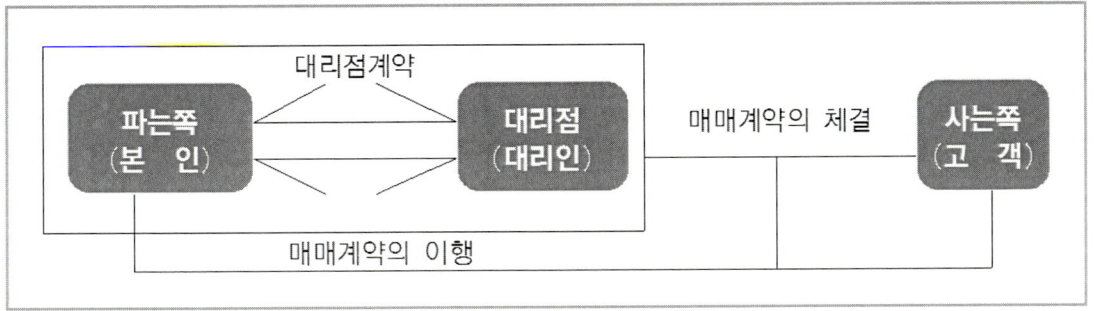

<계약대상자>

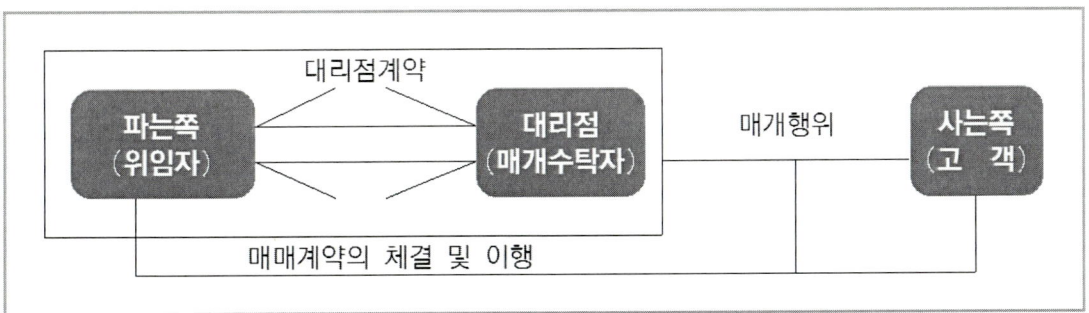

<중개대리점>

　　대리점은, 위임 (준위임)받은 업무의 종류 또는 대리업무의 수행형태에 따라 여러가지가 있고 그것에 따라 대리점계약도 각양각색이 된다. 본서에 게재한 대리점계약서는 우리나라의 실무계에서 실질적으로 행하고 있는 전형적인 것이지만, 이들 이외에도 다양한 것은 말할 필요도 없다. 특히 계약한 대리점 이외에 일체 대리점을 고객으로 하지 않음을 약속한 대리점계약을 총대리점계약(독점대리점계약서)이라고 칭하고 있다. 이하 본서에서 게재한 각종 서식에 대해 간단히 설명하겠다.

Ⅰ. 중개대리점 계약서(Commission Agency Agreement)

　　본래의 대리점 계약이 크게 두종류로 나누어지는 것은 앞에서 설명한대로 이지만, 실제 행해지는 대리점계약의 대부분은 이 중개대리점계약이다. 즉, 대리점에 법적인 대리권을 부여하지 않고, 본인을 위해 단순히 실무행위 특히, 중개행위를 행하는 것에 지나지 않는 대리점계약이다. 법적인 의미로써의 위임은 없으나, 그 경제적인 기능이 위임과 비슷하므로 위임에 관한 법을 준용하는 구분이 꽤나 있다(준위임이라고 한다). 대리점의 어떠한 행위도 본인을 구속하지 않는다. 그러나 제삼자에게는 대리점이 법적인 대리권을 가지고 있는가 아닌가가 불명확한 것으로부터 표견대리(외견상 대리권을 가지고 있는 형태 이것을 믿고 행동한 제삼자에 대해 본인이 대리점의 행위에 대해 책임을 지는 제도)의 문제가 발생하는 것에 주의해야 한다. 대리점의 업무는 본인 상품(계약품)의 판매촉진업무를 중개하는 것을 업으로 하는 계약이다.

MODEL 7 : COMMISSION AGENCY AGREEMENT

This Agreement, made in (국가명) this (월. 일), 19XX, and entered into between (당사자 A) with this head office at (당사자 A의 주소) (hereinaftrer called Company) and (당사자 B) with its business office at (당사자 B의 주소) (hereinafter called Agent).

본 계약서는 (   )에 본사를 두고 있는 (   ) (이하 본사라 한다.)와   (   )에 사무소를 두고 있는(   ) 사이에서 19XX년 (   )월 (   )일에 체결된 것이다(이하 대리점이라 한다).

☞ 계약장소, 일자, 당사자와 주소 등을 규정하고 있다.

WITNESSETH ;

The parties hereto agree that Company shall export (   ) and in the territory of (   ) and through the service of Agent in accordance with the terms and conditions specified hereunder.

본 계약서에서 당사자들은 본사는 본 계약서의 제조건에 따라(   ) 영역내에서 대리점을 통하여 (   )를 수출하는 데에 합의한다.

Ⅱ. 법정대리점 계약서(Lawful Agency Agreement)

대리점의 능력을 최대한으로 이용하는 경우에, 본인이 법적인 대리권을 부여하는 것이 있다. 본인이 위임한 범위의 대리점 행위의 효과는 본인에게 귀속되지만, 특히 대리점이 본인을 위해 체결한 계약의 효력은 직접적으로 본인에게 미치게 된다. 따라서 이 종류의 계약은 상호 신뢰관계가 확립된 경우에 또한 대리점의 행위가 부당한 때에는 본인에 대한 책임을 대리점이 질 수 있을 정도의 능력을 가진 업자와 체결되는 계약이다. 법정대리점계약에 있어서는, 상기에 언급된 것으로부터 대리점이 어떠한 범위의 권리를 부여받는가가 최대의 관점이 된다. 본 서에서는 중개대리점 계약의 경우와 마찬가지로 판매촉진업무를 대상으로 한 법정대리점 계약서이다.

MODEL 8 : LAWFUL AGENCY AGREEMENT

THIS AGREEMENT, made and entered into effective as of the 15day of 2001, 2001 by and between (   ), a corporation organized and existing under the laws of (   ) with its principal place of business at (   ), (herinafter called "Company"), and (   ), a corporation organized and existing under the laws of (   ) with its principal place of business at (   ) (hereinafter called "Agent") :

본 계약서는 (   )법에 의거하여 정하였으며 (   )에 주된 사업처를 가지고 있는 (   )사 (이하 회사라 한다.)와 (   )법 의해 정히 설립되어 현존하고 있으며 (   )에 주된 사업처가 있는 (   )사 (이하 대리점이라 한다.)와의 사이에 2001년 5월 15일 체결되었다.

WITHNESSETH(증거로서)

WHEREAS, Company has long been engaged in the business of manufacture, sale and distribution of various (   ) throughout the world
WHEREAS, Agent has requested Company to formally authorize Agent as an exclusive agent for sale of (   ) in (   ),

----

본사는 오랫동안 전세계 걸쳐 다양한 (   )제품의 제조업, 판매업, 유통업을 수행해 오고 있다.
대리점은 (   )에서 (   )의 판매에 대해서 정식으로 독점적인 대리점의 권리를 본사로부터 요청받았다.

WHEREAS, Company and Agent recognize the necessity of a written agreement to eliminatie any possible dispute and difference of opinion with respect to the agency business and terms and conditions thereof,

----

본사와 대리점은 대리점사업 제조건에 관련하여 모든 가능한 분쟁과 의견차이를 줄이기 위하여 계약서의 작성이 필요성을 인식한다.

NOW, THEREFORE, it is agreed as follows :

따라서 아래의 사항들에 대하여 합의하였다.

Ⅲ. 대행계약서(Representative Agreement)

Representative 라고 하는 단어는, 곧잘 「대표자」라고 해석된다. 그러나 영미법에 있어서는 한국법과 같이 「대표」라고 하는 개념은 없다. Representative라고 하는 것은, 대단히 넓은 업무를 행하는 것으로 되어 있는 것이 일반적이다.

특히 본사를 위한 연락업무, 수속업무 등에 중점을 두고 있으며, 결과적으로 본사를 위한 대행업무를 실시하는 계약업자라고도 할 수 있다. 상품매매에 있어서는 판매촉진의 중개업무를 행하는 것이 일반적이나 체약권(법적인 대리권)을 부여하는 것도 있다. 그러나 어느 쪽이든 고용인(Employee)은 아니며 되는 것은 아니나 의무계약사원적인 색채를 띤다.

MODEL 9 : REPRESENTATIVE AGREEMENT

This Agreement,   ), 19(   ), between(   ), corporation having its main office of business at (   ) Korea (hereinafter called Company) and (   ) citizen having its residence at (   ) (hereinafter called Representative).

본 계약서는 19( )년 (   )에 한국에 주요 사업체를 두고 있는 (   )회사(이하 회사라 한다)와 (   )에 주거지를 두고있는 (   )시민(이하 대표자라고 한다)사이에서 체결된 것이다.

WITNESSETH THAT :
The parties hereby agree as follows :

이하를 증거한다.
당사자들은 본 계약서로서 다음과 같이 합의한다.

Ⅳ. 위탁판매계약서(Consignment Agreement)

위탁판매점도 대리점(Agent)의 한종류이나 판매점(Distributor)은 아니다. 본사로부터 상품(계약품)을 맡아 특정지역의 고객에게 인도하는 것을 업으로 하는 자다. 제품의 성질이 신속한 납품이 요구되는 것, 고객의 직접선택이 필요한 것, 그리고 고객의 수요에 맞춰 간단한 가공이 필요한 것 등의 판매는 위탁판매점은 이용하면 대단히 효과적이다. 위탁 판매점은 업무 성질상 대리점으로 행해지고 있다.

MODEL 10 : CONSIGNMENT AGREEMENT.

This Agreement, made on the September 10, 2002 between Mitsbishi Co., Ltd. (hereinafter called "Consignor") having its principal place of business at Tokyo, Japan on the one part and Kyungwon Trading Co., Ltd.(hereinafter called "Consignee") having its principal place of business at Sungnam, Korea

----

본 계약서는 2002년 9월 10일에 일본 동경에 주된 영업장소를 가지고 있는 미쯔비시상사 주식회사(이하 위탁인이라 한다)와 한국 성남에서 주요 영업장소를 가지고 있는 경원무역 주식회사(이하 피위탁인이라 한다) 사이에서 체결되어졌다.

WITNESSETH THAT :

이하의 사항을 증거한다.

WHEREAS, Consignor has developed and is now engaged in the business of manufacturing and selling certain products to some conntries, and

----

위탁인은 (상품)을 개발하고 현재 제조업분야에 종사하면서 일부 국가에 특정상품을 판매하는 자이며

WHEREAS, Consignee desires to enter the business of promoting, selling, installing and servicing the products in its country and other territories,

----

피위탁인은 해당 국가에서 그리고 다른 계약지역에서 촉진, 판매, 설비 그리고 상품용역에 참여하기를 바라는 바이다.

NOW THEREFORE, the parties hereto mutually covenant and agree as follows :

따라서 지금 본 계약서의 당사자들은 상호 날인하여 아래사항을 합의한다.

3 | 판매점 계약서

 법적인 것을 염두에 두지 않고 일반적으로 대리점계약에 대해서 말하라면 판매점계약을 가리키는 경우가 압도적으로 많다. 그렇지만 대리점계약과 판매점계약은 앞서 말했듯이 엄연한 차이가 있다. 그러나 타인의 능력을 이용해서 어떤 사업목적 (상품의 판매)을 달성하는 것은 양계약이 서로 공통되므로 경제적측면에서는 마찬가지라고 볼 수 있다. 현실적으로 타인의 능력을 이용해서 판매활동을 하고 있는 경우를 보면 판매점계약을 체결하는 것이 일반적이다.

 판매점은 자기의 예산(Account)과 위험(Risk)으로 물품을 사들이고 그것을 자기의 고객에게 재판매해서 구입액과 재판매액의 차액을 이익으로 한다. 판매점활동은 자유이지만 상품을 구입함에 있어서는 매도인과의 관계에서 그리고 그 상품을 재판매하는 매매조건 등의 제조건도 결정한다. 이들 제조건은 매도인의 판매정책에 따를 것을 요구받는 경우가 많아 이것이 판매점의 자유로운 활동지향의사와 대립될 수 있다.

 판매점계약의 내용은, 매도인이 판매점에 대해, 특정의 상품 (계약품)을 안전하게 공급하기 위해 제조건을 정한 부분과 계약품을 재판매할 권리(Distributor- ship)를 행사할 경우의 제조건을 정한 부분으로 나눌 수 있다. 전자는 계속적 공급에 관한 제조건이므로 매도인과 판매점간의 매매의 기본적 조건을 정한 것이라고 할 수 있다. 후자는 판매점의 재량에 맡겨도 좋을 듯하나 매도인이 판매점에 대한 재판매활동에 대해 일정조건을 요구한다. 양자는 불가분의 관계로서 판매점계약이라고 하는 하나의 계약을 구성하고 있는 셈이다. 매도인과 판매점의 관계를 표시하면 다음과 같다.

 판매점은 고객의 수요에 맞춰 계약품을 신속하게 납품하고 애프터서비스를 행하는 것이므로 재고를 갖추고 어느 정도의 계약품에 관한 기술적지식을 가져야 한다. 따라서 판매점이 되는 업자는 자금과 기술적인 면에서 상당한 실력을 갖추지 않으면 안되며 이 점에서 판매점이 되는 업자는 대리점이 되는 업자보다도 실력있고 신뢰성있는 업자인 것이 일반적이다. 단, 판매점도 대리점과 마찬가지로 타인(매도인)의 사업을 보조하는 업무를 행하는 성질을 가지고 있으므로 매도인의 경제활동상의 지배하에 놓이게 되는 것이 많다.

 판매점이 되는 업자는 소위 상사(商社)이며 세계각국의 상사는 우리나라의 상사처럼 강력하지 않다. 그 대부분이 소규모기업으로 유력한 업자에게 판매면에서 이용당하는 실태이다. 그 안정성은 계약을 근거로 하고 있다. 유력한 업자(매도인)가 판매점의 이용가치가 있을 때만 이용하고 그 가치가 없어지면 관계를 끊는 일도 있다. 예를 들어, 제조품에 대해 판매점에게 마케팅개발을 시키고 고객이 많아지는 단계에서 판매점을 떼어내고 매도인이 직접 판매에 뛰어드는 것과 같은 경우다. 이러한 판매점의 약한 입장을 보호하기 위해 각 국가는 법적조치를 취하고 있으며 대리점법의 적용이 그 하나이다. 대리업자의 약한 입장을 보호하고 유력한 업자의 권리 또는 지위의 남용을 막기 위해 입법화시킨 대리점법(상법의 일부이며 특별법이 존재하는 것도 있다.)을 판매점법에 적용하여 판매점을 보호하는 국가가 있으며 또 판매점법을 특별하게 입법화한 국가도 있다. 민법상의 권리남용에 대한 이론을 발전시키고 판매점보호이론이 법적으로 구성되어 있는 국가도 있다. 그 위에 독과점금지법을 판매점계약에 엄격히 적용시켜서 그 부분적 결과로써 판매점이 보호받게 되는 국가도 있다.

판매점의 법적보호는 상기와 같은 판매점의 약한 입장으로 봐서 당연한 일이지만 한편, 판매점측이 그 보호만 믿고 계약상 부여된 권리 위에 안주하거나 의무는 다하지 않고 권리주장만 하는 현상도 볼 수 있다.

우리나라의 기업은 서면으로 계약을 하는 것을 꺼리고 있으나 위에 서술한 문제점을 생각해보면 계약서의 중요함을 이해할 수 있다. 판매점계약의 어려움은 판매확대로 매도인과 판매점 양자가 상호이익을 얻을 수 있도록 조정하는 것 각국의 대리점법 판매점법 독과점금지법 등에 어떻게 대처할 것인가, 특히 매도인측에서 본 경우 판매점을 이용하는 국제사업을 OEM거래, 합병사업, 기술제휴 기타 국제사업과의 관계에서 위치지움 등이 있다.

판매점계약은 매매계약이라든지 대리점계약과 같이 패턴화할 수는 없으며 각 계약마다 적용법, 거래규모, 계약품의 성질, 영향력관계에 등이 대단히 다양한 계약이라고 할 수 있다. 이하에서 독점판매점계약서, 비독점판매점계약서에 대해 설명하겠다.

Ⅰ. 독점판매점계약서(Exclusive Distributorship Agreement)

판매점계약 중 판매점에 부여된 권리에 착안해서, 판매점이 계약품을 특정의 지역에 독점적으로 취급하는 (매도인으로부터 구입하고, 그것을 재판매하는) 권리가 부여된 계약을 독점판매점계약이라고 한다. 본 계약은 매도인이 특정지역 (계약지역 : Territory)에는 다른 판매점을 두지도 않으며 계약품을 직매하지도 않는다. 물론 계약상 매도인이 판매점 이외에 특정업자와의 거래나, 입찰의 경우 등을 예외로서 권리유보하는 것도 있으나 계약지역에 대한 계약품의 판매는 모두 판매점을 통하는 것을 원칙으로 한다. 매도인의 판매성적은 판매점의 활동여하에 달려있으며 독점판매권의 대가로써 판매점에 판매성과에 대한 보증을 요구하는 것이 일반화되어 있다. 경쟁품(競爭品)의 취급금지 등도 독점판매권의 대가가 된다. Exclusive와 같은 뜻으로 Sole(유일의)이란 단어가 있다. 이것은 매도인이 계약지역에 직매권은 유보하나 따로 판매점 또는 상사 (Trade Company, Dealer)를 두지 않을 것을 약속한 경우로서 예를 들어 총판매점 (Sole Distributor) 등으로 사용되어 진다.

MODEL 11 : 독점판매점계약

This Agreement, entered into this (　　) day of (　　　　), 19(　　　), by and between
(　　　　　　), a corporation duly organized and existing under the laws of (　　　) and having
its principal office of business at (　　　　　) (hereinafter called Company) and (　　　　), a
corporation duly organized and existin under the laws of (　　　　　) and having its principal
office of business at (　　　　　) (hereinafter called Distributor),
----

본 계약서는 19(　)년 (　)월 (　　)일 (　　　)에 주된 사무실을 두고 있으며, (　)법에
의거해서 정히 설립되어 현존하는 (　　　　　)회사(이하 본사라 한다.) (　　　　　)에
주된 사무실을 가지고 있으면서 (　　　　　　)법에 의해 정식으로 설립되어 현존하는
(　　　　　) 회사(이하 판매점이라 한다.)사이에서 체결되었다.

Witnesseth That :

Whereas, Company has made effort for a long time to research and develop on (　　　　　)
etc. and is engaged in the manufacture and sale thereof, and
Whereas, Distributor has offered to be given an exclusive distributorship from Company.
Now, Therefore, Company and Distributor agree as follows :

본사는 오랜기간 (　　) 등에 연구 개발을 위해 노력을 해왔으며 그 제품의 제조와 판매에
종사하고 있다.
반면에 판매점은 본사로부터 독점판매권을 제공받기 위해 청약한다.
따라서 지금 본사와 판매점은 다음과 같이 합의한다.?

Ⅱ. 비독점판매점계약서(Non-Exclusive Distburitorship Agreement)

수출상은 판매점에게 취급품이나 활동할 수 있으며 지역은 정하지만, 동일지역에 다른 판매
점을 두거나 자유로운 직매를 할 수 있으며 판매점에게 독점적인 권리를 부여하지 않은 계약
을 비독점판매점계약이라고 한다. 판매점에게 부여되는 권리의 가치는 독점판매점계약에 비
교해 훨씬 못하며 수출상은 제품을 안정적으로 공급할 수 있다. 수출상은 판매점의 판매활동
이 불만스러울 경우에는 직접 판매활동에 뛰어 들거나, 다른 판매점을 지명할 수 있으므로
안심할 수 없다. 그렇지만, 독점권리를 부여하지 않은 경우에는 판매점에게 최저구입보증을
요구한다거나 경쟁품의 취급금지 등을 요구하는 것은 각국의 독과점금지법 그 외의 법률에
위반되므로 수출상은 계약으로 판매점의 활동을 맘대로 조정할 수 없다.

MODEL 12 : Non-exclusive Distributorship Agreement

THIS AGREEMENT, made and entered into this (   ) day of (   ), 19XX by and between (   ), a corporation duly organized and existing under the laws of (   ), having its principal place of business at (   ) (hereinafter called "Company") and (   ), a corporation duly organized and existing under the laws of (   ), having its principal place of business at (   )(hereinafter called "Distributor").

본 계약서는 19(   )년 (   )월 (   )일 (   )법에 의거하여 정식으로 조직되어 현존하는 법인으로, 주영업소를 (   )에 두고 있는 (   )(본 계약에서 이하 회사라 한다)와 (   )법에 의해 정식으로 조직되어 현존하는 법인으로 그 주영업소를 (   )에 두고 있는 (   )(본 계약서 이하 판매점이라 한다)와의 사이에서 작성되고 체결되었다.

WITNESSETH :

WHEREAS, Company is engaged in manufacturing in (   ) Products as hereinafter defined, and desires to appoint an non-exclusive distributor to sell Produts in Territory, as hereinafter defined ; and

WHEREAS, distributor desires to sell products on a non-exclusive basis in Territory under the terms and conditions as set forth in this contract. Now, THEREFORE, it is hereby agreed as follows ;

회사는 (   )에서, 본계약 중 이하에 정의하는 계약품의 제조에 종사하고 있으며, 본계약 중에 이하에 정의하는 계약지역에서 계약품을 판매할 비독점적 판매점을 지명할 것을 바라며,

판매점은 본계약에 규정된 제조건에 근거하여 계약지역에서 비독점적 조건으로 계약품을 판매할 것을 바란다.

따라서 여기에 본계약에 의해 다음과 같이 합의한다.

물품이나 유통관계가 아닌 국제계약으로서 가장 많이 이루어지는 거래가 라이센스와 기술지원계약(License and Technical Assistance Agreement)과 합작투자계약(Join Venture Agreement)이다. 가장 보편적인 모델계약서를 아래에 게제하며 모방보다는 이를 모델로 하여 각 경우에 따라 적절하게 작성하는 것이 바람직하다.

Ⅰ. 라이센스 및 기술지원계약서(License and Technical Assistance Agreement)

MODEL 13 : License and Technical Assistance Agreement

LICENSE AND TECHNICAL ASSISTANCE AGREEMENT made by and between [the American Widget Co.,] a corporation organized and existing under [the laws of State of New York, U.S.A.] having an office at [150, 51st West, New York, N.Y., U.S.A.] (hereinafter referred to as "LICENSOR') ; and [Korean manufacturing Co., Ltd.], a corporation organized and existing under the laws of the Republic of Korea, having an office at [159, Samsung-dong, Kangnam-ku, Seoul, Korea] (hereinafter referred to as "LICENSEE")

[미국, 뉴욕주법]에 의해 설립, 존속하며 그 본점 소재지가 [미국 뉴욕주 뉴욕시 웨스트 51가 140]인 [American Widget Co.] (이하 '기술제공자'라 한다)와 [한국 서울특별시 강남구 삼성동 159]에 본점을 두고 한국법에 의해 설립, 존속하는 [한국제조주식회사] (이하 '기술도입자'라 한다)간에 본 기술도입계약이 체결되었다.

WITNESSETH :

WHEREAS, LICENSOR now manufactures and sells, in [the United Satates of America] and elsewhere, a proprietary line of [widget sets formed from glass], and a proprietary line of [grosbeaks formed from carbon fibers] ; and
WHEREAS, LICENSOR own certain trademarks, patent rights, and technological information including know-how, skill and experience relating to said Products as hereinafter defined ; and
WHEREAS, LICENSEE desires to obtain from LICENSOR the right to use such trademarks, patent rights and technological information to manufacture, use and sell the Products ; and also desires to obtain technical assistance from LICENSOR in the use of such patent rights and technological information, and LICENSOR is willing to grant such rights and to provide such technical assistance to LICENSEE all as hereinafter more fully provided,

NOW THEREFORE, in consideration of the covenants herein contained, the aprties agree as follows ;

기술제공자는 현재 [미국 및 기타지역]에서 [유리]로 만든 [Wideget Sets와 탄소섬유로 만든 Grosbeaks]의 독점판매권을 가지고 동 제품들의 제조 및 판매를 하고 있고 동 제품들의 제조 및 판매를 하고 있고 동 제품들에 관련한 상표, 특허권 Know-how, 기술 및 경험을 포함한 기술정보를 소유하고 있으며, 기술도입자는 위 제품을 제조, 판매하기 위하여 기술제공자로부터 위제품에 관련된 상표, 특허권 및 기술정보를 사용할 권리 및 그러한 특허 및 정보를 사용하는데 필요한 기술지원을 받기를 희망하고 있는 바. 기술제공자는 다음에서 규정하는 바와 같이 기술도입자에게 위 권리와 기술지원을 제공하려고 한다. 따라서 양 당사자는 다음과 같이 약정한다.

Ⅱ. 합작투자계약서(Joint Venture Agreement)

MODEL 14 : Joint Venture Agreement

THIS AGREEMENT is entered into this [1st0 day of [June, 1992] by and between X, INC. A corporation organized and existing under the laws of the Republic of Korea (hereinafter referred to as "Korea"), with its principal office at [159, Samsung-dong, Kangnam-ku, Seoul, Korea] (hereinafter referred to as "X") and Y CO., LTD. a company organized and existing under the laws of the State of [new york, United States of America], with its principal office at [140, 51st, West, New York, N.Y., United States of America] (hereinafter referred to as "Y").

이 계약은 [대한민국 서울 특별시 강남구 삼성동 159]에 주소를 두고 대한민국(이하 "한국"이라 한다) 법률에 따라 설립되어 존속중인 갑회사 (이하 "갑"이라 한다)와 [미국 뉴욕주 뉴욕시 웨스트 51가 140]에 주사무소를 두고 [미합중국 법률]에 따라 설립되어 존속중인 을회사 (이하 "을"이라 한다) 사이에 [1992.6.1]에 체결되었다.

WITNESSETH :

WHEREAS, X is engaged in the business of [promoting the sale and distribution of various goods] in Korea ; and
WHEREAS, Y, which is engaged in the business of [manufacturing and selling the compurters and possesses valuable technology, considerable skill and experience relating to the design and manufacture thereof in the United States] ; and

WHEREAS, the parties hereto desire to establish a company in Korea, for the principal purpose of [engaging in the business of manufacturing and selling of the computer]
NOW THEREFORE, for and in consideration of the premises and mutual covenants herein contained, X and Y hereby agree as follows :

갑은 한국에서 [각종 제품의 판매업]을, 을은 [미합중국]에서 [컴퓨터의 대자인, 제조에 관한 기술, 경험을 보유하고 컴퓨터의 제조, 판매업]을 영위하고 있는 바, 양 당사자는 [컴퓨터의 제조 및 판매]를 주목적으로 하는 회사를 한국내에 설립하고자 하여, 갑과 을은 이 계약에 포함한 전기사항과 상호 약속을 약인으로 하여 다음과 같이 합의하고 그 증거로 이 계약서를 작성하는 바이다.

제3절 국내무역계약서

1 수출입용품 매매계약서

Ⅰ. 수출용품 구매계약서

MODEL 15 : 수출용품 구매계약서

_____ 주식회사(이하 "갑"이라 칭함)와 _____ 주식회사 (이하 "을"이라 칭함)는 제1조의 제품(이하 제품이라 칭함)의 매매에 관하여 다음과 같이 합의한다.

제1조(제품)

1. 제품의 명세

품　명	수　량	단　가	가　격	비　고

2. 상기제품의 규격, 품질기준 등 구체적 명세는 별첨표(또는 사양서)에 의한다.

제2조(제품인도)

"을"은 제품을 수출에 적합한 상태로 19____ 년 ___월 ___ 일까지 "갑"이 지명한 장소까지 "을"의 책임과 비용으로 인도하여야 한다.

제3조(대금결제)

"갑"은 "을"을 수익자로 하는 LOCAL L/C를 개설하고 동LOCAL L/C에 의거 제품대금을 지급하기로 한다. LOCAL L/C의 Nego 서류에는 "갑"이 발행한 제품인수증과 품질검사증을 첨부하여야 한다.

제4조(배상책임)

1. 제품인도지연, 또는 이로 인한 선적지연, 제품인도불이행의 경우와 선적후 BUYER로부터 품질불량, 수량부족, 포장불량, 품질상이 등의 사유로 제기되는 CLAIM에 대해서는 전적으로 "을"이 책임을 져야 하며 이에 따른 제반 경비 및 손해는 "을"의 부담으로 한다.

2. 선적서류의 하자 등으로 문제가 발생될 경우 이에 대해서는 본 계약당사자중 선적업무를 담당한 측의 책임으로 한다.

3. 위 제1항 및 제2항의 BUYER의 클레임을 접수하는 갑은 즉시 을에게 동 내용을 통보하여야 하며, 동 클레임의 해결을 위하여 갑과 을은 상호협력하여야 한다.

제5조(비용부담)

제품인도지점까지의 모든 경비는 "을"이 부담하고, 그 이후의 모든 수출경비(은행경비, 검사료, 운송비, 통관료, 하역비, 보험료 등)는 "갑"의 부담으로 한다.

제6조(품질검사)

"을"은 제품의 생산이 완성되면 "갑"에게 통지하여 "갑"의 품질검사를 받아야 한다. 단, "갑"이 품질검사를 하였다 하더라도 제품의 하자에 대한 "을"의 책임이 면제되는 것은 아니다.

제7조(환차손익)

환율변동으로 인한 손익은 "갑"의 귀속으로 한다.

제8조(관세환급)

수출완료후 관세 등 환급특례법에 의해 "갑"의 명의로 신청하는 관세 등 환급급은 "을"의 귀속으로 한다.

제9조(담보제공)

"을"은 제2조 제품인도, 제4조 배상책임, 기타 본 계약으로 인하여 "을"이 부담하는 일체의 채무이행을 보증하기 위하여 담보(백지당좌수표, 공증필한 약속어음, 또는 부동산 담보)를 "갑"에게 제공하기로 한다. (또는 "을"은 "갑"을 피보험자로 하고 보험금액을 제품가액으로 하는 이행보증보험증서를 "갑"에게 제공하여야 한다).

제10조(해약)

1. 당사자일방의 계약불이행, 또는 당사자 일방의 파산신청, 파산, 해산, 영업폐지, 지급불능, 당좌거래의 정지, 회사정리신청, 회사정리법에 의한 보전신청, 가압류신청, 가압류, 가처분 등 기타 신용을 현저히 상실하였다고 인정될 경우 상대방은 계약해지를 통보함으로써 본 계약을 해지할 수 있다.

2. 전항의 계약해지는 기발생된 권리 및 손해배상의 청구에 영향을 미치지 아니한다.

제11조(유효기간)

1. 본 계약은 계약 체결일로부터 ____년 __ 월 ____일까지 유효하나.
   단, 계약기간 중 발생한 채권, 채무는 기간만료에 영향을 받지 아니한다.

2. 유효기간의 연장 여부 및 그 내용은 기간 만료시 당사자간의 합의로써 결정한다.
   **** 계속적 계약일 경우에만 필요함

제12조(기한이익의 상실)

"을"에게 제10조 1항의 사유가 발생할 경우 "을"은 "을"이 부담하는 일체의 채무에 대한 기한의 이익을 상실하며 "갑"은 최고 및 이행의 제공없이 즉시 담보권을 행사할 수 있다.

제13조(내용변경)

본 계약의 내용은 당사자 간 서면합의로써 변경할 수 있다.

제14조(양도금지)

"을"은 "갑"의 사전승인없이 본 계약의 권리, 의무를 제 3자에게 양도, 이전, 담보제공 등의 행위를 할 수 없다.

제15조(계약의 효력발생)

본 계약은 당사자가 서명날인하고 "을"이 제9조의 담보를 제공한 때에 효력을 발생한다.

제16조(분쟁해결)

본 계약으로 인하여 또는 본 계약과 관련하여 발생하는 모든 분쟁은 대한상사중재원의 중재로써 최종 해결한다.

제17조(특약)

제18조(기타)

본 계약에 규정되지 않은 사항은 당사자간 합의로써 결정하고, 합의되지 않은 사항은 일반적으로 인정되는 상관례에 의한다.

상기 계약내용을 확인, 증명하기 위하여 본 계약서 2통을 작성하고 "갑", "을"이 서명날인후 각 1통씩 보관한다.

199 년 월 일

(갑)   (을)

MODEL 16 : 수입물품매도계약서

_____ 주식회사(이하 "갑"이라 칭함)와 _____주식회사 (이하"을"이라 칭함)는 "갑"이 하기 제1조의 제품을 수입하여 "을"에게 판매함에 있어 다음과 같이 조건과 방법으로 거래할 것을 합의한다.

제1조(제품)

"갑"이 "을"에게 판매하는 제품은 다음과 같다.

품　명	수　량	단　가	금　액	비　고

제2조(제품인도)

1. "갑"은 제품을 수입·통관하여 __지역 내 보세창고에 입고함으로써 "을"에 대한 인도는 완료된 것으로 본다.

2. 제품의 인도 시기는 제 4조 제1항에 따른 선수금 수령후 _____ 개월로 하되, 천재지변 등 불가항력 사유 발생 시에는 동 사유 치유기간 만큼 연장되는 것으로 한다.

제3조(제품의 임의처분)

"을"은 제품인수를 거절할 수 없다. 이에 위반하는 경우, "갑"은 제품을 임의 처분할수 있으며 처분가액이 "을"에게 판매키로 한 본래의 매도가액에 미달하여 "갑"에게 손해가 발생한 경우 "을"은 동 손해를 즉시 배상하여야 한다.

제4조(제품대금지급)

1. "을"은 제품대금을 다음과 같이 지급키로 한다.

　　가. 선수금 : 본 계약 체결과 동시, 제품대금의 10%현금 지급

　　나. 중도금 : 제품인도와 동시, 제품대금의 60%현금 지급

　　다. 잔　금 : 제품인도 후 __일 내, 제품대금의 30%현금 지급

2. 전항의 각 시기에 따른 대금지급 연체시에는 연　%의 연체이자를 적용하기로 한다.

제5조(제품검사 및 하자통지)

1. "을"은 제품을 수령한 때에는 지체없이 (또는 수령후 100일내)이를 검사하여야 하며 검사 당시 수량 또는 품질에 하자가 있으면 즉시 "갑"에게 서면으로 통보하여야 한다. 통보하지 않을 경우 "갑"이 공급한 제품은 하자없는 완전한 것으로 간주한다.

2. 전항의 하자 통지가 있는 경우 "갑"은 해당제품의 교환, 수선, 대금감액 등 필요한 조치를 취하기로 한다.

제6조(담보제공)

1. "을"은 본 계약 체결과 동시에 제품 공급가액(제품대금)의 10%에 해당하는 현금을 계약이행보증금조로 "갑"에게 예치하기로 하며 "을"이 본 계약을 성실히 이행하지 않을 경우 당해 보증금은 "갑"이 임의 취득하고, 계약종료시 "을"의 의무가 완전히 이행된 경우 "을"에게 반환하기로 한다. 단, "을"의 요청이 있는 경우 상기 계약이행보증금은 대금결제시 제품대금에 충당할 수 있다.

2. "을"은 제3조 임의처분, 제4조 대금지급, 기타 본 계약으로 인하여 "을"이 부담하는 일체의 채무이행을 보증하기 위하여 담보(백지당좌수표, 공증필한 약소어음, 또는 부동산 담보)를 "갑"에게 제공하기로 한다.

   **** 또는,

   "을"은 "갑"을 피보험자로 하고 보험금액을 제품가액으로 하는 이행보증보험증서를 "갑"에게 제공하여야 한다.

제7조(해약)

1. 당사자일방의 계약불이행, 또는 당사자일방의 파산신청, 파산, 해산, 영업폐지, 지급불능, 당좌거래의 정지, 회사정리신청, 회사정리법에 의한 보전신청, 가압류신청, 가압류, 가처분 등 기타 신용을 현저히 상실하였다고 인정될 경우 상대방은 계약해지를 통보함으로써 본 계약을 해지할 수 있다.

2. 전 항의 계약해지는 기발생된 권리 및 손해배상의 청구에 영향을 미치지 아니한다.

제8조(유효기간)

1. 본 계약은 계약체결일로부터 ____년 ____월 ____일까지 유효하다.
   단, 계약기간 중 발생한 채권, 채무는 기간만료에 영향을 받지 아니한다.

2. 유효기간의 연장여부 및 그 내용은 기간만료시 당사자간의 합의로써 결정한다.

제9조(기한이익의 상실)

"을"에게 제7조 1항의 사유가 발생할 경우, "을"은 "을"이 부담하는 일체의 채무에 대한 기한의 이익을 상실하며 "갑"은 최고 및 이행의 제공없이 즉시 담보권을 행사 할 수 있다.

제10조(내용변경)

본 계약의 내용은 당사자간 서면합의로써 변경할 수 있다.

제11조(양도금지)

"을"은 "갑"의 사전 동의없이 본 계약의 권리, 의무를 제3자에게 양도, 이전, 담보제공 등의 행위를 할 수 없다.

제12조(계약의 효력)

본 계약은 당사자가 서명날인하고 "을"이 제6조의 담보를 제공한 때에 효력을 발생한다.

제13조(분쟁해결)

본 계약으로 인하여 또는 본 계약과 관련하여 발생하는 모든 분쟁은 대한상사중재원의 중재로써 최종 해결한다.

제14조(특약)

제15조(기타)

본 계약에 규정되지 않는 사항은 당사자간의 합의로써 결정하고, 합의되지 않은 사항은 일반적으로 인정되는 상관례에 의한다.

상기 계약내용을 확인, 증명하기 위하여 본 계약서2통을 작성하고 "갑", "을"이 서명날인한 후 각 1통씩 보관한다.

19   년   월   일

(갑)   (을)

MODEL 17 : 수출입대행계약서

_____ 주식회사 (이하"갑"이라 칭함)와 _____ 주식회사(이하 "을"이라 칭함)는 "을"이 가공·제조하는 제품(이하 "제품"이라 칭함)의 수출 및 동 수출에 소요되는 원·부자재(이하 "자재"라 칭함)의 수입을 "갑"에게 대행을 의뢰, "갑"명의로 수출 및 수입을 하고자 함에 있어 양자간의 기본사항에 대해 다음과 같이 합의한다.

제1조(기본거래의 원칙)

1. 본 거래는 "을"의 요구에 따라 "갑"이 명의를 대여함으로써 "자재"의 수입 및 "제품"의 수출을 대행하는 것이며 이와 관련하여 발생되는 모든 책임은 "을"이 부담함을 원칙으로 한다.
2. "갑"은 수출입대행업무를 처리함에 있어 선량한 관리의무를 다하여야 한다.

제2조(거래방법)

1. "자재"수입대행
   가. "갑"은 하기 "자재"를 "을"을 위하여 수입대행한다.

품　명	규　격	수　량	단　가	금　액	원산지	비　고

   나. 본 수입과 관련된 OFFER 취득 및 해당제품 생산에 필요한 "자재"의 소요량 발급은 "을"의 책임으로 한다.
   다. "갑"은 전항이 완료되는 즉시 I/L 발급 및 수입 L/C를 개설하며 이에 따른 수입담보금 등 비용은 "을"이 부담한다. 다만, 상호간의 합의에 의하여 "갑"이 수입담보금을 "을"에게 대여할 수 있다.
   라. 선적서류 내도후 "갑"은 은행으로부터 원자재 수입금융을 융자받아 B/L대전 결제한다. 이 경우 B/L 대전에서 수입금융을 제한 금액(끝전) 및 수입금융이자는 "을"의 부담으로 한다.
   마. B/L대전 지불시 환율변동에 따른 환차손익은 "을"의 귀속으로 한다.
   바. "자재" 도착시 통관, 하역, 운송 등 제반 수입절차는 "을"이 갑의 명의로 실제로 이행하여 "을"의 책임으로 한다.

사. "을"은 "자재"의 인수를 거절하거나 대금지급을 거절할 수 없다. "갑"은 "자재"수입에 있어 단순히 명의한 대여할 뿐, 상기 사유발생시 이에 대한 책임을 부담하지 아니한다.

아. 편의상 "갑"의 명의로 관서나 기관에 제출하는 각서 및 기타 증빙서류에 대한책임 및 이로 인하여 발생하는 손해 등 일체를 "을"이 부담하고 "갑"은 무관하다.

자. 달리, 수입대행계약이 체결되지 않는 한 I/L 및 본 계약에 따라 대행계약이 체결된 것으로 본다.

2. "제품"수출대행

가. "갑"은 하기 "제품"을 "을"을 위하여 수출대행한다.

품 명	수 량	단 가	금 액	비 고

나. "을"은 "을"이 수취한 MASTER L/C를 "갑"에게 양도하거나 또는 직접 "갑"을 수혜자로 하는 신용장이 개설되도록 한다. 향후 매 신용장 건별마다 대행계약을 생략하고 본 계약에 따라 대행계약이 체결된 것으로 한다.

다. 전항의 신용장에 하자가 있을 경우 하자보완 및 그로 인한 책임은 "을"이 부담한다.

라. "갑"은 전2항의 신용장을 근거로 "을"에게 내국신용장을 개설하며 "을"은 "을"의 책임 과 비용으로 신용장 조건에 따른 기한 내 "제품"선적을 완료하여야 한다.

제3조(수출실적 제공의무)

1. "을"은 본 계약 체결일로부터 19__년 ____월 ____일까지 "자재"수입에 상응하는 "제품"의 대응수출 의무액 (FOB 기준 US$ ____) 이상을 "갑"을 통하여 이행하여야 한다.

2. "을"이 전항의 의무를 위반하거나 또는 국내 타 업체에 수출대행을 의뢰한 경우에는 미이 행 금액 또는 국내 타업체에 제공한 수출실적금액의 ____ %를 위약금으로 "갑"에게 지급 하여야 한다.

제4조("제품" 대금지급)

1. "갑"은 선적후 L/C NEGO대전에서 제5조 대행수수료 및 기타 "갑"이 투입한 경비 등을 공 제하고 그 잔액을 내국신용장에 의거 "을"에게 지급한다.

2. "제품"대금의 회수책임은 "을"에게 있으며 수출대금 미회수로 인하여 부과되는 은행 또는 관련기관으로부터의 벌금, 과태료 등 제반 제재로 인하여 "갑"이 입게 되는 손해 및 그 이자 (연__ %)는 "을"이 배상한다.

제5조(대행수수료)

1. "을"은 "갑"에게 수출대행 수수료로서 MASTER L/C 금액의 ____ %, 수입대행 수수료로서 1US$당 ₩ ____을 지급하여야 한다.

2. 전항의 수수료는 L/C 개설취소 및 수출입이 완료된 후의 CLAIM 및 UNPAID에 관계없이 지급하기로 한다.

제6조(경비)

1. "을"은 "자재"의 수입과 관련하여 발생하는 제반경비 및 제세공과금(추징금, 수입승인 유효기간 연장으로 인한 과태료 포함) 일체를 부담하고 또한 "제품"의 모든 수출경비(은행경비, 보험료, 통관료, 하역료, 창고료, 내륙운송비, 검사료 등)를 부담한다.

2. "갑"이 B/L대전 기타 비용을 대납할 경우 "을"은 동 대납일로부터 년 ___% 이율을 적용한 연체이자를 "갑"에게 지급키로 한다.

제7조(품질검사)

"자재" 및 "제품"의 품질검사는 "을"의 책임으로 한다.

제8조(품질불량 등)

1. "자재"의 품질불량, 수량부족, 품질상이, 선적지연, 선적불이행 등의 사유로 인한 CLAIM에 대하여 "갑"은 책임을 지지 아니하며 "을"과 자재공급자간에 해결하기로 한다.

2. "제품"의 품질불량, 수량부족, 포장불량, 품질상이, 선적지연, 선적불이행, 선적서류의 하자 등의 사유로 수입상으로부터 제기되는 CLAIM 또는 UNPAID에 대해서는 "을"의 책임으로 하며 이로 인하여 "갑"이 입는 손해 및 그 이자 연 _____ %는 "을"이 배상하여야 한다.

3. "을"은 전 2항의 내용을 수입상 또는 위탁자에게 통보하여 동 사실을 확인받아야 한다.

제9조(환율변동)

환율변동으로 인한 손익은 "을"의 귀속으로 한다.

제10조(통지의무)

"갑"이 자재공급상, 수입상 기타 제3자로부터 CLAIM통지 등, 이 수출입업무와 관련된 통지를 받았을 때에는 지체없이 동 사실을 "을"에게 통지하여야 한다.

제11조(담보제공)

당사자 일방은 본 계약으로 인하여 상대방에게 부담하는 일체의 채무이행을 보증하기 위하여 다음의 담보를 상대방에 제공하기로 한다.

1. 당사자 발행 백지 당좌수표(또는 약속어음) 1매 및 동 보충권 차입증 또는,

2. 당사자가 발행하고 그 대표이사가 개인자격으로 연대보증한 액면금액 금 _____원의 공증 약속어음 _____매 또는,

3. 당사자 소유 _____대지 _____평, 건물 _____평위에 "갑"을 제 1순위 근저당권자로 하는 채권 최고금액 금 _____ 원의 부동산 담보.

제12조(해약)

1. 당사자 일방의 계약불이행, 또는 당사자일방의 파산신청, 파산, 해산, 영업폐지, 지급불능, 당좌거래의 정지, 회사정리신청, 회사정리법에 의한 보전신청, 가압류신청, 가압류, 가처분 등 기타 신용을 현저히 상실하였다고 인정될 경우 상대방은 계약해지를 통보함으로써 본 계약을 해지할 수 있다.

2. 전항의 계약해지는 기발생된 권리 및 손해배상의 청구에 영향을 미치지 아니한다.

제13조(유효기간)

1. 본 계약은 계약 체결일로부터 ＿＿＿년 ＿＿＿월 ＿＿＿일까지 유효하다. 단, 계약기간 중 발생된 채권, 채무는 기간만료에 영향을 받지 아니한다.
2. 유효기간의 연장여부 및 그 내용은 기간만료시 당사자간의 합의로써 결정한다.

제14조(기한이익의 상실)

당사자일방은 제12조 제1항의 사유가 발생할 경우 이를 그 당사자가 상대방에게 부담하는 일체의 채무에 대한 기한의 이익을 상실하며 상대방은 최고 및 이행의 제공없이 즉시 담보권을 행사할 수 있다.

제15조(내용변경)

본 계약의 내용은 당사자간의 서면합의로써 변경할 수 있다.

제16조(양도 금지)

당사자 일방은 상대방의 사전 승인없이 본 계약의 권리, 의무를 제3자에게 양도, 이전, 담보 제공 등의 행위를 할 수 없다.

제17조(분쟁해결)

본 계약으로 인하여 또는 본 계약과 관련하여 발생하는 모든 분쟁은 대한상사중재원의 중재로써 최종 해결한다.

제18조(특약)

제19조(기타)

본 계약에 규정되지 않은 사항은 당사자간의 합의로써 결정하고, 합의되지 않는 사항은 일반적으로 인정되는 상관례에 의한다.

상기 계약내용을 확인, 증명하기 위하여 본 계약서 2통을 작성하고 "갑", "을"이 서명날인후 각 1통씩 보관한다.

19 년 월 일

(갑)　　　　　　(을)

Ⅱ. 수출대행 계약서

MODEL 18 : 수출대행계약서

_____주식회사(이하"갑"이라 칭함)와 _____주식회사(이하 "을"이라 칭함)는 "을"이 공급하는 제품(이하"제품"이라 칭함)을 대행수출함에 있어서 아래와 같은 조건과 방법으로 거래할 것을 합의한다.

Ⅲ. 수입대행 계약서

MODEL 19 : 수입대행계약서

("갑") 주 소 :   ("을") 주 소 :

　상 호 :   　상 호 :

　대 표(이사) :   　대 표(이사) :

　상기 "갑"과 "을"은, 을의 요청에 따라 "을"이 필요로 하는 _____(이하 "제품"이라 칭함)을 "갑"이 "을"을 위하여 수입함에 있어서 다음과 같은 조건과 방법으로 거래할 것을 합의한다.

Ⅰ. 임가공계약서

MODEL 20 : 임가공계약서

(갑)   (을)

상기 갑, 을 간에 다음과 같이 임가공계약을 체결한다.

제1조(목적물 및 공임)

을은 갑에게 아래 물품을 가공 납품한다.

품 명	규 격	수 량	단 가	공 임 금 액

제2조(원·부자재)

1. 갑은 제1조의 물품 생산에 필요한 아래 원부자재를 을에게 공급한다.

품 명	규 격	수 량	단 가	공 임 금 액

2. 갑이 공급한 전항의 물품의 제1조의 목적물 제조가공에만 사용하여야 하며, 갑의 허가없이 공장 외로 반출할 수 없으며, 갑의 요구에 의하여 즉시 반환하여야 한다.

제3조(원·부자재 관리)

1. 을은 전조의 원·부자재가 갑의 소유임을 양지하며, 이를 임의로 타목적을 위하여 사용하거나 타인에게 양도, 교환할 수 없으며 선량은 관리자로서 관리하여야 한다.

2. 을은 보관중인 원·부자재와 제품에 대하여 자기의 비용으로 갑이 지정하는 보험회사에 일괄 부보하여야 한다.

제4조(작업)

1. 을은 갑이 제시한 견본과 사양서에 의하여 제품을 가공하여야 하며 사소한 변경에 대하여도 사전에 갑의 승인을 받아야 한다.

2. 을은 본 건 가공위탁을 갑의 승낙없이 하도급을 하여서는 아니된다.

3. 갑은 언제라도 제품의 가공, 포장, 수송 등에 대한 기술의 지도 또는 업무지시를 할 수 있으며 을은 이에 따라야 한다.

제5조(선적)

1. 을은 제 1조의 물품의 생산하여 신용장 선적계획에 따른 갑의 지시에 의하여 소정의 검사를 필한 후 통관, 선적하여야 한다.
2. 을은 창고로부터 출고한 후 선적시까지 비용은 갑의 부담으로 한다.

제6조(클레임)

갑은 을의 제품수출로 인하여 BUYER로부터 제기되는 일체의 클레임을 접수시 즉시 을에게 서면통지하야야 하며 동 클레임이 을의 귀책사유로 판명될 시, 을은 전적으로 책임진다. 이 경우 같은 BUYER와의 클레임 해결에 을과의 협의를 통하여 BUYER의 클레임을 최소한 줄이도록 하여야 한다.

제7조(L/G)

을의 귀측사유로 인한 선적서류의 하자로 은행에 L/G를 제출하였을 경우 BUYER UNPAID 및 대금결제의 지연은 을의 책임으로 한다.

제8조(가공임정산)

원수출신용장에 인한 수출환어음 매입대전으로 지체없이 지급한다.

제9조(분쟁처리)

이 계약으로부터 발생하는 모든 분쟁은 대한상사재원의 중재로써 최종 해결한다.

본 계약서2통을 작성날인하여 인지첨부된 갑이 보관하고, 그 사본은 을이 보관한다.

19   년   월   일

(갑)   (을)

MODEL 21 : 납품계약서

_____주식회사(이하"갑"이라 칭함)와 _____주식회사 (이하 "을"이라 칭함)는 "갑"을 구매자로 하고 "을"이 공급자로 하여 아래와 같은 조건과 방법으로 거래할 것을 합의한다.

제1조(발주내역)

품 명	SPEC	STYLE NO	단 가	수 량	금 액	납 기	비 고

단, 상기 내역을 기본으로 하고 제품의 품종, 수량, 납기는 "갑", "을" 상호 합의하에 변경할 수 있다.

제2조(원·부자재)

"을"은 제품을 제조함에 있어서 "갑"의 생산지시서에 의한 원·부자재를 자체 조달, 사용함을 원칙으로 하며 포장자재 및 LABEL, TAG은 "갑"이 공급한다.

제3조(견본승인)

"을"은 제품을 제조하기 전에 "갑"의 생산지시서에 의거하여 제조된 견본에 대한 "갑"의 승인을 득하여야 한다.

제4조(하도급 금지)

"을"은 "갑"의 사전 승인없이 "갑"이 제조 요청한 본 계약의 목적작업을 타인에게 하도급주거나 이와 유사한 행위를 하지 못하며, 이에 위반할 시는 "갑"의 처리에 따른다.

제5조(비밀유지의무)

"을"은 갑이 제조 요청한 제품의 DESIGN (PATTERN포함) 및 KNOW-HOW에 대한 비밀을 유지하여야 하며, 생산완료후 "갑"이 제공한 SAMPLE 이나 TERN을 "갑"에게 반드시 반환하여야 한다.

제6조(검 사)

1. "을"은 생산한 제품에 대하여 "갑"이나 "갑"이 지정하는 자 또는 기관의 검사를 필하여야 하며 수검을 위한 제반 준비 및 편의를 제공하여야 한다.
2. 제품의 외형검사기준은 "갑"의 검사기준에 의한다.
3. 제품의 이화학 검사(원자재 혼용율, 세탁견뢰도, 땀 견뢰도, 수출율등)는 "갑"이 지정하는 공공기관에 의뢰하여야 하며 "____급"이상이 되어야 합격함을 원칙으로 한다.

제7조(불합격품의 처리)

1. 생산된 제품은 "갑"의 검사기준에 의거 정상출하 가능한 A급과 정상출하는 불가능하나 불량상태가 경미한 B급, 정상출하가 불가능하며 불량상태가 심한 C급으로 분류된다.

2. 불합격품 중 B급은 "갑"이 선택적으로 계약단가의 (   )%로 인수할 수 있으며 "갑"이 인수하지 않을 시는 "을"은 LABEL 및 TAG을 제거한 후 판매할 수 있다.

3. "을" 불합격품 중 C급에 대하여는 폐기 처분함을 원칙으로 하며 LABEL 및 TAG을 제거하더라고 출고할 수 없다.

제8조(상표관리)

1. "을"은 "갑"이 요청한 제품에 "갑"이 요청하는 상표 및 상호를 명확히 부착하여야 하며 이를 외부에 유출하여서는 안된다. 또한 "을"은 작업 완료후 "갑"의 지시에 따라 LABEL 및 TAG 잔량분은 전부 반납하거나 "갑"의 입회하에 폐기하여야 한다.

2. "을"은 자사 또는 타인의 상품에 "갑"의 상표, 상호 또는 LABEL, TAG 및 이와 유사한 표지를 사용할 수 업다.

제9조(납   품)

1. 제품의 납품은 "갑"의 검사에 합격한 수량(B급 중 "갑"이 인수키로 한 수량을 포함한다)에 한하여 납품된 것으로 한다.

2. 납품은 LOT 별로 ORDER 된 전량을 납품하는 것을 원칙으로 한다.

3. 제품의 납품기일은 제1조에 의거하며 "을"은 납품기일을 엄수하여야 한다.

4. 납품장소는 "갑"이 지정하는 곳으로 한다.

제10조(대금결제)

"을"이 제품의 납품을 하자없이 완료한 경우 "갑"은 납품된 수량에 대하여 계약된 금액을 결제하여야 한다. 단, 제품의 하자로 인한 소비자로 배상요구의 우려가 있는 경우 및 "을"의 계약사항 위반 등으로 "갑"으로 손실이 예상될 경우 하자담보의 제공을 요청할 수 있다.

제11조(손해배상)

1. "을"은 "갑"이 제공한 DESIGN과 동일 또는 유사한 제품을 판매할 목적으로 생산할 수 없다.

2. "을" 검사 불합격품, 제고제품 또는 "갑"의 제품과 유사한 상품을 "갑"의 사전 승인없이 시중에 유출하여 판매한 경우에는 유출권 양의 정상판매가격의 ____%를 손해배상금으로 "갑"의 상표, 상호 또는 LABEL, TAG 및 이와 유사한 표지를 부착한 상태로 시중 유출하여 판매한 경우에는 정산 판매 가격의 ____%를 손해 배상금으로 지급하여야 한다.

제12조(납품 불이행)

1. 수량

"을"의 납품수량이 계약 수량에 미달할 경우에는 미달된 수량에 대한 납품가격의 ____%를 손해배상으로 "갑"에게 지급하여야 한다.

2. 납기

"을"이 납기를 위반하였을 경우 지연배상금으로 1일당 납품 가액의 3/1000씩 배상하며 10일 이상 지연시 10일 단위로 지연 배상률을 배증하여 적용한다.

제13조(담보제공)

1. "을"은 본 계약의 이행 및 "을"이 생산, 공급한 제품 또는 자체의 하자로 인한 사고, 기타 예상되는 모든 손실에 대비한 담보로서 "갑"의 요청에 의거 근저당 또는 기타 "갑"이 인정하는 담보를 "갑"에게 제공하여야 한다.

2. "을"이 본 계약의 조항을 이행하지 않거나 제품하자로 인한 사고가 발생한 경우 등에는 "을"은 기한의 이익을 상실하고 "갑"은 최고 또는 이행의 제공후 즉시 담보권을 행사할 수 있다.

제14조(유효기간)

1. 본 계약은 계약 체결일로부터 본 계약에 정한 거래의 종료일 까지 유효하며 쌍방 합의에 의하여 기간을 연장할 수 있다.

2. 본 계약에 대한 양당사자간의 손해배상의무 등이 완전히 이행되지 아니할 경우 본 계약은 그 범위 내에서 유효하다.

제15조(양도금지)

"을"은 "갑"의 사전 승인 없이 본 계약에 기한 "을"의 지위를 제3자에게 양도, 이전하지 아니한다.

제16조(분쟁해결)

본 계약으로 인하여 또는 본 계약과 관련하여 발생하는 모든 분쟁은 대한상사중재원의 중재로써 최종 해결한다.

제17조(특 약)

제18조(기 타)

본 계약에 규정되지 않은 사항은 당사자간 합의로써 결정하고 합의가 이루어지지 않을 경우 일반적으로 인정되는 상관례에 의한다.

상기 계약내용을 확인, 증명하기 위하여 본 계약서 2통 작성하고 "갑", "을"이 서명날인 후 각 1통씩 보관한다.

19   년   월   일

A STUDY ON
TRADE
CONTRACTS

06

저자약력

김 석 철

▶약 력
- 한양대학교 상경대학 무역학과 졸업
- 한양대학교 대학원 무역학과 석사·박사 졸업(경제학 박사)
- 한국농가공산품 개발본부 근무(수출진흥부등)
- 대한상사중재원 심사부 등 근무(참사·부산지부장)
- 한국소비자보호원 연구부 등 근무(연구실장)
- American Arbitration Association에서 상사중재 연수
- 한국통상정보학회 부회장
- 국제 e-비즈니스학회 부회장
- 한국중재학회 회장
- 한국무역학회 회장
- 가천대학교 교수
- 가천대학교 경상대학 학장
- (현) 가천대학교 명예교수
- (현) 대한상사중재원 조정인·중재인

▶주요저서
- 무역계약론
- 대외무역법 해설
- 상사중재론
- 무역클레임중재실무론
- 알기쉬운 무역영어
- 전자무역영어
- 학습기술증진법 (번역서)

무역계약연구

2020년 8월 26일 초판 인쇄
2020년 8월 31일 초판 발행

저 자 | 김석철
발행인 | 최익영
펴낸곳 | 도서출판 책연
주 소 | 인천광역시 부평구 부영로 196
Tel (02) 2274-4540 | Fax (02) 2274-4542

ISBN 979-11-969639-5-8   93320   정가 18,000원